죽음학 서설

조계화 · 이윤주 · 이현지 공저

학지사

저자 서문

인간은 누구나 예외 없이 죽음을 맞이하게 된다. 죽음은 우리의 삶을 종결짓는 사건으로서 인간의 태어남만큼이나 중요한 의미를 지닌다고 할 수 있다. 그러나 죽음은 그 중요성에도 불구하고 대부분의 사람들에게 무시되거나 부정되고 회피되는 모순적인 대상이다. 우리 자신이 죽을 운명이라는 것을 부인할 사람은 아무도 없지만 또한 우리 자신의 그러한 운명을 적극적으로 인식하면서 사는 사람도 많지 않은 것으로 보인다. 그렇지만 가까운 이들과 아는 사람들의 각종 사망 소식과 부고, 연예인을 포함한 유명인들의 사망 소식, 매체를 통해 접하게 되는 전 세계의 재난과 재해에 의한 대량 사망 · 사고 소식 등 우리가 일상 속에서 어쩔 수 없이 만나게 되는 이러한 사실들은 우리에게 죽음을 완전히 의식 너머로 떨쳐 버리고 살 수만은 없게 한다. 자살만을 보더라도 우리나라 사망원인의 4위를 차지할 만큼 발생빈도가 높으며 OECD 국가들 중 자살자 비율이 1위라는 점에서 심각한 사회문제로 인식하고 다루지 않을 수 없을 정도에까지 이르렀다.

죽음은 삶 안에 있는 현상이기 때문에 삶과 떼어 낼 수 없는 '삶의 현실'이며 삶을 총체적으로 완결짓는 조건이라 할 수 있다. 죽음은 인간의 성장 및 발달의 마지막 단계로서, 좋은 죽음을 맞이할 수 있다면 이 죽음은 인생의 의미 있는 측면이며 인간의 성장을 촉진시키는 기능을 한다. 심지어 혈육이 살해당하는 비극적인 경험을 겪고 난 다음에도 혈육의 죽음에 대해 생산적인 의미를 부여할 수 있는 경우 이 사별 경험은 사람들을 더욱 성장시키고 성숙시키며 이들의 남은 삶을 더 의미 있는 것으로 승화시킨다.

이러한 죽음의 중요성 때문에 죽음에 대한 학술적 관심과 연구 활동은 그 역사나 결과물에서 짧지 않은 편이라 할 수 있다. 죽음의 정체를 규명하고자 한 과거의 노력에 더해 현대로 오면서 점차 다양한 노력을 기울이고 있는 것으로 보인다. 그러나 대학생들을 대상으로 죽음에 대해 체계적이고 의미 있는 교육을 할 때 사용할 수 있는 체계적인 교재를 오랫동안 발견하지 못해 안타깝던 중 우리는 2004년도부터 2년에 걸쳐 한국학술진흥재단의 교육과정 개발 연구인 '죽음학' 교과목 개발과 학습자료 개발에 관한 연구 프로젝트를 수행하게 되면서 죽음에 대한 인식과 이해가 삶의 본질을 이해함에 있어 중요한 척도가 됨을 새삼 확신하게 되었으며, 이 과정을 통해 수집되고 축적된 정보와 자료를 토대로 하여 대학 교육교재를 집필하였다.

우리는 누구나 살아가면서 한 번 이상은 사랑하는 사람과 사별하는 아픔을 겪게 될 것이다. 또한 그보다 더 자주 사랑하는 사람과 사별하여 깊은 슬픔과 고통 속에 있는 사람들을 옆에서 지켜보게 될 것이다. 따라서 죽음에 대해 이해하고 생각을 정리하여 보다 성숙한 자세로 죽음을 바라보고 맞이하도록 준비를 할 필요가 있을 것이다. 더욱이 죽어 가는 당사자나, 죽음으로 가까운 이를 잃은 슬픔과 충격을 겪는 사람 등 죽음 때문에 고통을 겪는 사람들을 돕는 대인조력 전공의 실무자들은 이러한 대상자들이 죽음에 대해 잘 정리하고 이 과정에서 긍정적인 의미를 부여할 수 있도록 효율적으로 도울 수 있는 전문성을 갖추는 훈련을 할 필요가 있을 것이다.

죽음을 올바로 이해하고 죽음이 삶에 대하여 갖는 의미를 내면화해야 하는 필요성은 곧 죽음 교육이 삶을 교육한다는 의미이자 인간 교육을 고민한다는 뜻이기도 하다. 이 책은 현대 교육이 당면한 여러 쟁점들, 즉 수명연장 기술에 의한 임종처치 문제, 장기이식과 낙태에 관한 윤리성, 인권 상실, 자살 예방, 죽음 관련 위기대처능력, 매체 활용 시 죽음의 올바른 전달과 수용 등의 문제해결을 위한 노력과 방향 모색에 도움을 줄 것으로 본다. 또한 우리나라에서 최초로 대학생을 위한 '죽음학' 교재로 발간된 이 책은 현 시대가 요구하는 시의 적절한 작업으로서 교육적 의의가 크다고 할 수 있다. 이 책이 청소년 후기의 발달단계에 속하는 20대 초반의 대학생들에게 죽음에 대한 올바른 인식과 이해를 고취시키고 죽음 교육의 중요한 몫을 하게 되기를 바란다.

이 책이 나올 수 있도록 우리를 이끄시고 작업 과정 내내 함께 해 주신 주님께 깊이 감사드리며, 또한 이 책이 나오기까지 여러 달 동안 주말을 불편하고 쓸쓸하게 보내면서도 불평하지 않고 기꺼이 기다리고 마음으로 지원해 준 가족들에게 따뜻한 감사 인사를 보낸다.

아무쪼록 이 책이 아름다운 삶을 살아가다가 좋은 죽음을 맞이하고 싶은 모든 이들과, 사람과 함께 일하고 사람에게 깊이 조력하게 될 하이터치 전문직을 수행하게 될 모든 학생들에게 의미 있는 도움이 되기를 바라며, 나아가 우리 사회에 등불이 되기를 기원한다.

2006년 8월 저자 일동

차 례

제1장 죽음이란 무엇인가

죽음을 한마디로 규정짓는 것은 쉬운 일이 아니다. 우리는 살아 있고, 또한 죽음을 직접 체험해 본 적도 없다. 죽음은 사회에서 숨겨지고 은폐되는 경향이 있으나, 현대에 와서는 죽음 연구에 관한 관심이 증대되고 있다. 또한 죽음의 문제에 대한 접근과 호기심은 우리 문화의 변화를 반영하고 있다. 죽음은 인생의 영원한 수수께끼다. 인간은 죽음이 무엇인지를 인식할 수 없고, 단지 남이 죽는 것을 보고 죽음 현상을 관찰할 수 있을 뿐이다. 인간은 죽음을 밖에서 바라볼 수 있으나 결코 안으로 들어가 볼 수는 없다. 단지 죽음은 허무와 공포의 대상으로 인식되며, 죽음에 대한 부정적 태도를 갖게 된다. 이 장에서는 죽음의 이해를 돕기 위해 죽음의 정의와 태도에 관해 알아보고자 한다.

1. 죽음의 이해

1) 죽음의 정의

(1) 일반적 정의

죽음의 정의는 학자에 따라 다양하다. 김중호는 인간의 죽음을 임상적 죽음(clinical death), 뇌의 죽음(brain death), 사회적 죽음(social death), 신학적 죽음(theological death)으로 구분하였다.[1)]

- 임상적 죽음이란 호흡, 뇌 활동 그리고 심장이 정지된 상태를 말한다. 뇌의 죽음은 대뇌의 신피질(neocortex)을 비롯하여 소뇌, 중뇌, 뇌간의 모든 활동이 불가역적으로 정지된 상태를 말한다.
- 생물학적 죽음은 심폐소생술 같은 중재가 없거나 임상적인 죽음 후 필연적으로 나타나는 것으로서 유기체의 와해라고 볼 수 있다.
- 사회적 죽음은 자신과 주위의 자극에 대하여 무의식, 무반응 상태에 있는 인간으로서 불가역적인 심한 뇌 손상이 있기는 하지만 능동적인 뇌파 활동과 약간의 정상 반사가 나타나기도 하는데, 이른바 지속적인 식물인간 상태가 이에 속한다.
- 신학적 죽음은 한 생명체의 모든 기능이 완전히 정지되어 원형대로 회복될 수 없는 상태에서 인간이 생명의 원천인 하느님께 귀의하는 것을 말한다.

비치(Veatch)는 죽음의 정의를 다음과 같이 크게 네 가지로 구분하였다.[2)]

- 생체액(Vital fluid) 유동기능의 불가역적 정지

  호흡과 혈액의 정지를 말한다. 이는 허파와 심장의 운동이 영원히 정

지하는 것과는 다른 것이다. 사람의 인지능력이 발달하지 못한 시기에 사람이 숨을 쉬지 않고, 더 이상 피가 흐르지 않는다는 것은 가장 손쉬운 죽음 판별방법이었다.

- 육체에서 영혼의 불가역적 이탈

  육체에서 영혼이 완전히 분리되면 죽은 것으로 간주한다는 것이다. 이 관점에서는 영혼의 분리에 죽음의 우선성을 두고 있다. 오늘날 대부분의 종교에서는 영혼은 인간의 중심적 위치를 차지하며, 육체 안에 액체의 흐름이 정지되었을 때 영혼의 이탈이 시작된다고 보는 것 같다.

- 육체적 통합능력의 불가역적 상실

  인간은 단순히 생체액이 흐르는 동물이 아닌 호모사피엔스이기에 신체 내부 환경의 통합능력의 정지를 죽음으로 보며, 뇌 기능 정지는 인간에게 가장 기본적인 특성의 상실을 의미한다.

- 사회적 상호작용능력의 불가역적 상실

  비치는 인간의 특성으로 의식능력과 상호작용능력을 중요시하였다. 따라서 한 인간에게 신체적 통합능력이 있다 해도 의식과 사회적 상호작용능력이 불가역적으로 상실되면 인간의 본질적 특성을 잃은 것이므로 죽은 것으로 여긴다.

(2) 의학적, 법적 정의

인간의 죽음은 생물학적 존재가 비존재로 되는 것이고, 육체와 정신이 혼합되어 있는 생물이 무생물로 변화되는 것이지만, 삶과 죽음에 명확한 선을 긋기란 어렵다. 의학적으로 볼 때 인간의 죽음이란 일반적으로 자신의 의지에 의해서 생명이 존속되거나 유지될 수 없는 것을 말한다.[3)] 현재 의학계에서 죽음의 판정기준으로 널리 인정되고 있는 것은 '심폐기능설'과 '뇌사설'이다. 심장과 폐장 그리고 뇌의 활동 정지가 죽음의 판정기준으로 언급되는 이유는 이 세 기관이 인간의 생명현상을 특징짓게 하는 데 주된 역할을 하고 있기 때문이다. 심폐기능설에 의한 사망은 호흡이 먼저 정지되고 나중에 심장박동이 정지되는 '폐장사(lung death)'와 심장박동이 먼저 멈춘 후 호흡이 정지되는 '심장사(heart death)'로 다시 구분된다. 뇌사설은 뇌 기능의 영구적인 정지를 인간 죽음의 최종 판단기준으로 보는 입장이다. 즉 '뇌가 완전히 파괴되어 다른 모든 장기의 기능적 중지가 절박하고 불가피한 상태'를 말한다.[4)]

오늘날 우리나라에서는 이 뇌사의 개념을 받아들이고 있다. 모든 뇌 활동이 완전히 정지되어야만 죽음으로 인정한다. 1968년 8월 하버드 의과대학은 엄격한 뇌사 기준을 발표하였다. 하버드 기준은 그 후 여러 임상 증례들을 실제로 조사·연구한 국립신경질환 및 뇌졸중 연구소의 협력 연구에 의하여 다음과 같이 요약·추가되었다. ① 혼수 및 뇌의 무반응성, ② 무호흡, ③ 산대된 동공, ④ 두뇌 반사의 소실, ⑤ 뇌파의 소실, ⑥ 혼수와 무호흡이 6시간 지속되어야 한다. ⑦ 모든 진단법과 치료법이 완벽하게 시행되어야 한다. 이 뇌사의 개념은 인체의 기관들이 아직 건강하게 활동하는 동안 그 기관의 이식을 정당화하기 위한 것이다.

2) 각 학문에서 바라보는 죽음

(1) 철학적 관점

스토아학파나 에피쿠로스학파는 사후의 세계를 무(無)라고 단정하고, 플라톤(Platon)은 죽음을 신체에서 불사의 세계로 영혼을 옮기는 일로 보았다. 아리스토텔레스(Aristoteles)는 변화를 다루고 있을 뿐 생성과 소멸의 문제, 결국 죽음의 문제를 전혀 다루고 있지 않다. 그래서 아리스토텔레스 이후 철학은 소멸의 문제와 죽음의 문제를 대수롭지 않은 문제로 처리해 버리는 경향을 띠게 되었다.[5)]

헬라 철학은 인간이 현세를 사는 동안 영이 육체에 갇혀 있으므로 죽으면 영혼이 육체의 감옥에서 자유롭게 되는 것이라고 보고, 환영할 수 있는 것이라고 가르치고 있다.

실존주의 철학자들은 죽음의 내적 체험을 강조한다. 그들은 죽음을 외부에서 관찰하는 것이 아니라 삶의 종말로서의 죽음이 나의 현실적인 삶에 어떤 의미를 갖고 있는가를 질문한다. 하이데거(Heidegger)는 그의 저서 『존재와 시간』에서 현존재로서의 인간을 '죽음에로의 존재(Sein zum Tode)' 라고 규정하고 있으며, 야스퍼스(Jaspers)는 자신의 저서 『실존의 해명』에서 죽음이 인간 현존재 전체에 대하여 근본적인 의의를 가지는 것으로 설명한다.[6)] 이처럼 실존철학은 인생의 의미를 강화하는 수단으로써 죽음에 관한 인식을 확고히 하도록 촉구하였다.

(2) 심리학적 관점

인간이 죽음을 향해 열려진 존재라는 사실에서 인간의 연약함을 알게 된다. 프로이트(S. Freud)는 인간은 본래부터 삶에 대한 본능과 더불어 죽음의 본능적 심리를 함께 가지고 태어나는데, 삶과 죽음의 두 본능 사이에서 일종의 투쟁이 일어난다고 보았다. 다시 말해 인간의 삶에는 원래부터 이미 죽음이라는 것이 어떤 통일된 방식으로 존재하고 있어 무의식적으로 삶을 무생물의 상태로 충동질하여 끌고 가므로 결국 죽음에 이른다는 의미에서 죽음은 삶의 목적이 되는 것이다.

한편 융(Jung)은 인간의 출생이 의미가 있듯이 죽음도 의미가 있다고 보았으며, 인생은 어떤 궁극에로의 준비로서 보통 인간은 인생의 상승기를 거쳐 정상에 이르면 거기에 멈추어 선다. 즉 자기 실현이 이루어지면 그것이 바로 죽음이며, 죽음은 자기 실현을 의미한다고 하였다.

정신의학 전문가였던 프랑클(V. Frankl)은 삶과 죽음을 오가는 수용소의 극한 상황 속에서 생명을 유지하는 참된 요소는 끊임없이 삶의 의의를 탐구하는 의지임을 체험하였다. 죽음이나 인생무상은 인류를 포함한 모든 존재물이 피할 수 없는 가장 두려운 경험적 사실이다. 프랑클이 생사를 넘나드는 극한 상황에서 부여하는 실존적 참뜻은 불교의 제행무상(諸行無常)의 참뜻을 예증한다.

(3) 신학적 관점

현대 신학의 죽음에 대한 관점을 대표하는 신학자인 라너(K. Rahner)는 죄로 말미암음과 동시에 인간 본연의 것이라는 점에서 육체적인 죽음의 불가피성을 인정하였다. 그리고 이 죽음은 육체의 파괴와 함께 그리스도와 함께함을 의미한다는 점에서 인간의 죽음이 우주의 존재론적 기반이 되어 영생으로 들어가게 되는 것임을 말하고 있다.[7] 라너의 죽음의 보편성에 관한 이러한 명제는 경험론적, 생리학적인 명제라기보다는 오히려 신앙고백의 색채가 강하다고 할 수 있다.

현대 신학은 죽음을 말하기보다는 죽음을 극복하는 것으로 부활과 미래의 희망을 말한다. 최근 신학은 인간의 죽음이 수동적인 '사건'이 아니라 적극적인 '행위'임을 강조한다. 죽음은 최종의 결단을 내리는 행위다. 죽음의 순간에 인간은 빛과 깨끗함으로 채워져 지상적이고 부수적인 동기의 영향을 받지 않고 올바른 결단을 내리기 쉬운 입장에 있다. 따라서 죽음은 인간에게 최종적인 것이 결코 아니다. 하느님의 권능 행사를 통하여 인간은 구원되고 영원한 생명을 얻을 수 있는 기회를 부여받는다는 점에서 죽음을 새로운 창조라 해도 무방하다. 사도 바오로는 "이 몸을 떠나 주님 곁에 사는 것이 낫다고 생각합니다(고린도후서 5: 8)."라고 고백했다.

2. 죽음의 태도

임종과 죽음에 대한 우리의 경험과 생각은 지난 100년 동안 크게 변화되어 왔다. 오늘날 현대인은 죽음 상황에 직면할 때 장례에 관한 정보와 지식의 결여 때문에 가히 문화적 충격이라 할 정도의 경험을 하게 된다. 얼마 전까지만 해도 죽어 가는 사람에게 제공될 돌봄과 죽은 사람을 위한 사후 처치방법은 가정생활의 일반적이고 필수적인 한 부분이었다. 그러나 오늘날은 비교적 소수의 사람들만이 이런 돌봄과 처치를 제공해 주는 방법을 알고 있을 뿐이다. 지난 세대에 우리 선조들이 죽음에 대해 어떤 신념을 가지고, 행동하고, 느꼈는지를 배우고 나면 죽음과 임종을 대하는 형태와 자세는 변화될 것이다.

1) 죽음 태도에 영향을 미치는 요인

(1) 평균수명과 사망률

우리나라의 평균수명은 남자가 76세, 여자가 84세로 증가하였다.[8] 오늘날 우리는 아기가 태어나면 70~80년 혹은 그보다 더 오래 살 것이라고 예상한다. 사망률은 일반적으로 그 해 인구 1,000명당 죽은 사람의 수다. 최근 10년간 우리나라 사망자 수는 계속 감소되고 있는 실정이다. 높은 영아사망률(1세 이하의 아이가 죽는 것)은 일반적으로 '운명'의 문제라고 단정되었으며, 이러한 생각은 오랫동안 바뀌지 않았다. 과거에는 젊은이와 늙은이 모두 인간 조건의 자연스러운 한 부분인 죽음과 익숙했다. 어머니는 아이를 낳으면서 죽고, 아기들은 사산되고, 부모들 중 하나 혹은 두 사람 모두 그 아이가 사춘기가 되기 전에 죽을 가능성이 높았다. 살아남은 아이는 흔히 죽은 형이나 동생의 생전 사진을 침실 벽에 붙여 놓고 추모하고, 벽에 붙어 있는 사진만이 그 아이가 가족의 일원이었음을 증명하였다. 죽음을 일깨워 주는 이런 것들과 함께 살아온 우리 선조들은 죽음이라는 엄연한 사실을 부인할 수 없었다.

(2) 죽음의 원인

평균수명과 사망률은 죽음 원인과 관련된 양상이 변화됨에 따라 크게 변동하였다. 20세기 초까지만 해도 죽음의 원인은 일반적으로 결핵, 장티푸스 열, 디프테리아, 포도상 구균성 폐혈증, 매독 혹은 폐렴과 같은 급성 감염성 질환이었다. 이런 질환의 대부분은 갑작스럽게 와서 감염을 일으켜 많은 사람들을 죽음에 이르게 하였다. 반면 오늘날 우리나라 5대 사망원인인 암, 뇌혈관 질환, 심장 질환, 고의적 자해(자살), 당뇨병에 의한 사망자 수가 140천 명으로 전체 사망자의 57%를 차지하였다(〈표 1-1〉 참조). 이러한 질병의 특성은 만성적이고 퇴행성 경향을 띠게 된다.

이러한 시간에 따른 사망원인 패턴의 변화를 전문적인 용어로 역학적 변화라 한다. 역학(epidemiology)이란 건강과 질병의 패턴을 연구하는 것이다. 과거에 감염성 질환 등에 의한 유아와 어린이의 대량 사망 경향이 감소하면서 사람들은 예전보다 훨씬 오래 살게 되었다. 그러나 그 대신 퇴행성 질환을 앓게 되는 경향이 증가하게 되었고 또 전체 인구에서 노인 인구 비율이 증가하는 결과를 초래하였다.

〈표 1-1〉 **2004년 주요 사망원인별 사망자 수** (단위: 천 명, 인구 10만 명당, %, 명)

	사망자 수	사망률	구성비	1일 평균 사망자 수
암(악성 신생물)	65	133.5	26.3	177
뇌혈관 질환	34	70.3	13.9	93
심장 질환	18	36.9	7.3	49
고의적 자해(자살)	12	25.2	4.7	32
당뇨병	12	24.3	4.8	32
전 체	246	506.9	100.0	672

*1) 사망자 구성비는 사인 분류 가능한 전체 사망자에 대한 사망자의 구성비임.
*2) 고의적 자해(자살) 사망률은 5세 이상 인구 10만 명당임.

(3) 지리적 이동성

역사적으로 인간관계는 장소와 혈연관계로 친밀하게 결속되면서 형성되어 왔다. 그러나 지금 사람들 사이의 관계는 그들이 여태까지 함께한 인생의 시간들보다는 현재의 업무와 기능에 더 많은 영향을 받는다. 아이들도 자라게 되면 자기 부모들과 한집에서 사는 것이 거의 드물며, 형이나 누나들과 한집에서 확대가족의 형태로 사는 것은 더욱 드물다.

이러한 이동성 때문에 사람들은 친지들이나 친구들의 죽음 소식을 접할 때 임종을 지켜보지 못하거나 혹은 장례식장에 참석하지 못하게 되는 경향이 생겼다. 심지어 먼 거리를 방문하는 비용이 그다지 큰 문제가 아닐지라도, 대부분의 사람들은 죽어 가는 친지나 친구의 돌봄을 위해 혹은 장례식에 참석하기 위해 오랜 기간 동안 업무나 다른 책임에서 벗어나기를 원하지 않는다.

(4) 죽음의 장소 변화—가정에서 일반 시설로

전통적으로 가정에서 맞이하던 죽음이 오늘날에는 여러 가지 이유로 병원을 포함한 일반 시설로 옮겨 가게 되었다. 대부분의 사람들은 죽을 때 자신의 집에서 사랑하고 가까운 사람들에 둘러싸여 죽기를 원한다. 그러나 산업화와 현대화에 의한 가족구조의 변화, 삶의 패턴의 변화로 현대인의 대부분은 가정에서 임종환자를 돌보는 것이 불가능한 경우가 많다. 또한 전문적 의료기술과 항시적인 돌봄을 요구하는 질병의 마지막 단계의 특성, 가족 성원의 돌봄을 대체할 사회적 지지의 부족 역시 가정에서 임종을 맞이하기 어렵게 하는 요인이 된다.

(5) 생명을 연장시키는 의료기술의 발전

의료기관에서 죽어 가는 이는 자신의 마지막 생명 박동이 사라질 때까지 잘 정렬된 기계 장치들 속에 둘러싸여 있을 것이다. 그러나 첨단 의료기술과 설비를 통해 말기 단계의 생명을 유지 혹은 연장하는 것은 많은 논의의 여지를 제공한다. 그 핵심에는 소위 '관리되는 죽음'의 문제가 있다. 어떤 한 사람이 죽어 갈 때 더 이상의 치료가 필요 없다고 판단이 되고 환자나 가족이 그 죽음을 수용한다면 그 상황을 종결하고자 하는 강한 바람을 가지게 될지도 모른다. 그래서 이러한 문제가 곧 '권리'라는 이름으로 다가온다. 이런 바람에는 적절한 순간에 치료를 끝내는 것, 환자가 조용하고 편안하게 죽음을 받아들이는 것이 포함된다. 또 다른 한편으로는 의사가 도와주는 자살이나 안락사를 통해 좀 더 완전하게 죽음을 통제하려는 시도까지도 포함된다. 인간 생명에 대한 경외라는 문제를 한편으로 제외하고서라도 죽음을 관리하겠다는 이런 노력들은 많은 윤리적 문제를 야기하고 있으며, 의료 환경에서는 이런 문제들을 고려하여야 한다.

2) 죽음 태도에 관한 연구

(1) 죽음 태도 연구의 최근 동향

죽음 태도에 관한 최근 연구동향은 국내 연구와 국외 연구의 경우 주된 연구 대상에서 차이가 나타난다. 우리나라의 경우 대부분 노인을 대상으로 하였으나, 국외의 경우 청소년과 성인을 대상으로 한 연구가 주를 이룬다.[9]

우리나라 노인의 임종과정에 대한 태도는 죽을 때 고통 없이, 남에게 폐끼치지 않고 깨끗하게, 인간의 존엄을 유지하고자 하는 바람이 강하다. 죽을 복은 타고 나는 것이며, 생명 연장을 위한 생명연장술의 사용은 거부하면서 자연 섭리를 추구하는 태도를 보이고 있다. 이와 같이 우리나라 노인의 죽음과정에 대한 공통적인 생각은 자식들을 힘들게 하고 싶지 않다는 마음과 편안하게 죽음을 맞이하고 싶은 마음, 위엄을 갖춘 죽음, 그리고 무의식 상태에서의 생명 연장은 의미가 없음을 보여 주고 있다.

국외의 청소년들은 죽어 가는 과정에 대한 우려의 자세를 보이고 있다.

죽어 가는 경험이 지연되는 두려움에 대한 직접적인 반응으로는 의사가 도와주는 자살에 대한 지지를 보이고 있다. 젊은이들은 다른 연령 그룹보다도 죽음과 죽어 가는 것에 대한 특별한 관심을 가지고 있는 것으로 나타났다. 그 이유로는 죽어 가는 과정에 대한 두려움과 공포를 공공연하게, 현실적으로 편하게 토론하지 못하고, 이런 문제들에 대한 학부와 대학원에서의 의학 교육의 부족 때문이라고 생각한다.

(2) 대학생을 대상으로 한 죽음 태도

휴먼서비스 전공 분야 대학생을 대상으로 죽음 태도의 구조와 유형을 분류하고 파악한 연구에서 네 가지의 죽음 태도의 유형–운명론적 수용형, 실존적 현세 지향형, 사후세계 불확실형, 생사 분리–연결형이 제시되었다.[10] 첫째, '운명론적 수용형' 은 죽음을 삶의 실패로 인식하여 회피하고 싶지만, 언젠가는 마주쳐야만 하는 죽음의 보편성과 필연성을 거부할 수 없는 불가항력적인 사실로 인정한다. 둘째, '실존적 현세 지향형' 은 죽음을 통해 인간 존재는 무로 돌아간다는 종말론적 사고를 지니고 있으며, 유한성이 주는 무의미성 때문에 내세 지향적 가치보다는 현세 지향적 가치 추구에 전력 투신하는 유형이다. 셋째, '사후세계 불확실형' 은 직접 경험해 보기 전에는 죽음의 실체를 알 수 없다고 주장하지만 삶 속에 죽음에 대한 불안이 항상 내재함을 인식하고 있어 진정한 자아 추구과정에서 편치 않은 정서와 현세적 삶에 부정적 반영을 경험하는 특징을 보인다. 마지막으로 '생사 분리–연결형' 은 삶과 죽음을 철저한 단절로 인식하는 한편, 죽음 저편에는 현세적 삶에서 경험하지 못한 평온과 안식의 새로운 지평이 열릴 것이라는 기대를 지닌 그룹으로서 죽음이 최상의 실제적 해답이 되어 고통에서 벗어나는 마지막 위안이라는 견해를 보여 준다.

3) 죽음의 표현방법

죽음 태도는 일반적으로 사람들이 죽음에 대해 이야기할 때 사용하는 언어, 죽음에 관한 유머뿐만 아니라 대중매체, 음악, 문학, 시각예술의 역할을 통해서도 잘 알 수 있다. 이런 문화적인 것들이 사회적 상호작용을 통해서 죽음의 의미를 어떻게 드러내는지 관찰할 때 그 의미는 더 확실하고 분명해진다.

(1) 언어와 유머

사람들이 죽음이나 임종에 대해 이야기할 때 사용하는 언어는 흔히 직접적이기보다는 간접적이다. '죽음' 혹은 '임종'이라는 단어는 피하고 대신 사랑하는 분이 '돌아가셨다', 고인이 '영면하셨다'라는 말을 사용한다. 매장은 '땅에 잠들다'라는 말로 쓰이고 있고, 장의사는 '장례지도사'란 말로 바뀌었다. 이런 용어들은 죽은 사람들을 치료하는 과정에서 나온, 잘 배려된 결과물들이다. 이런 말들을 주의 깊게 들어 보면 모든 표현들이 완곡어법, 죽음에 관한 여러 다양한 은유 그리고 은어란 사실을 깨닫게 될 것이다(〈표 1-2〉 참조). 완곡어법이란 사람들이 말하기 어렵고 꺼리는 표현들을 간접적인 표현이나 모호한 단어와 구절로 대신하는 것을 말하는데, 이것은 아마도 죽음이라는 실체를 가림으로써 죽음을 자신의 범위 안에서 통제하고자 하는 목적으로 사용되어 왔을 것이다.

우스운 이야기나 유머는 심각한 상황과 침울한 문제를 한층 더 쉽게 다룰 수 있게 하고, 죽음에 대한 불안을 어느 정도 진정시키는 역할을 한다. 죽음과 관련된 유머의 몇 가지 기능은, 첫째 금기시된 주제에 대한 우리들의 의식과 각성을 일깨워 주고, 그것에 대해 이야기하는 방법을 가르쳐 준다. 둘째, 슬픔을 바깥으로 불러낼 기회를 주고, 고통과 아픔에서 벗어날 수 있게 하며, 마음을 고통스럽게 하는 어떤 상황에 대해 통제감을 증진시

〈표 1-2〉 죽음에 관한 말: 은유, 완곡어법 그리고 은어들

깊이 잠들다.	육신이 지다.
끝났다. 생명을 포기했다.	이 세상과 작별을 고하셨다.
끝이 났다.	이 세상에서 약속된 그의 시간이 다 되었다.
다른 세상 사람	이 세상을 떠났다.
돌아가셨다.	이승을 떠났다.
떠났다.	잃었다.
멸망하다. 사라지다.	저 세상으로 갔다.
명이 다했다.	저승으로 갔다.
모든 것이 끝났다.	주님 품에 잠들다.
비참한 운명을 벗어났다.	천사가 데려갔다.
선종했다	천사와 함께 있다.
숨을 거두다.	평화로이 잠들다.
스러지다.	하느님을 만나러 갔다.
스스로 생을 마무리하다.	하느님의 제단에 오르셨다.
시들었다.	하느님이 그를 데려가셨다.
안식의 부름을 받다.	하늘나라로 갔다.
안식처로 갔다.	하늘나라에서 한줌의 먼지가 되셨다.
연극이 끝났다(막이 내려졌다).	해치우다.
영면했다.	혼령이 되셨다.
온 곳으로 돌아갔다.	휴식을 위해 누우셨다.
요단강을 건넜다.	흙으로 돌아갔다.
우리를 떠났다.	

킨다. 셋째, 유머는 남아 있는 사람에게 즐거운 추억을 되새기게 할 뿐 아니라 사랑하는 사람의 인생에서 고통스러웠던 사건까지도 좋은 기억으로 불러와 남아 있는 사람에게 평안감을 준다.[11] 이와 같이 유머감각은 삶의 부정적이고 슬픈 사건들의 강도를 어느 정도 완화하는 역할을 한다.

(2) 대중매체

① 뉴스에서 다루는 죽음

매일 신문을 볼 때 죽음을 다룬 사건들 중 우리의 시선을 끄는 것은 어떤 종류의 사건인가? 그날 뉴스를 대충 훑어보면 온갖 종류의 살인사건, 자살 그리고 끔찍하고 폭력적인 죽음을 야기한 참사들에 대해 알게 될 것이다. 매체를 통한 죽음과의 대면은 자신의 죽음 태도에 영향을 끼친다. 뉴스 기자들은 대중에게 뉴스를 전할 때 '사건 자체가 어떤 것인가.' 보다는 이 사건을 시청자나 독자들이 '어떻게 받아들이는가.'에 더 관심을 가지는 경향을 보인다.

TV는 단순히 사람들에게 사건에 관해 알려 주는 역할을 할 뿐만 아니라 사건의 의미를 대중이 어떻게 받아들여야 하는지 단서를 제시해 주는 역할도 한다. 이는 죽음과 관련된 이야기를 보도할 때 뉴스 보도자들이 고민해야 하는 실질적인 문제가 될 수 있다.[12)]

② 연예 프로에서 다루는 죽음

TV는 사회화의 중요하고 두드러진 수단이기도 하기 때문에 우리들의 신념, 태도, 실제 행동에도 많은 영향을 미친다. 주간 TV 가이드에서 나오는 기사들 중 1/3 정도가 어떤 방식으로든지 죽음이나 등장인물들이 죽어 가는 모습을 담고 있는 프로그램이 차지하는 것으로 볼 때 죽음은 많은 TV 프로그램의 중심 주제라고 할 수 있다.

사람들이 죽어 가는 이를 설명하는 방식은 각기 다르다. 할아버지의 죽음에 대해 이야기할 때 일곱 살짜리 아이가 물었다. "누가 할아버지를 그렇게 했나요?" 미디어에서 나오는 죽음의 이미지는 주로 외부에서 오며, 흔히 폭력적인 방식이다. 죽음에 대한 이러한 생각들은 죽음이 우리가 언젠가 겪어야 하는 어떤 것이기보다는 우리에게 일어나는 어떤 것이라는 믿음을 강화시켜 주는 역할을 한다. 즉, 죽음을 자연적인 어떤 과정이기보다는 어떤 사고로 보도록 영향을 준다.

또한 폭력에 대한 비현실적인 묘사는 그것을 보는 사람들에게 실제 폭력과 폭력의 희생자 모두를 둔감하게 만들고, 폭력의 희생자가 되어 간다는 알 수 없는 공포를 증가시키며, 공격적인 행동을 초래하는 원인이 되기도 한다.[13)]

죽음과 관련된 최근 영화와 드라마를 소개하면 〈표 1-3〉과 같다.

〈표 1-3〉 죽음 관련 영화와 드라마

영화		드라마
〈외화〉	〈한국 영화〉	
• Good-bye My Friend	• 국화꽃 향기	• 가시고기
• Last Concert	• 박하사탕	• 네 멋대로 해라
• My Girl	• 편지	• 로즈마리
• Sweet November	• 선물	• 쌍둥이 엄마의 육아일기
• 아들의 방(La Stanza Del Figlio)	• 오세암	• 완전한 사랑
• 구두쇠 스크루지	• 하루	
• 데드맨워킹(Dead Man Walking)		
• 사랑과 영혼(Ghost)		
• 아이엠 샘(I am Sam)		
• 유혹의 선(Flatliners)		
• 일급살인(Murder In the First)		
• 천국보다 아름다운(What Dreams May Come)		

(3) 예술작품

① 음악에서 다루는 죽음

인간의 마음 안에서 음악의 힘과 의미는 본질적인 의미를 가지고 있다. 음악은 공동체 의식을 유지해 주고 어느 정도의 안녕감을 이끌어 내는 데 도움을 준다. 모든 음악 스타일과 장르에는 죽음과 상실에 관한 주제가 담

겨 있으며, 그 빈도는 드물지 않고 흔한 소재다.[14)]

클래식 음악에서 죽음에 관한 주제는 종교적인 작품과 비종교적 세속 음악 모두에 포함되어 있다. 번스타인(L. Bernstein)의 교향곡 No. 3 Kaddish (송영-죽은 근친을 위해 드리는 기도)는 죽은 자를 위해 바치던 유대인의 기도에 기초한 것이다. Requiem(장송곡-죽은 자를 위한 미사에 쓰인 곡)은 장례식에 쓰이는 클래식 음악의 대표적 형식으로서 모차르트(Mozart), 베를리오즈(Berlioz), 베르디(Verdi) 등 많은 음악가들에 의해 작곡되었다.[15)]

그 외에 만가(dirge) 형식의 대표적인 예는 뉴올리언스 지방의 재즈풍 장례음악이다. 이와 유사한 음악 형식으로는 Elegies(비가)와 Lament(애가) 등이 있는데, 이들 음악은 죽은 사람을 애도하고 함께 추모하기 위해 지어진 시에다 음악적으로 곡을 붙인 양식으로서 죽은 사람과 작별을 고하는 의식에 사용되었다. 이 음악적 양식은 세계 여러 문화권에서 널리 발견되고 있다.[16)]

② 문학에서 다루는 죽음

그리스 시인 호머(Homer)의 대서사시 『일리아드』(*Iliad*), 소포클레스(Sophocles)의 고전 비극인 『오이디푸스 왕』(*Oedipus the King*) 그리고 셰익스피어(Shakespeare)의 『리어왕』(*King Lear*)에서부터 현대 소설 톨스토이(L. Tolstoy)의 『이반 일리치의 죽음』(*Ivan Ilych*), 아기(J. Agee)의 『가족의 죽음』(*Death in the Family*), 게인스(E. J. Gaines)의 『죽기 연습』(*A lesson before Dying*)에 이르기까지 문학 작가들은 죽음을 인간의 삶과 경험에서 의미 있는 사건으로 다루었다. 죽음의 의미를 알기 위해서 때때로 작가는 죽음과 관련된 개인적 의미뿐만 아니라 사회적 의미도 탐색한다.

작가들은 또한 전쟁의 상흔과 상실이라는 아픈 경험에서 의미를 찾기 위해 애쓰는 개인의 다양한 방식에 대해서도 쓰고 있는데, 이런 주제는 단지 전쟁 이야기 그 이상의 것을 담고 있다. 이런 많은 이야기들에서는 고통스러운 상실감을 느낄 때의 인간의 기본적인 욕구에 대해 서술하며, 또 대처해 나가는 방법도 서술하고 있다.[17)]

임종과 죽음을 다루고 있는 문학들은 특히 인간의 생명을 돌보는 의사, 간호사, 그 밖의 다른 보건의료 전문가들을 위한 교육 프로그램에서 많이 찾아볼 수 있다. 죽음이나 임종에 관한 기술적인 지식은 문학작품에서 발견되는 휴머니즘적 통찰력과 균형을 이루어야 한다. 소설과 시를 통해 사람의 생명을 위협하는 질병이 미치는 영향과 불확실한 상황이 미치는 영향에 대해 탐색함으로써 추상적이고 기계적인 임상 상황은 좀 더 인간적 상황이 되며, 전체화가 아닌 좀 더 개별화하는 역할을 한다.

죽음 관련 문학작품을 소개하면 〈표 1-4〉와 같다.

〈표 1-4〉 죽음 관련 문학작품

시	소설
꽃(조병화) 귀천(천상병) 유리창(정지용) 은수저(김광균) 하관(박목월)	가시고기(조창현) 국화꽃 향기(김하인) 베로니카 죽기로 결심하다 (파울로 코엘료) 아버지(김정현) 타나타노트(베르나르 베르베르)
수필	**가사**
모리와 함께 한 화요일(미치 앨봄) 아름다운 죽음을 위한 안내서(최화숙) 죽음을 이야기하다(달라이 라마)	삼도천(이상은)

③ 미술에서 다루는 죽음

시각예술 분야에서 죽음이라는 주제는 상징, 기호 그리고 이미지를 통해 잘 드러난다. 서유럽 예술계에서 이러한 주제들은 보통 고전적인 신화와 유대 · 기독교적인 전통의 바탕 위에서 표현되고 있다. 고대 이집트인의 석관에는 죽음 장면이 새겨져 있는데, 이것이 사후세계에 대한 그들 민족의 믿음을 보여 주는 증거가 되고 있다. 이 그림들의 주제에는 삶의 자연스러운 과정들이 담겨 있다. 즉 탄생, 노화 그리고 죽음에 이르는 내용들이 고스란히 담겨 있으며, 후대로 전승되는 문화적 결속과 같은 내용들도 보편적으로 발견되고 있다.

중세 서유럽에서는 여태까지 행해져 왔던 것보다 더 많이 죽음과 임종에 대한 주제로 그림을 그렸다. 흑사병의 만연으로 공포가 확산되어 가면서 죽음과 관련된 이미지들은 도덕성의 위기와 갑작스럽고 예기치 않았던 죽음에 대한 두려움을 보여 주는 증거가 되었다. 예술가들은 자기가 살았던 시대에 주의와 관심을 기울이면서 작품 주제들을 포착해 낸다.[18)]

죽음과의 대면에서 창의성은 삶을 충만케 하고, 삶의 의미를 심화시킬 수 있는 다양한 가능성의 스펙트럼을 제공해 준다. 이러한 가능성들은 삶에서 의미 없는 종말(의미 없는 죽음)을 물리치고 막는 역할을 하며, 현재의 삶과 미래에까지 이어져 죽은 자에 대한 추억을 일깨워 적어도 우리들의 기억 속에서는 아직 살아 있다는 것을 느끼게 한다.

이것을 기억하자

- 오늘날 우리는 의료기술의 발전으로 과거보다 덜 직접적이고 덜 자주 죽음을 경험하고 있다.
- 죽음에 대한 인간의 태도는 언어, 유머, 대중매체, 음악, 문학작품, 시각예술을 통해 표현되고 있다.
- 비록 많은 사람들이 더 이상 죽음과 임종을 금기된 주제로 생각하지 않지만, 아직까지 사회는 죽음 그 자체를 부정하고 있으며, 열린 담론을 터부시하고 있다.
- 이 단원은 우리 각자의 인생 여정과 죽음 경험에 대해 다시 한 번 생각해 보게 하는 멋진 기회가 될 것이다.

〈과제〉

1. 내가 좋아하는 음악가에 관심을 두고 음악의 양식에 상관없이 주제가 죽음과 관련된 음악을 골라 아래와 같이 기록해 보라.
   1. 가사 :
   2. 가수 :
   3. 노래제목 :
   4. 주제 :

2. 내가 좋아하는 미술작품에 관심을 두고 주제가 죽음과 관련된 미술품(그림)을 골라 아래와 같이 기록해 보라.
   1. 작가 :
   2. 제목 :
   3. 의미해설 :

3. 최근 신문에 게재된 죽음에 관한 뉴스를 스크랩하여 아래와 같이 분석하고 기록해 보라.
   1. 출처 :
   2. 제목 :
   3. 내용 :
   4. 느낀 점 :

4. 죽음과 관련된 시, 소설, 수필 등 문학작품을 읽고 다음과 같이 내용을 정리해 보라.
   1. 작가 :
   2. 제목 :
   3. 내용 :
   4. 느낀 점 :

제 2 장

역사 · 사회 속의 죽음

삶과 죽음은 모든 인간이 경험하는 보편적인 현상이다. 그러나 인간의 삶과 죽음에 대한 태도나 생각은 역사적 · 문화적 맥락에 따라 상이하게 형성되며, 그 결과 삶과 죽음의 연속선상에서 인간이 경험하는 정서, 신념, 행동은 동일하지 않다. 특히 죽음에 대한 개인의 반응은 자신이 속한 집단과 사회 내의 문화적 요인과 밀접한 관련성을 지니고 있으며, 이러한 맥락하에 개인적 신념을 포함하는 죽음에 대한 개인의 자세가 완성된다고 할 수 있다. 이 장에서는 인간이 보편적으로 경험하는 현상 중 하나인 죽음의 기원과 원인을 살펴보겠다. 그리고 역사적 맥락에서 죽은 이와 죽음에 대한 관점은 어떠한지, 다양한 문화적 맥락 속에서 죽음이 어떻게 이해되고 있는지를 소개하고자 한다.

1. 죽음에 대한 역사적 이해

1) 죽음의 기원

인간에게 죽음은 언제부터 존재하였으며, 왜 존재하는가. 이런 의문은 성경이나 신화들을 통해 다양하게 설명되고 있다.[1] 먼저 성경에서는 에덴동산에 살았던 먼 선조인 아담과 이브가 잘못된 판단으로 창조주에게 불복종한 결과, 죽음이 인간 경험의 한 부분이 된 것으로 설명하고 있다. 죽음의 기원에 관한 이야기는 이와 같이 선조 혹은 원형적인 인간이 선이나 자연법을 어기거나, 더 높은 힘을 지닌 존재에게서의 시험에 실패한 결과 인간 삶의 한 부분이 된 것으로 설명하는 것이 대부분이다.[2] 또 다른 예로 그리스 신화에서는 죽음의 기원을 인간의 부주의와 호기심 그리고 어리석은 판단으로 모든 인간의 운명을 담고 있는 판도라 상자가 열렸을 때 인간에게 닥친 것으로 설명하고 있다.

반면, 어떤 신화에서는 죽음의 기원을 인간이 행동을 취한 결과라기보다는 적절히 행동을 취하지 못한 결과로 설명하기도 한다. 북미의 신화에 의하면, 영원한 생명을 보장하는 메신저가 자신의 소임을 잊거나 혹은 악에 빠져 정시에 도착하지 못해 불멸의 메시지를 전달하지 못한 것으로 설명하고 있다. 즉 인간의 불멸을 보장할 수 있는 중요한 행위가 수행되지 않은 결과로, 죽음이 인간 삶의 한 부분이 된 것이다.[3]

이렇듯 죽음의 기원은 서로 차이가 있지만, 두 가지 공통점으로 묶일 수 있다. 첫째, 죽음의 기원에 관한 대부분의 설명에서는 인간의 죽음을 부정적인 것으로 묘사한다.[4] 즉 인간은 불멸의 존재가 될 수 있었는데 스스로의 잘못에 대한 대가로 부정적 사건을 경험하게 되었으며, 그렇기 때문에 죽음이 대부분의 인간들에게 가장 피하고 싶어 하는 것으로 인식된다는 것이다. 둘째, 죽음은 인간 생명의 유한성이라는 내적 한계성에 기인한 것이라기보다는 외부적 힘에 의해 인간에게 가해진 것으로 설명되고 있다. 즉 인간은 신과 같이 불멸의 존재로 있을 수 있는데, 잘못에 가해지는 외부의 처벌에 의해 유한적 존재로 전환된 것이라 설명되는 것이다.

죽음의 기원에 근거한 이해는 현실을 살아가는 개인의 죽음에 대한 태도에 일부 영향을 미치고 있다. 예를 들면 대부분의 인간은 질병과 노화의 생리적 과정과 죽음의 과정을 이해하면서도 이러한 과정에 어떤 개입이 있다면 생명을 연장시킬 수 있다고 느낀다. 다시 말해 대부분의 사람들은 죽음을 삶의 부분이요, 인간의 보편적 경험으로 수용하기보다 자신의 삶과 분리된 외부 사건으로 이해함으로써 죽음에 대한 직면을 최대한 피하려는 것이다. 그 결과 사랑하는 이의 죽음을 지켜보거나 자신에게 닥치는 죽음을 인식하면서 더 큰 슬픔과 충격에 잠긴다. 그러고 나서야 어쩔 수 없이 받아들여야 하는 인간의 유한성을 인식하게 된다.

2) 죽음의 특성

동서고금의 어느 고관대작도 피해 갈 수 없는 죽음이라는 현상은 다른 무엇보다도 독특한 특성을 지니고 있으며, 이러한 특성은 인간에게 다양한 감정과 상황을 경험하게 한다. 죽음의 특성을 살펴보면 다음의 네 가지로 정리할 수 있다.[5)]

① 불가역성: 모든 인간은 죽은 후 이전의 삶의 영역으로 되돌아올 수 없다.

② 평등성: 죽음은 누구에게나 찾아온다. 인간이 죽는다는 명제에는 예외가 존재하지 않는다.

③ 유한성: 영원히 이 세계에 머물 수 있는 사람은 아무도 없다. 모든 인

간의 삶은 죽음에 다가가는 것이다.

④ 불가지성: 죽음의 세계는 영원한 미지의 세계이며, 입증되지 않은 세계다. 비록 임사체험을 경험한 다수의 사람들이 자신들의 체험을 증언하였으며, 이러한 증언을 바탕으로 한 연구 결과 동서양의 문화적 차이에 관계없이 사후의 세계는 매우 유사하게 묘사되는 것으로 밝혀지고 있기는 하나,[6] 이들의 경험이 객관적인 진실이라고 입증할 수 있는 근거는 어디에도 없기 때문이다. 그러므로 죽음의 세계는 아무리 과학 기술이 발달하였어도 여전히 상상하기 어려운 미지의 영역으로 존재하고 있다.

죽음의 이러한 특성이 인간에게 미치는 영향은 매우 다양하다. 죽음의 불가역성, 평등성, 유한성은 인간의 삶의 태도에 직접적인 영향을 미치는 중요한 요인이며, 죽음의 세계에 대한 수수께끼는 인간의 죽음에 대한 태도에 영향을 미치는 요인이라고 할 수 있다. 삶과 죽음은 동전의 양면과 같아서 삶이 없는 죽음이나 죽음이 없는 삶을 논할 수 없다. 즉 삶의 사건 중 하나가 바로 죽음이라고 할 수 있으며, 이러한 측면에서 죽음은 삶의 연속선상에 있다고 할 수 있다. 결국 개인이 죽음을 경험할 수 있는 조건은 자신은 살아 있으면서 다른 사람이 죽음으로써 경험하는, 나의 삶 속에서의 타인의 죽음을 의미한다. 이러한 맥락에서 보면 인간의 죽음은 비록 생물학적 특성에 근거한 것일지라도 생물학적 영역을 넘어선 사회적이며 문화적인 현상으로 이해할 필요가 있다.

이러한 죽음의 전형적인 특성은 고대에서부터 현대에 이르기까지 모든 다양한 문화 속 사람들의 삶과 죽음에 대한 태도와 자세에 영향을 미치고 있다. 죽음의 특성은 인간의 삶에 절망과 무의미와 같은 무력감을 부여하는 반면, 제한된 삶에 대한 인간의 애착을 극대화하여 인간의 삶을 풍요롭게 만드는 역할을 담당하기도 한다. 또한 죽음의 세계에 대한 의문은 죽음에 대한 두려움과 불안, 공포 등을 야기하는 반면, 죽음에 대한 공포를 인식하고 진지하게 삶에 몰입하며 죽음을 삶의 한 사건으로 자연스럽게 수용할 수 있게 원조하기도 한다. 따라서 죽음은 죽는 이들의 문제만이 아니라 살아 있는 사람들의 문제이며, 죽음에 대한 인간의 의문도 궁극적으로 '어떻게 삶을 살아갈 것인가.' 하는 문제와 연결된다.[7] 죽음은 인간의 삶의 방향을 제시하는 도구가 되었으며, 사람들은 '죽음을 문화가 되게 가꾸었고 뒤이어서 죽음을 문화 속에 가꾼 것'이라 할 만큼 죽음의 생물학적 측면을 문화적 측면으로 변화시켰다.

3) 우리나라 역사 속에서의 죽음

우리나라 사람의 죽음관을 종적으로 이해하기 위해서는 먼저 죽음과 관련된 인식과 태도에 영향을 미치는 우리나라의 사상 전통과 종교 전통에 대한 이해가 선행되어야 할 것이다. 우리나라의 사상 전통과 종교 전통은 누가적(cumulative)인 특성을 지니기 때문에 그 특성상 단순화하여 설명하기 어려운 점이 있으나[8] 전반적으로 무속신앙, 불교문화, 도교문화, 유교문화와 그리스도교문화가 어우러져 혼재되어 있다고 할 수 있다.[9] 이러한 혼재된 사상적 배경을 근거로 삼국시대, 고려시대, 조선시대를 중심으로 우리나라 사람의 죽음에 대한 태도를 살펴보고자 한다.

(1) 삼국시대 이전

우리나라 사람의 고유문화라고 할 수 있는 무속신앙에서는 세계가 현실세계인 '이승'과 사후세계인 '저승'으로 나뉘어 존재하며, 이승과 저승은 연결되어 있다고 설명한다. 즉 죽음은 또 다른 새로운 삶의 시작을 의미하며, 저승은 이승의 연장선상이다.[10] 따라서 고대인들은 죽어서도 이 세계에서와 같은 새로운 삶을 계속적으로 영위한다고 믿었으며, 영혼의 존재를 인정하고, 동시에 영혼은 불멸하는 것이라고 생각하였다. 영혼에 대한 재생이나 환생에 대한 관점은 고대인의 무덤에서 출토된 유물을 통해서도 입증되었다.[11)]

(2) 삼국시대

고구려는 삶과 죽음이 하나라는 관점을 가지고 삶과 죽음을 분리하지 않았으며, 생전에 수의를 만들어 죽음을 준비하였다. 죽음이 발생하면 처음에는 상실에 대한 슬픔과 비탄을 표현하였지만, 장례에서는 죽은 이의 저승길 인도를 위해 가무를 행하는 등 축제 분위기를 조성하였다. 죽음이 발생하면 집 안에 빈소를 만들어 3년 동안 모신 후 좋은 날을 택해 장사를 지냈다. 죽은 이의 생전 물건들을 무덤 옆에 두고 장례에 참석한 사람들이 처분하게 하였다.

백제의 죽음에 대한 태도와 의식은 고구려와 매우 유사하였다. 다만 상복을 입는 기간에 다소 차이가 있었는데, 부모와 배우자의 경우는 고구려와 마찬가지로 3년이었으나 그 외 친족은 장례 후 바로 모든 의식을 종결했다. 이러한 점으로 미뤄 볼 때 고구려의 의식에 비해 비교적 간소했음을 알 수 있다.

신라도 불교의 영향을 받아 삶과 죽음을 분리해서 이해하는 것이 아니라 죽음도 바로 삶이라는 견해를 가지고 있었다. 죽음 후의 의식으로는 화장을 하여 남은 부분을 장골하거나 바다에 뿌리기도 하고, 관을 사용하여 염을 한 후 장사를 지내기도 하였다. 지증왕 때는 상복제도를 제정하여 상복을 착용하였으나, 고구려 · 백제와는 달리 착용기간이 1년으로 짧았다.[12)] 문무왕 때는 죽음과 관련된 의식적 절차를 검소하고 검약하게 하는 분위기가 조성되어 죽은 이와의 친분관계에 따라 사별한 이들의 애도기간과 의식에 차등을 두었다.[13)] 특히 신라시대에 행해졌던 불교식 화장법은 통일신라를 거쳐 고려시대까지 일반적으로 계속되다가 고려 말기부터 배척

되기 시작하였다.

(3) 고려시대

고려 초기는 국가 제도가 정비되지 않은 상황이었다. 따라서 대부분의 예제는 신라시대를 답습하는 상태에 머물렀다. 그리고 이후 고려 당대에 자리 잡은 무속신앙과 불교적 분위기에다 삼국시대에 전래되었던 유교가 더해져 새로운 형태의 의식을 형성하게 되었다. 이같이 무속과 불교식에 더해진 유교식 상례가 제정되었으나, 여전히 무속과 불교 의례가 합쳐진 상례 또한 널리 적용되었다. 따라서 고려시대에는 유교식인 토장과 불교식인 화장이 주류를 이루었다.

일반적으로 귀족층은 불교식의 상·장례를 선호하였다. 그래서 주로 화장묘와 석실묘를 시행하였으며, 제사도 아들과 딸이 동등하게 참여하였다. 그러나 고려 말에 유교식이 강조되면서 유교적 사상에 위배되는 화장은 금지 대상이 되었다. 하지만 불교 장속의 화장법이 죽은 이가 사후세계인 천당과 극락으로 인도되는 것과 관계 있는 것으로 인식됨으로써[14] 일부에서는 계속 화장을 시행하였다. 결국 이러한 화장이 급격히 감소하고 유교식 의례인 토장이 일반화되기 시작한 것은 유교 사상이 뿌리 깊게 자리 잡은 조선 건국 이후다.

(4) 조선시대

고려에서 조선으로의 교체는 단순히 왕가의 교체뿐만이 아니었다. 그 중심 사상이 불교에서 유교로 전환됨으로써 사상적, 문화적 전통의 변화를 가져온다. 유교는 생명을 기의 모임, 죽음을 기의 흩어짐으로 이해하며, 이를 근거로 삶과 죽음의 정의를 육신과 기의 결합 또는 이탈로 규정한다. 따라서 사후 귀신의 존재 가능성도 인정하고 있다.[15] 물론 이후에 신유학자들은 '귀신소멸론'을 강조하며 내세를 인정하지 않았는데, 이러한 관점은 개인의 삶에서 현세를 중시하는 인식을 강화시키기도 하였다. 그러나 유교의 보편적 관점은 개인의 삶과 죽음이 인간이 아닌 하늘에 의해 통제된다는 것이다.

유교를 국교로 삼으면서 일반화되기 시작한 유교식 상례는 사별한 이들의 심리적 변화에 따라 크게 초종 의식, 장송 의식, 상제 의식의 세 단계로 구분될 수 있다. 초종 의식은 죽음으로 인한 상실로 사별한 이들이 충격과 비탄을 경험하는 단계다. 이 시기에는 비탄 속에서 상례를 행하지만, 의식 속에 죽은 이가 다시 소생하기를 기다리는 바람이 담겨 있다. 장송 의식은 이러한 상실감을 수용하는 단계다. 이때는 죽은 이에 대한 죄책감을 강하게 인식하게 된다. 상제 의식은 시신을 묻고 제를 지내는 것을 포함하는 것으로, 이는 유교식 상례의 마지막 단계다. 죽음의 사실을 내재화하는 단계로서 제사를 통해 죽은 이와 교류하고, 슬픔도 어느 정도 극복하며, 이후 일상생활로 복귀하게 된다.

(5) 근대 이후

우리나라 사람의 죽음에 대한 고유한 태도는 생과 사를 영혼과 육신의 결합과 분리로 보는 것이다. 따라서 근본적으로 영혼의 존재를 인정한다. 삼국시대 이전부터 조선시대에 이르기까지 우리의 죽음에 대한 인식과 장례 문화는 무속신앙에 도교와 불교가 더해졌으며, 그 위에 유교가 더해졌다. 이와같이 우리나라의 사상과 종교적 전통은 불교와 유교가 들어오면서 근본을 이루던 무속신앙이 소멸된 것이 아니라 한국 불교와 한국 유교라는 또 다른 형태의 문화로 자리 매김하게 된 것이다. 특히 근대 이후 도입된 그리스도교 또한 한국식 그리스도교로 변화하면서 우리나라 사람의 죽음에 대한 태도에 큰 영향을 미쳤다. 특히 그리스도교의 생사관은 우리나라 사람의 고유한 생사관 패러다임과 유사한 부분이 있었기 때문에 그 수용이 가능하였다.[16] 영혼을 인정하고 이승과 저승의 세계를 인정하는 우리나라 고유의 죽음관은 바로 인간의 생명을 영과 육신의 결합으로 파악하고 사후세계

인 천당과 지옥의 존재와 부활의 의미를 제시하는 그리스도교의 죽음관과 매우 유사하였던 것이다.[17)]

4) 서구 역사 속에서의 죽음

아리에스(Ariès)는 초기 중세부터 20세기 말기까지 1천여 년간의 서구 유럽 문화의 역사 속에서 죽음을 '길들여진 죽음(tamed death)'으로 묘사하였다. 그리고 죽음에 대한 태도를 시대적, 문화적 변화에 따라 집단적 죽음, 개인적 죽음, 너의 죽음으로 제시하였다.[18)]

(1) 집단적 죽음(we all shall die)

초기 중세시대 서구 유럽의 문화권에 살았던 사람들은 자연과 신의 법칙에 의해 이 세계가 연결되어 있다는 세계관에 노출되어 있었다. 따라서 죽음에 대한 관점은 대부분 교회의 가르침을 기준으로 형성되었다.[19)] 이 당시 교회는 모든 사람은 죽음을 맞이할 것이라는 사실을 강조했다. 누구나 경험하는 사후세계에 대해 희망을 제공함으로써 사람들은 다소 긍정적 관점을 가지고 집단적인 차원에서 죽음을 수용하였다. 이러한 죽음에 대한 관점과 태도는 유럽의 문화적 르네상스 시대까지 지배적인 문화였으며, 이 시기의 유럽 사람들은 죽음의 평등성과 보편성을 중시하였다. 즉 죽음은 모두에게 일어나는 삶의 사건이며, 죽음을 삶의 마지막으로 생각하지 않고 재생을 확신하였다. 다시 말해 교회에서의 '잠'이라고 이해한 것이다.[20)] 이러한 신념은 죽음을 공포가 아닌 집단적 차원에서의 재회를 위한 약속으로 사람들에게 이해시켰다.

(2) 개인적 죽음(one's own death)

죽음에 대한 위와 같은 견해는 중세 중반기인 1000~1450년대에 이르러 개인적 차원의 사건으로 이해되기 시작하였다. 즉, '우리 모두가 죽는다.'는 집단적 차원에서 '내가 죽는다.'는 개인적 차원으로 바뀐 것이다. 이러한 변화는 삶과 문화의 번성과 더불어 몇 세기에 걸쳐 발생하였으며, 사람들은 삶의 마지막 날인 죽음의 날이 구원의 날이며 천국으로 입문하는 날이라는 믿음을 갖게 되었다. 그리고 개인적 차원에서 홀로 결정의 날에 직면해야 한다는 사실에 대한 두려움과 불안을 경험하였다. 이렇게 서서히 집단적 차원의 결정이 아닌 개인의 의지와 행동에 의한 선과 악이 개인의 영원한 운명을 결정한다는 것으로 일반적 신념이 대치된 것이다.

죽음에 대한 개인적 차원의 관점은 1450년에 시작된 르네상스 문화와 종교개혁을 기점으로 더욱 강화되었다. 사람들의 의식에 지배적인 영향을 미치고 있던 교회의 개혁과 지적 전통의 변화를 가져온 이 시대를 흔히 '전이의 시대'라고 불렀는데, 당시의 큰 특징은 인본주의적, 세속적, 개인주의적이었다.[21] 이 시기는 콜럼버스의 아메리카 대륙의 탐험과 코페르니쿠스의 지동설 등으로 입증된 일련의 과학적 혁명과 지리적 경계의 붕괴에 의하여 이전의 많은 신념들이 도전을 받기 시작한 때다. 이러한 문화적, 지적 삶의 변화는 사람들의 죽음에 대한 인식과 태도에도 변화를 가져왔다. 과거 죽음과 관련되어 관습적으로 굳어진 신념들에 대해 과학과 탐험에 의해 발견된 새로운 사실과 의견들을 바탕으로 문제점이 제기되기 시작한 것이다. 특히 과거 교회의 권위에 의해 지지되던 죽음과 사후세계에 대한 사람들의 견해는 명확한 과학적 증명을 요구받으면서 더욱 모호하고 의문시되었다.

(3) 너의 죽음(thy death)

1500년대의 과학의 발달은 인습적이고 권위적인 전통적 신념에 도전하였으며, 1700년대에는 이성과 지성을 모두 강조하는 '계몽'의 시기로 전개되었다.[22] 이 시기가 바로 오늘날 서구 사회의 지배적인 세계관이 형성된 시기다. 사람들은 죽음을 더 이상 교회를 통해서만 접할 수 있는 신성한 영역이 아니라 인간에 의해 형성되고 통제될 수 있는 사건으로 인식하게 되었다. 이러한 현대화의 경향은 1750년 이후 시작된 산업혁명과 더불어 더욱 가속화되었다. 그 후 150년간 서구 사회는 기계화 및 도시화와 더불어 기술과 의학의 발달을 경험한다. 이 시기의 죽음에 대한 태도는 타인의 죽음을 강조하는 것이 지배적이었다. 죽음은 사랑하는 이와의 이별을 의미하며, 따라서 죽은 이를 기억하기 위한 욕망과 슬픔을 표현하는 데 중점을 두었다.

앞에서 제시된 바와 같이 서구 문화에서는 약 1,000여 년을 통해 죽음에 대한 태도가 점진적으로 변화되어 왔다. 오랜 기간 동안 죽음은 사회적 삶에서 제외되거나 또는 감추어져야 할 무엇인가로 인식되는 관점이 아닌, 보편적이고 일반적인 인간의 경험으로 이해되었다. 그러나 이러한 길들여진 죽음은 20세기 말 제1차세계대전을 기점으로 끝나게 되며, 죽음에 대한 현대적 태도로의 전환이 시작된다. 세계대전은 군인뿐만 아니라 민간인의 생존에도 영향을 미쳤으며, 삶과 죽음의 모든 측면에서 의학과 기술의 중요성을 강조하게 하였다. 그 결과 죽음은 공동체적이며 사회적인 사건이 되었고, 죽음과 관련된 사건의 어느 정도는 전문가의 통제하에 놓이게 되었다. 이러한 사회적, 문화적 변화와 더불어 죽음에 대한 태도 또한 '금지된 죽음', '보이지 않는 죽음' 그리고 '부정된 죽음'으로 변화하였다.[23)]

2. 죽음에 대한 사회 · 문화적 이해

역사적 맥락을 통해 죽음과 임종에 관련된 태도와 행동변화를 살펴본 결과, 사람들은 죽음을 자신의 문화와 역사적 환경 속에서 적합하게 다루기 위한 방법을 나름대로 강구하고 있다는 사실을 알 수 있었다. 여기에서는 서구 유럽과 중국, 일본 그리고 아프리카에서의 죽음에 대한 신념과 관습을 소개함으로써 죽음에 대한 우리의 신념과 관습이 다른 문화와 어떻게 다르고 유사한지를 비교 · 평가하고자 한다.

1) 서구의 죽음 문화

(1) 죽음에 대한 신념과 관습

"모든 생명체 중에서 인간만이 자신들이 죽을 것을 알고 있다."라고 엘리아스(Elias, 1982)는 말했다.[24] 즉 인간은 자신이 죽을 것이라는 사실을 인지할 뿐만 아니라 죽음을 미리 예감하고 있다는 것이다.[25] 중세 서구의 죽음 과정에서 사람들은 자신의 죽음을 예견하면서 침대에서 죽음을 기다렸다. 이 시기에는 급작스러운 죽음은 거의 없었으며, 심지어 전쟁에서 입은 상처조차 죽음으로 연결되는 것은 매우 드물었다. 따라서 자신의 종말이 다가오고 있다는 것에 관한 자연적인 표시나 내적인 확신에 의해 알고, 죽음을 준비함으로써, 죽음은 대처 가능한 것으로 이해되었다. 그리고 죽음에 대한 이 모든 준비는 대단히 단순한 의식을 통해 이루어졌는데, 개인의 죽음은 관례적이며 친숙한 환경 속에서 발생하였다.

아리에스는 중세 초기의 전형적인 그리스도교인의 죽음에 관해 "죽어 가는 사람들은 얼굴이 항상 하늘을 볼 수 있도록 등을 바닥에 대고 누우며, 머리는 예루살렘을 향해 동쪽으로 두고, 가슴 한가운데 두 팔을 교차시키며, 자신의 마지막에 대한 슬픔을 표현한다."라고 묘사하였다. 침대 위에서 누운 자세로 죽음을 기다리는 사람 주위에는 가족과 친구들이 모여서 생전에 그들이 죽어 가는 이에게 잘못한 것에 대해 용서를 구하며, 이들 모두 신에게 복종을 맹세한다. 그런 후에야 죽어 가는 이는 자신의 관심을 이 세계에서 사후의 세계로 옮겨 간다. 신의 은총을 요구하는 기도는 신부님에게 고백성사를 한 뒤 신부님이 죄의 용서를 한 후에야 시행된다. 관례적인 의식을 마친 후 죽어 가는 이는 죽음에 대한 준비가 다 된 것이라고 인식한다. 만약 죽음이 예상한 것보다 더욱 천천히 온다면, 그는 그냥 조용히 기다린다.[26)]

이러한 상황에 대해 아리에스는 죽음은 죽어 가는 사람 자신이 조직하는 공적 의식이며, 죽어 가는 사람은 그 의식의 내용을 알고 있다고 표현한다. 그런데도 20세기부터 개인적 차원의 죽음에 대한 강조로 죽음의 장면은 변화되기 시작했다. 어떻게 죽는가가 매우 중요한 이슈로 대두되었고, 죽음의 순간은 자신의 행동을 재검토하는 유일한 기회이며, 선 또는 악에 대한 최후의 결정을 하는 시기로 인식되었다. 20세기 이후 과학혁명에 의해 합리주의가 종교와 함께 공존하게 됨으로써 죽음의 외부적 장면에서는 큰 변화가 없었으나, 종교가 죽어 가는 이들과 생존한 이들의 사고에 미치는 영향력은 변화되었다. 과거의 천당과 지옥에 대한 단순한 이미지보다 영원한 생명과 사랑하는 이와의 재회에 대한 희망이 더욱 중요한 부분을 차지하게 되었다.[27)] 또한 20세기 중반에는 의학과 기술의 발달로 급기야 죽음이 '일련의 작은 단계'에 의해 발생하였으며, 죽음의 의식은 기술적인 과정에 의해 지배받게 되었다.

(2) 죽은 이에 대한 추모

서구 문화에서 조상은 동양과 달리 개인의 생물학적 · 사회적 측면에서 이미 지나간 한 부분이라고 인식된다. 때문에 생존한 이들의 삶에 죽은 이가 미치는 영향은 없다는 관점을 가지고 있다. 그러나 서구에서 죽은 이에 대한 추모가 존재하지 않는 것은 아니다. 역사적으로 그리스도교가 서구 문화에 지배적인 영향을 미치고 있었음을 고려할 때, 죽은 이에 대한 추모 또한 그리스도교의 종교적 의미와 연관되어 있었음을 주지할 필요가 있다. 예를 들면 중세 초기에는 거룩한 그리스도 순교자는 죽음 이후에도 강력한 힘을 지니고 있는 것으로 인식되었다.[28] 따라서 이들은 죽은 후 죄의 대가로 지옥의 공포를 경험하는 것을 피할 수 있게 도울 수 있다는 관념이 발달하였다. 이러한 기대와 믿음에 따라 사별한 가족들은 죽은 이의 행복을 위해 시신을 순교자의 묘에 최대한 가까이 매장하려고 노력하였다.

약 12세기경 죽음에 대한 개인적 관점이 팽배해지면서 매장된 개인의 정체성을 보존하려는 욕구가 생겨나게 되었으며, 이를 근거로 사회적으로 상류 계층의 사람들부터 무덤에 표시를 하기 시작하였다. 13세기에는 상류계층의 사람들을 중심으로 묘의 초상이 유행하기도 하였다. 묘의 초상은 죽은 이들을 추모함으로써 사별한 이들이 죽은 이들과의 유대관계를 유지할 수 있다는 이 시대 사람들의 신념과 관점을 반영하고 있다. 이러한 추모는 점차 그 중요성이 강화되었으며, 르네상스 시기에는 이러한 관점이 종교적 신념과 경쟁하면서 교회 내부에만 가능하던 매장이 다른 장소에서도 발생하기 시작했다. 그 예로, 1804년 파리 외곽에 위치한 피에르라셰즈(Pére Lachaise)의 공동묘지의 개장은 삶과 죽음에 대한 서구 문화의 급격한 태도변화를 반영하는 것이다. 그 후 서구 사회에서 흔히 볼 수 있는 공원 형태의 묘지들은 사별한 이들이 죽은 이들의 묘를 방문하고 추모하기 위한 것이었다.[29] 죽은 이를 기리기 위해 장식된 기념비가 세워지고, 과다한 장례 의식이 전개되었으며, 죽은 이들은 생존한 이들과 궁극적으로 재회할 수 있는 천당에 좀 더 일찍 간 것이라고 상상되었다. 이처럼 19세기의 죽음에 의한 비탄의 관습은 죽음의 마지막 순간을 덜 심각하게 만드는 감상적인 측면을 지니고 있었다. 20세기에는 그런 '과다한' 비탄의 관습이 생존한 이들의 분명한 욕망을 충족시키기 위해 죽음의 현실을 침묵하게 하기 위한 도구로 사용되기도 하였다.

2) 중국과 일본의 죽음 문화

(1) 죽음에 대한 신념과 관습

중국을 포함하는 아시아 문화의 가장 근본이 되는 철학적 개념은 개인적 관계에서 적절한 행동 수행을 강조하는 조화(harmony)다. 조화의 중요성은 조상숭배에서 출발한다. 죽은 이를 위한 의식에서 중국의 음-양 이원성의 개념은 죽은 이의 세계와 생존하는 이의 세계를 포함하는 전체를 형성하는 것으로 개념화된다. 즉, 음-양은 죽은 선조와 그 자손들 사이의 영원한 상호작용을 상징화하는 것이다.[30] 따라서 죽은 이와 생존한 이 모두를 위해 인간 거주지가 가장 길조의 위치에 자리하는 것은 매우 중요하며, 그렇지 않을 경우 슬픔을 야기할 수 있다고 보았다. 중국인의 묘지는 주로 경사진 고도의 땅 위에 위치하고 있으며, 특히 앞으로는 바다가, 뒤로는 산이 있어서 선조들이 후손들에게 남긴 기름진 땅이 보이는 장소를 선호한다. 장례식 동안 관 속에 든 죽은 이의 다리는 주로 문 쪽 방향으로 위치하게 되는데, 이는 죽은 이의 영혼이 아무런 장애물 없이 다음 세계로 갈 수 있게 하는 것을 의미한다. 이런 구체적인 것들을 세세히 점검하는 까닭은 사별한 가족들이 그의 선조가 사후세계로 여행하는 것이 용이하도록 확인하는 절차이기 때문이다.

중국과 달리 일본은 죽음이 발생한 후 죽은 이의 영혼을 해방시키는 것을 돕는 기도를 위해 불교의 스님을 초청한다. 시신이 화장된 후 그 재와 뼈의 부분들을 단지에 넣어서 가족의 묘지에 묻는다. 매장 전에 향을 피우면서 스님이 불경을 읽는 장례식이 행해지며, 이때 죽은 이에게는 생전의 물질적 측면의 그 사람이 사라졌다는 의미로 '불가의 이름' 또는 '사후 이름' 이 새롭게 주어진다. 그리고 이 이름은 가족의 제대에 두어지는 추모의 패에 새겨진다. 일본에서의 선조에 대한 또 다른 주요한 의식은 '하카' 라 불리는 가족묘와 관련된 것으로, 그곳에 화장 후 남은 가족 성원들의 재가 묻힌다. 가족묘는 깨끗이 관리하는 것에서부터 죽은 이들을 위해 제사를 지내는 것까지 포함해서 적절하게 유지되어야 한다. 이는 죽은 조상들을 위한 또 하나의 의식 장소이기 때문이다. 일본인들은 묘지에서나 또는 집에 위치한 가족의 제대에서 죽은 이들에게 충고를 구하거나 또는 삶에서 생겨난 일에 대해 말한다. 즉, 죽은 이들과 생존한 이들이 그러한 활동들을 통해 관계 유지를 하는 것이다.

위에 제시된 바와 같이 중국과 일본을 포함한 아시아 문화권에서 죽은 조상에게 예를 차리고 추모하여 존경을 표시하는 것은 후손들의 의무이며, 전통적 사건이다. 죽음과 관련된 이러한 관습은 현대화, 산업화된 오늘날에도 생존한 이들의 삶에 영향을 미치는 사회적이며 문화적인 의식이다.

(2) 죽은 이에 대한 추모

아시아 문화권에서는 서양 문화권과 달리 생존한 이들이 죽은 조상을 돌보며, 죽은 조상은 그 집안의 중심에 위치하면서 생존한 이들의 삶에 영향을 미치는 존재로 인식된다.[31] 죽은 이에 대한 추모와 관련된 의식은 조상들을 그들의 후손들에게 축복을 주는 존재로 변형시켰다. 이런 의식의 동기는 주로 부모에 대한 효 사상에 근거한다. 생존한 이와 죽은 이는 서로 의존하며, 생존한 이들은 조상을 위한 의식을 이행하고 죽은 이는 후손들에게 축복을 주는 관계를 형성하는 것이다. 이러한 의식의 이행은 상당히 중요해서, 아시아 전통 문화에서는 조상에 대한 의식을 이행할 자손을 남기지 못하는 것이 가장 불효한 행동으로 여겨지기도 한다. 이러한 맥락에서 가족은 일종의 종교적 단체이기도 하다.[32]

아시아에서는 죽은 조상의 영혼이 이 세계로 돌아오는 것을 기념하기 위한 의식을 행하는 시기가 있다. 예를 들면 중국에는 칭밍(ch'ingming)이라 불리는 추모의 날이 있으며, 일본은 오본(o-bon)이, 한국은 추석(한식, 기제사, 추석 등)이 있다. 이 시기에 중국에서는 조상의 묘를 찾아가 조상을 존중하는 의미로 현금을 대신하는 종이, 옷, 보석, 심지어는 핸드폰과 같은 것을 태운다. 일본의 오본은 매년 8월에 시행되는데, 생존한 이들이 죽은 이들의 영혼을 위로하고 존중하는 현대화된 표현이다. 죽음과 조상에 대한 일본의 문화는 주로 고유한 일본인의 신념에 불교의 개념을 혼합한 것으로서 많은 측면에서 중국과 유사하지만, 차이를 보이기도 한다. 일본의 전통적 관점에서는 죽은 이들의 영혼은 죽음이 발생한 후 첫 49일 동안 집에 머문다고 생각되어 이 기간 동안 장례 의식이 치러졌으며, 이후에 죽은 이들은 은혜로운 선조로 변형된다. 이후 선조를 위한 추모식은 정기적으로 시행되는데, 추모패는 집 안에 위치한 부처의 제단 위에 두며, 규칙적으로 간단한 차림을 한 가족들이 불경을 읽는 것으로 의식이 치러진다. 그 밖에 가족들의 요구에 의해 죽은 이의 기념일에 스님이 방문하여 추모식을 이행하기도 한다.

중국을 비롯하여 한국과 일본 등에서는 매년 기념일을 정해 생존한 이들의 삶을 풍요롭게 유지할 수 있도록 도와준 조상의 은혜에 감사를 드리는 분위기를 고무하는데, 이는 아시아 문화권에서 죽은 조상이 생존한 이들의 삶에 미치는 역할의 중요성을 입증한다. 이러한 의식의 기원은 고대의 종교적 신념에 근거한 것으로, 현재 생존한 이들은 그들이 과거와 동일한 종교관을 갖고 있지 않은 경우도 많다. 다시 말해 오늘날의 사람들은 이런 추모 의식을 전통적, 문화적 행사로 간주한다. 아시아 문화에서 죽은 이들에 대한 존경의 태도는 실제 생존한 이들이 사랑하는 죽은 이들과의 유대를 유지하는 것이 아니라, 오히려 죽은 이들이 사별한 이들의 삶에 능동적 역할을 담당하는 것이라는 관점에 근거한 것이다. 이러한 관점은 계속해서 사회적 · 문화적 차원에서 수용되고 있다.[33)]

3) 아프리카의 죽음 문화

(1) 죽음에 대한 신념과 관습

아프리카의 전통적 문화에서는 죽음을 근본적으로 긍정적인 것으로 인식하며, 죽음이 개인의 삶에 완전히 통합된다는 관점을 가진다.[34] 따라서 아프리카 문화에서는 '죽음의 반대가 출생이며, 출생은 모든 인간을 연결하는 하나의 사건으로서 예전에 죽은 사람들과 후에 다시 태어날 사람을 연결하는 것이라고 인식한다.' 죽음에 대한 이러한 긍정적 태도는 아프리카의 장례식에서 트럼펫과 드럼을 연주하는 것에서도 엿볼 수 있다.

아프리카의 상 · 장례 의식은 죽은 이들이 조상들의 거처에 들어갈 수 있게 준비한다. 사별한 이들은 마치 여행을 가려는 한 개인이 목적지에서 만날 사람들에게 메시지를 부탁하듯이, 죽은 이들이 다른 세계에 도착하여 전할 메시지를 준비해 주는 과정이다. 사후세계에 대한 아프리카의 전통적 사상은 바로 현실의 이 세계다.[35] 이에 대해 위레두(Wiredu)는 "죽은 이들의 땅은 지리학적으로 우리의 땅과 유사하며, 그 국민들도 우리와 유사하다."라고 말함으로써 삶의 세계가 바로 사후의 세계라는 인식을 반영하고 있다.

(2) 죽은 이에 대한 추모

조상숭배라는 용어는 더 정확하게 지역 사회의 죽은 성원들을 위한 존경을 칭하는 데 흔히 사용된다. 아프리카 문화에서 죽은 이들에 대한 숭배는 매우 중요하며, 이러한 관습은 그 지역 사회의 죽은 성원이 이름으로 기억되는 것을 포함한다. 세월이 흐름에 따라 기억은 희미해지고, 오래된 조상들은 최근 죽은 이들의 기억으로 대체된다.[36] 그러므로 대부분 지역 사회의 '생존하는 죽은 이들'은 실제 생존하는 이들이 기억할 수 있는 조상들로 구성된다.

죽음으로 인한 상실에 대한 아프리카의 관습의 예로서, 북 가나 지역에 있는 로다가(LoDagaa)의 상 · 장례 의식은 최소 6개월에서 때로는 몇 년에 걸쳐 행해진다. 이 상 · 장례 의식은 죽음과 사별의 특정 측면에 초점을 둔 일련의 4단계로 구성된다.[37)]

첫째 단계: 죽음 발생에서 6~7일간의 기간으로, 시신의 매장과 죽음에 대한 공식적 인정 및 사회와 가족의 역할 재조정이 형성되는 시기다.

둘째 단계: 약 3주 후로, 죽음의 원인이 규명되는 시기다. 이 시기에 검증되는 죽음의 원인은 죽음 발생의 직접적 원인이 되는 과학적이며 의학적인 원인을 확인하는 것이 아니라, 영적이며 인간관계의 망에 근거한 원인을 발견하는 것이다. 즉, 죽은 이와 타인과의 관계에 존재하였던 어떤 갈등이나 긴장을 발견하는 데 초점을 둔다.

셋째 단계: 죽음 발생 후 우기(rainy season)의 초반에 행해지는 의식으로, 죽은 이가 산 사람으로서의 역할에서 죽은 사람의 역할로 옮겨 가는 전이의 시기다.

넷째 단계: 마지막 의식이 행해지는 시기이며, 주로 추수가 끝난 후에 행해진다. 죽은 이를 위한 조상의 제단이 건설되고, 무덤 위에 놓이며, 죽은 이와 가까운 친척들은 공식적으로 비탄의 시기에서 벗어난다.

이와 같이 오랜 기간의 상 · 장례 의식은 두 가지 의미를 지닌다.[38)] 첫째, 그 의식은 죽은 이를 사별한 가족과 지역 사회에서 분리시키며, 죽은 이가 담당했던 사회적 역할이 생존한 이들에게 맡겨지는 것을 돕는다. 둘째, 그 의식은 사람들이 함께 모이도록 강화한다. 죽은 이는 선조들과 섞이며, 사별한 이들은 그들의 새로운 지위를 받는 방법으로 지역 사회에 다시 융합된다. 이별과 모임의 리듬은 모든 상 · 장례 의식에서 볼 수 있다. 그러나 위에서 소개된 아프리카의 상 · 장례 의식은 이러한 기본적 기능을 공식적으로 포함하며, 죽음에 의한 상실과 비탄을 완전히 공개한다는 측면에서 다른 문화 의식과 비교될 수 있다 하겠다.

이것을 기억하자

- 인간의 삶과 죽음에 대한 태도나 생각은 역사적, 문화적 환경에 의해 영향을 받는다.
- 죽음과 관련된 태도와 관습의 역사적 변화를 추적하면, 우리 삶에서 미래에 일어나게 될 변화의 가능성에 대한 인식을 증가시킬 수 있다.
- 서구 유럽 문화권에서 죽음은 개인의 생물학적, 사회적 과거를 의미하는 것으로서 생존한 이들의 삶에는 영향을 미치지 않는 것으로 이해되나, 죽은 이를 추모하는 것이 전혀 없는 것이 아니다. 아리에스는 죽음에 대한 태도를 역사적, 문화적 맥락에 근거하여 집단적 죽음, 개인적 죽음, 너의 죽음으로 제시하였다.
- 아시아 문화권에서는 조상에 대한 예가 중심 위치를 차지하며, 가족에게 공경 받는 일원으로서의 조상은 생존해 있는 가족의 삶에 중요한 위치를 차지한다. 이와 같은 조상에 대한 예는 곧 죽음에 대한 태도와 밀접한 관계를 가지며, 죽은 이에 대한 태도와 풍속에 영향을 미치는 주요 요인 중 하나다.
- 아프리카 문화권에서는 종족에 따라 서로 다른 죽음에 대한 태도와 관습을 가지고 있으나, 전반적으로 삶과 죽음이 순환한다는 믿음을 공유하고 있다. 따라서 인간의 탄생과 죽음은 순환적인 것이며, 죽은 조상은 생존한 이들의 삶의 한 부분으로 남겨지게 된다.

〈과제〉

1. 죽음과 의식
   1) 내가 직접 보았거나 들어 본 적이 있는 죽음에 관련된 의식을 설명하라 (A4 용지 2매 이상 기록할 것).
   2) 내가 알고 있는 죽음에 대한 의식과 이 장에서 설명하는 의식들 사이의 차이점과 유사점을 설명하라.
   3) 내가 알고 있는 인간의 죽음에 대한 태도와 이 장에서 설명된 죽음에 대한 태도와의 유사점과 차이점을 설명하라.

2. 문화적 다양성

   아래의 웹 사이트 중 적어도 3개를 찾아서 방문하여 죽음과 관련된 문화적 다양성에 관한 정보를 수집한 후 다음 질문에 답하라.

   http://dying.about.com
   http://www.trinity.edu
   http://www.azcentral.com
   http://www.geocities.com

   1) 당신이 방문한 웹 사이트를 적고 좋은 것에서 나쁜 것으로 등급을 매겨라 (가장 좋은 것-5, 가장 나쁜 것-1).
   2) 웹 사이트를 통해 발견한 죽음과 관련된 문화적 정보는 어떤 것인가?
   3) 한 사이트의 한 측면을 골라 그것의 내용과 가치를 설명하라.

제3장 종교적 이해

인간의 삶은 탄생에서 시작하여 죽음으로 완성된다. 인간의 유한성을 알고 있기에 우리는 죽음에 대한 깊은 이해와 관심을 표명한다. 특히 종교는 일반적인 인식과는 달리 죽음에 대하여 또 다른 가능성을 제시하므로 인간은 종교의 필요성을 느끼고, 종교 안에서 삶과 죽음에 대한 의문을 해결하기도 한다. 이 장에서는 삶과 죽음을 보는 인식의 차이를 동양과 서양의 종교별로 나누어 각 종교의 기본적인 가르침에 관해 살펴보고자 한다.

1. 동양 종교에서의 죽음 이해

동양에는 다양한 인종이 존재하지만, 일반적으로 '동양'이라 함은 아시아의 동쪽에 자리 잡고 있는 나라들을 이야기한다. 구체적으로 남아시아(인도, 스리랑카, 네팔, 부탄, 파키스탄, 방글라데시, 아프가니스탄), 동남아시아(태국, 미얀마, 캄보디아, 라오스, 베트남, 말레이시아, 인도네시아, 필리핀) 그리고 동아시아(중국, 대만, 한국, 일본, 몽골)를 포함한다. 이들이 세계 인구의 절반을 차지하고 있으며 독특한 민족, 문화, 종교적 전통을 가지고 있다. 남아시아의 인도와 네팔에서는 힌두교가 지배적이지만 인도에는 소수의 이슬람교도, 시크교도, 자이나교도, 불교도, 그리스도교인 그리고 파시교도들이 있다. 파키스탄, 방글라데시 그리고 아프가니스탄은 이슬람교세가 절대적이며, 스리랑카와 부탄에서는 불교가 주류를 이룬다. 동남아시아의 몇몇 국가(태국, 미얀마, 캄보디아, 라오스, 베트남)에서는 불교가 지배적이며, 인도네시아와 말레이시아에서 불교와 힌두교가 일부 존재하지만 이슬람교가 가장 지배적이다. 필리핀에서는 이슬람교도의 비중도 높지만 그리스도교가 우세하다. 동아시아의 모든 지역에는 불교, 유교, 도교가 전체적으로 스며들어 있으며, 지방 특색이 강한 일본의 신도나 그리스도교, 이슬람교도 있다.

동양 문화와 종교의 다양성이 존재하는데도 몇몇 지역은 일반적인 서양의 가치관에서 크게 영향을 받았다. 그런데도 동양적 견해는 전반적으로 자급자족적이고 자치적인 세계관을 가지고 있다.

1) 한국 무속의 죽음관

우리나라의 무속은 5세기 이전 중국의 유교가 외래 종교로서 들어오기 이전에 민중들을 지배해 온 종교이고, 외래 종교 수용의 기초가 된 종교이며, 민중의 생활습관과 연결된 민간신앙의 양상으로서 한국인의 종교 심성에 원초적 영향을 미쳤다.[1] 우리의 문화에서는 한 사람이 죽었을 때 '돌아가셨다' 라고 말한다. 종교와 문화적인 배경의 차이가 존재해도 한결같이 '돌아간다' 라는 같은 의미로 해석을 하는 것이다. 그것은 샤머니즘(shamanism)과 애니미즘(animism)을 기초로 한 한국 무속신앙인 자연숭배와 정령(精靈)숭배에 근거한 것이라 할 수 있다. 죽음을 계기로 육체에서 떠나간 영혼들은 하늘과 땅 사이에서 정령과 혼귀가 되어 인간의 질병과 기근 등 모든 재액(災厄)을 만들기도 하고, 또 복을 가져오기도 한다.[2] 또한 무속에서는 삶의 세계를 이승으로, 죽음 후의 세계를 저승으로 표현하였다.[3]

무속에서 대부분의 죽음은 슬픈 것으로 이해된다. 천수를 다하고 자연스럽게 죽는 것을 이상으로 하면서 그렇지 못한 것을 특히 슬퍼하는 것이다. 인생의 바람은 무병장수하는 것으로 요약될 수 있다. 그러나 이러한 보편적인 바람에도 불구하고 인간에게는 불행한 죽음이 발생할 수 있으며, 그 죽음에는 원인이 있다.[4] 이 원인에 대하여 무속에서는 선신과 악신의 두 존재 유형 중 악신의 침입으로 죽음이 발생한다고 설명하고 있다.

무속에서는 인간의 존재 자체는 영원한 것이라고 믿고 있다. 인간을 육신과 영혼의 이원적 결합체로 보고, 육신의 생존에 필요한 원초적 힘이 영혼이라고 믿는다. 이러한 영혼은 무형의 기운으로 인간 생명의 근원이 된다고 보는 것이다. 그리고 인간의 육신은 일정한 기간에 이르게 되면 사멸하지만 영혼은 형상이 없는 채 불멸하는 것으로서 육신이 생존하는 근원적 정기로 이해하고 있다. 인간의 생존이 볼 수 있는 존재의 공간적 지속이라고 한다면, 죽음은 그 보이는 존재 조건이 단절되어 순간 존재가 영원 존재로 회귀해 가는 것이다.[5]

무속에서는 사람이 죽으면 명부로 가서 심판을 받게 되고 십대왕(十大王) 앞에서 생전의 선악을 심판받아 극락 혹은 지옥으로 가는데, 지옥으로 간 영을 극락으로 보내기 위해 진오기 굿을 한다. 또한 죽은 영혼에게 살이 낀다고 했는데, 이는 더러운 것이 있다는 뜻으로서 병이나 재앙을 가져오므로 그 영혼을 저승에 보내기 위해서 살, 살문을 씻어서 보낸다는 '씻김굿(그림 3-1)'이 있다.[6)]

무속에서는 죽음 자체를 한스러운 것이요, 죽음을 가져온 것은 부정한 것이라는 기본적 견해를 가지고 있기 때문에 '굿'이라는 의식을 통하여 이러한 한을 풀고 부정한 것을 씻음으로써 망령을 저승으로 보내는 것이 사령(死靈)제다. 그래서 무속에서는 죽음은 끝이 아니라 새로운 세계로의 출발이며, 영혼은 불멸하다고 믿고 있다. 이러한 개념은 불교의 관점과도 동일한데, 즉 죽은 영을 위해 제(祭)를 올리며 극락왕생을 바라는 것이다.[7)]

그것은 사령이 현세적 삶의 공간에 계속 머물러 있다면 살아 있는 사람들에게는 재앙이 되기 때문에 망자가 삶의 세계에 대해 지니고 있는 모든 집착과 원한을 풀고 유감없이 죽음의 세계로 들어가게 해서 살아 있는 사

[그림 3-1] 씻김굿

죽은 사람의 영혼의 부정을 깨끗이 씻어 주어 극락으로 천도하고 자손의 발복을 빌어 주기 위해 호남지방에서 행하는 굿. '오구굿' 또는 '해원굿'이라고도 한다. 죽은 사람의 몸을 상징하는 것을 만들어 씻기는 과정인 중요한 거리와 그 거리가 있는 전체의 거리를 말한다. 전체 굿의 상징적 의미가 씻기는 데 있기 때문에 생긴 명칭이라고 짐작된다.

사진 출처: http://photo.empas.com/empasncd16/empasncd16_1

람들을 보호하려는 것이다.

이상으로 살펴본 '한국 무속의 죽음관'을 정리해 보면 다음과 같다. 첫째, 무속은 인간의 죽음을 인간의 영혼이 보이는 존재 조건에서 떠나 무공간적인 보이지 않는 존재, 무시간적 영원 존재로 회귀하는 것으로 보았다. 둘째, 인간 사후에 자신의 행적에 따라 극락에서 혹은 지옥에서 영원히 산다고 생각했고, 혹은 죽은 후에 종(種)을 달리하여 이 세상에 다시 태어날 수도 있다고 생각했다. 셋째, 영혼 불멸과 비교적 정리된 사후세계에 대한 관념을 가지고 있기는 하다. 그러나 무속 자체는 현세에 대해 지극히 집착할 만큼 관심을 가지고 있으며, 현세에 가치를 두고 있다. 결국 이러한 현세 지향적인 무속의 죽음관은 유일회적인 인간의 삶을 보다 긍정적이며 적극적으로 살아갈 수 있도록 촉구하는 기능을 우리 민족 안에서 수행했다고 말할 수 있다.

2) 유교의 죽음관

공자 이전에 형성된 중국 사상의 원형은 유물유칙(有物有則)의 형이상학적 존재관이었다. 이 유물유칙의 사상은 인문 세계뿐 아니라 자연현상까지도 법칙적으로 이해하려는 유교의 합리적인 정신의 바탕을 이루었다.[8] 그러므로 유교의 죽음관도 이러한 맥락 안에서 이해되어야 할 것이다. 여기에서는 유교의 죽음관을 창시자인 공자의 죽음관과 신유가의 죽음관으로 나누어 살펴본다.

(1) 공자의 죽음관

공자는 죽음이나 내세(來世)에 대해 직설적으로 말한 바는 없지만, 삶을 알면 죽음은 저절로 알게 되며 현세(現世)의 연장이 곧 내세라는 것을 분명히 하고 있다. 어느 날 자신의 제자 '계로(季路)'가 귀신을 섬기는 문제에 대하여 물었을 때, "아직 사람도 섬기지 못하면서 어찌 능히 귀신 섬김을 알리요?" 하고 대답하였다. 그리고 "죽음이란 무엇입니까?"라는 질문에는 "아직 삶도 모르는데 어찌 죽음을 알리오?"라고 대답하였다고 한다. 즉 공자의 말은 생사여일(生死如一)이라는 생각 아래 삶과 죽음 이후의 세계를 관통하는 하나의 이치를 깨닫도록 촉구하였으며, 이 이치를 깨달으면 죽음을 두려워하거나 연연함이 없이 맞이할 수 있다는 죽음관을 가졌다.[9)]

이는 공자가 죽음과 귀신(鬼神)과 같은 인격적인 영체에 대해 무시했다는 말이 아니라, 공자는 인격적 영체(靈體)로서의 귀신의 존재론적 의미를 그의 인본주의 철학 체계 속으로 끌어들여 약화시켰다는 사실을 말해 주는 것이다. 즉, 유교는 우주 자연의 이기론(理氣論)적 바탕에서 인간의 합리적 인식을 강조한다.

(2) 신유가(新儒家)의 죽음관

하나의 이치를 추구하며 인본을 중시했던 공자 이후, 신유가에서는 하나의 근본 이치로 모든 사물의 생성과 변화를 설명하려는 태도가 더욱 분명하게 드러난다. 성리학을 집대성한 주자(朱子, 1130~1200)는 이기설(理氣說)로써 인간의 사생관뿐 아니라 모든 사물의 생성 · 변화를 설명하려고 하였다. 즉, 사람이 태어난다는 것은 일원기(一元氣)에서 운행이 일어나 기(氣)가 모여 취해지는 것을 말한다. 다른 사물의 생성과는 달리 사람은 기 가운데서 맑고 곱고 빼어나고 온전한 기로서 생성되며, 사람이 죽는다는 것은 그 기운이 다하게 되어 흩어지는 현상일 뿐이다.[10)]

죽음은 현상계의 개물(個物)의 입장에서 성립하는 말일 뿐, 일기(一氣)의 측면에서 본다면 단지 개체기가 흩어지는 과정에 지나지 않는 것이다. 그리고 흩어진 기는 다시 원기(元氣)로 돌아간다. 따라서 일기(一氣)는 영원하지만 개체 인물을 이루고 있던 기는 언젠가 흩어져 버리고 말게 되는 것이며, 개체 인물을 이루고 있던 그 기가 흩어진 이후 별도의 인격적 영체(靈

[그림 3-2] 유교식 장례

상중에 행하는 모든 의례, 흉례라고도 한다. 사람이 태어나서 마지막 통과하는 관문이 죽음이고, 이에 따르는 의례가 상례다. 대부분의 사회에서는 인간의 죽음을 단순히 생물학적 활동의 정지가 아니라 인간의 영혼이 현세에서 타계로 옮겨 간다고 믿어 왔으며, 상례에서는 그러한 관념들이 일정한 행위로 표현되고 있다. 그러나 사회마다 그 개념과 내용에는 차이가 있다.

사진 출처: msrv.yahoo.co.kr/100/146/p14636500004.jpg

體)가 불멸로 존재한다는 것은 있을 수 없다는 것이 신유가의 입장이다. 그러므로 유교는 죽음을 하나의 필연적인 사실로 인정하고, 생명이 있는 곳에 죽음이 있고, 시초가 있으면 종말이 있는 것이므로 이는 자연의 이치로서 죽음도 이 자연현상에 일부일 뿐이고 인간은 우주 자연의 원리에 순응하는 것만이 올바른 진리라고 주장하는 것이다.

(3) 유가에서 죽음을 맞는 자세

유학 사상(儒學思想)의 선구자인 퇴계 이황(李滉)은 자신에게 엄격하고 남에게 너그러웠으며 죽는 날까지 구도(求道)의 자세를 지켜 왔다. 이황은

"저 매화에 물을 주어라."라고 하고는 누웠던 자리를 정돈시키고 일어나 앉아 숨을 거두었다. 이이(李珥)는 일어나 앉아 누웠던 자리를 바꾸게 하고는 머리를 동쪽으로 향하고서 옷을 바로잡은 후 평화스럽게 돌아가셨다. 정구(鄭逑)는 "자리가 바르지 않구나."를 세 번 말하고 옆에 있던 사람이 안아 일으켜서 자리를 바로잡자 숨을 거두었다. 이처럼 유가에서는 죽음을 두려워하거나 회피하지도 않고, 새로운 시작으로 보며, 뜨겁게 환영하지도 않는다. 이들은 자연스럽게 살아왔던 대로 죽음을 맞이하였다.

3) 불교의 죽음관

인간의 생사와 관련된 문제에서 불교의 입장은 다음과 같다. 인간의 일생은 고(苦)다. 산다는 것도 고이고, 앓는 것도 고이며, 죽는 것도 고다. 즉, 인생을 구성하는 모든 정신적, 육체적 요소는 다 고(苦)라는 것이다. 그리고 인생은 생(生)에서 사(死)로 향하는 하나의 여정과 같은 것이며, 결국 생이라는 원인에 의하여 사라는 결과가 초래되는 것이다.[11] 그리고 사는 다시 생이라는 결과의 원인이 되어 윤회는 계속된다. 그러나 동시에 각자(覺者)에게서 사는 윤회라는 순환과 인생의 고에서 벗어나 영원한 불사불멸의 단계인 열반(涅槃)에 이르는 기회라고 말한다. 불교에서의 윤회설은 이생과 전생으로 생을 나누며, 죽으면 다시 태어남을 강조하고 있고, 열반은 죽음이 존재하지 않으며 죽음과 삶의 차이가 없는 경지를 말한다. 불교에서는 계시나 전통 등 외부의 힘에 의지하지 않고 완전히 자신의 체험과 지혜와 통찰, 심성의 함양 등 내면적인 정신으로 세상의 이치를 관찰하여 생사문제의 답이라 할 수 있는 해탈의 길에 이르게 된다고 본다. 불교의 이러한 개방성과 융통성은 타 종교들과의 의사소통을 쉽게 하는 중요한 요인이라 할 수 있다.

(1) 석가의 죽음관

불교에서의 죽음에 대한 구체적인 정의는 이미 붓다의 설법에서 정의되어 있다. 가장 원초적인 형태로는 '이러저러한 존재 중 이러저러한 부류에서 몰락, 분리, 소멸, 사멸, 시간의 다함, 구성 요소의 분리, 형해(形骸)의 폐기, 이것을 죽음이라고 부른다.' 고 되어 있다. 그리고 보다 정리된 형태의 정의에서는 '죽음이란 수명과 체온과 의식이 사라져 신체의 기관이 모두 변하여 파괴된 모습을 말한다.' 고 되어 있다.[12] 즉 인간의 생명을 유지하는 것이 수명(壽命)이며, 수명은 체온과 의식으로 이루어지므로 체온과 의식이 육체에서 사라질 때 수명이 파괴되는데, 이때를 죽음이라 칭하는 셈이 되는 것이다.

그러므로 불변의 실체가 없음을 스스로 깨달아 무상을 현상 세계의 본래 모습이라고 진지하게 인식함으로써 인생의 고통과 번뇌는 불식된다고 가

[그림 3-3] 불교식 장례

불교식 장례—산스크리트 자피타를 음역한 말로서 시체를 화장하는 일을 뜻한다. 이 의식의 절차는 먼저 오방불에 귀의하여 오방불의 자비심으로 죽은 이의 영혼을 잘 인도하여 줄 것을 발원한다. 이에 죽은 이가 승려였을 경우에는 삭발 의식과 목욕 · 세수 · 세족 의식을 한다.

사진 출처: http://msrv.yahoo.co.kr/100/123/p12315800004.jpg.

르친다. 죽음 역시 변화의 한 과정일 뿐이며, 죽음은 유(有)의 단멸이 아닌 것이다. 그래서 이러한 죽음의 현실을 철저하게 이해하는 것, 곧 삶은 죽음을 내포하고 있으며, 죽음을 내포하고 있는 이 삶의 진실을 이해하는 것(無心)은 곧 죽음을 극복하는 것이 된다. 즉, 죽음이 필연적일 수밖에 없는 삶의 실상을 아는 것(無心)은 곧 영원히 사는 것이 되는 것이다.

(2) 불자가 죽음을 맞는 자세

불교는 죽음을 인간이 피할 수 없는 현실로 보고, 현실을 지각하는 것을 통해 높은 차원의 진실을 체득함으로써 죽음을 극복한다는 입장이다. 죽음을 받아들이는 당사자는 업보에 따라서 또 다른 차원으로의 이행 위에 생명이 놓일 것이라는 확신이 있기에 죽음이 두려움이나 공포의 대상이 되지 않는다. 불교적 윤회 위에서 업보와 인연 혹은 자연의 일부로의 회귀를 통해 생명이 다른 곳으로 옮겨질 따름이다. 따라서 불자의 죽음관은 사후의 존재가 문제가 아니라 죽음에 대한 새로운 차원의 인식이며, 삶에 번민하지 않고 죽음에도 번민하지 않는 생명에 대한 추구라고 본다.

4) 힌두교의 죽음관

힌두교는 변화무쌍하고 어둠과 죽음, 고통이 있는 이 세계를 윤회(輪廻)라고 부른다. 무한(無限), 불사(不死), 광명(光明), 행복(幸福)의 궁극적 · 무조건적인 존재의 차원을 브라만(Brahman), 아트만(Atman) 혹은 열반(涅槃, Nirvana)이라고 부른다. 윤회의 근원은 무지(無知)이며, 윤회를 지배하는 인과법칙이 업(Karma)이다. 무지가 있는 한 욕망과 업이 있고, 거기에서 생사의 윤회가 지속된다고 한다. 한편, 윤회의 속박에서 벗어나 불사(不死)의 브라만을 실현하는 것이 해탈(解脫)이며, 해탈을 이루는 방법과 수련이 요가(yoga)다.

(1) 힌두교의 죽음관

힌두교에서는 인간의 죽음을 다음과 같이 설명하고 있다. "인간의 죽음이란 노년이나 질병, 사고 등으로 육신이 더 이상 미세신의 활동을 담지할 수 없을 때 미세신이 육신에서 벗어나는 현상으로 설명된다. 그래서 임종 시 호흡이 곤란해지는 것은 육신 속의 미세신이 육신을 떠나고자 움직이고 있는 것"[13]이라고 하며, 인간이 죽으면 네 과정을 거쳐 가게 된다고 말하고 있다.

첫째는 '신들의 길'이라고 불리는 '데바야나(devayana)'로서 브라만을 명상하는 데 온 힘을 기울였으나 아직 죽기 전에 완전한 깨달음을 획득하는 데 성공하지 못한 자아들의 인도를 받아서 지순(至純)한 생명으로 인도되어 간다. 그리고 그들은 최고천(最高天)으로 가서 거기서 적절한 과정을 거쳐 자유를 획득하게 된다. 둘째는 '아버지의 길'이라고 알려진 '피트리야나(pitriyana)'로서 죽음 이후 만민동포주의자의 인도를 받아 그들의 선한 행위에 대한 보상으로 큰 행복을 누리다가 다시 지상으로 가게 된다. 이는 아직도 지상적 욕망이 남아 있기 때문이다. 셋째는 '지옥으로 인도되는 길'인데, 경전에서 금한 행동을 한 대가로 불순한 생명으로 이끌림을 받는다. 이들은 인간 이하의 종(種)으로 다시 태어나게 된다. 그들의 악한 행실에 대한 보상을 모두 받은 이후에는 다시 인간으로 태어난다. 넷째는 생각과 행실에서 '가장 극악한 영들이 가는 길'로서 그들은 모기나 파리와 같이 전혀 의미가 없는 생명으로 거듭거듭 태어난다. 물론 이들도 악한 행실에 대한 보상이 모두 끝나면 인간으로 다시 이 지상에 태어날 수 있다.[14]

(2) 해탈의 방법

그러면 어떻게 윤회에서 벗어나 거듭 반복되는 생과 죽음을 극복하고 해탈에 이를 수 있는가? 여기에 대해 힌두교에서는 윤회의 원인이 무지와 또 거기에서 야기되는 욕망인 만큼 무지를 소멸시키고 동시에 욕망을 소멸시켜

[그림 3-4] 이슬람식 장례

죽은 사람의 카스트와 종파에 따라 형식이 다양하지만 일반적으로 화장한 후 신성한 강에 재를 뿌린다. 원래 잉태된 순간부터 시작하여 그 사람의 일생에서 중요한 시기마다 행하는 일련의 상스카라(청정한 의식) 가운데 마지막 의식이다. 임종 때 친척들과 브라만(사제)들을 부르고 진언(mantra)과 경전을 낭송하며 공물(供物)을 준비한다. 시신은 대개 강둑에 있는 화장터로 가능한 한 빨리 옮긴다. 죽은 사람의 큰아들과 의식을 주관하는 사제가 마지막으로 화장 의식을 진행한다.

사진 출처: http://blog.empas.com/chungahn

야 하며, 이러한 무지를 소멸시키는 것은 깨달음밖에 없다고 가르친다. 그래서 죽기 전이나 죽는 순간에 자기 실현을 획득한 사람은 위에서 말한 죽음 이후의 어느 과정에도 속하지 않으며, 죽음과 동시에 완전한 브라만에 흡수되어 그들의 몸과 마음의 요소들은 원래의 원천으로 돌아가게 된다고 한다.

동양 종교의 죽음관에 대한 정리

무속에서는 인간의 죽음을 인간의 영혼이 육신 소거(消去)하여 영원 존재로 회귀하는 것으로 보았는데, 인간은 사후에 자신의 행적에 따라 극락에서 혹은 지옥에서 영원히 산다고 생각했고, 혹은 죽은 후에 종을 달리하여 이 세상에 다시 태어날 수도 있다고 생각했다. 그러나 무속이 이렇게 영혼 불멸과 비교적 정리된 사후세계에 대한 관념을 가지고 있기는 하지만, 무속 자체는 현세에 대해 지극히 집착할 만큼 관심을 가지고 있으며 현세에 가치를 두고 있다.

유교에서 죽음이란 일원기(一元氣)에서 모인 기(氣)가 일정 기간 존속하다가 그 기운이 다하게 되어 흩어져 다시 일원기로 돌아가는 과정으로 이해된다. 그러나 유교에서는 죽음 자체의 의미나 죽어서 시작하는 또 다른 세계에 대해서는 거의 관심을 보이지 않는다. 즉, 후생(後生)에 대해 부정을 한 것은 아니지만 다분히 회의적인 태도를 보이고 있는 것이다. 오히려 유교에서는 삶과 죽음 때문에 앞뒤로 연장될 수 있는 상념을 처음부터 단념하고 일회적인 인생 자체에 몰두하도록 가르치고 있다.

불교와 힌두교는 같이 이해를 해볼 수 있는데, 죽음이란 육신을 구성하고 있는 조직의 파괴에서 나타나는 현상으로 보고 있으며, 인간은 자신의 깨달음으로써 존재론적 석방 내지는 자유화를 이루어 업(業)과 윤회(輪迴)를 벗어난 열반의 경지에 이르지 않으면 탄생은 계속될 것이다. 따라서 죽음과 죽음에 대한 공포에서 벗어날 수도 없다고 말한다.

2. 서양 종교에서의 죽음 이해

서양 종교는 유대교에서부터 시작되어 그리스도교와 이슬람교 그리고 수많은 종파들에 관한 논의로 이어진다. 2천 년 이상 서구 정신의 흐름을 주도해 온 그리스도교 사상은 인간의 모든 삶의 영역에 깊이 관여해 왔으며, 그 해답을 제시하고 있다. 이제 서양 종교의 주류를 이루는 그리스도교의 죽음을 이해하기 위해 성서에 묘사된 죽음을 살펴보기로 한다.

1) 그리스도교의 죽음관

(1) 죽음에 대한 성서적 이해

① 구약성서의 죽음 이해

구약에서 죽음의 이해는 야훼 하느님과의 계약 사상에서 출발하며, 이는 그리스도교 사상의 중심적 요소다. 구약에서 말하는 생명이란 하느님과의 관계를 맺고 있는 것을 의미하는 반면에 죽음은 계약의 파기를 의미하며, 하느님의 계명을 어긴 인간의 반역적 저항의 결과에서 비롯된 것으로 본다. 죽음과 삶이 하느님의 주권 속에 있다는 확고한 신앙은 몇 가지 죽음에 대한 이해를 불러온다.

첫째, 구약성서에서는 죽음의 보편성과 아울러 죽음과 관련한 인생의 허무함을 말하고 있다. 죽음은 인류의 공통된 숙명인 동시에 '온 세상이 가야 할 길이며'(열왕기상 2: 2), 인간은 죽을 수밖에 없는 '흙에서 나서 흙으로 돌아가는 존재'로 만들어져 있으며(창세기 3: 19), '인간은 사라질 존재요 입김이며, 인생은 한낱 그림자요 하나의 숨결이고 허무일 따름'(욥기 14: 1-12)이라고 말하고 있다. 또한 어릴 때의 죽음은 큰 악의 세력에 의해 생명이 단축된 것으로 보았다. '내가 이 아이의 죽음을 차마 볼 수가 없구나'(창세기 21: 16). 즉 때가 차지 않은 죽음은 언제나 생명의 원수로 이해되고 있었다. 다윗은 그의 아들 압살롬이 죽었을 때 성경에서 가장 감동적이고 슬픈 목소리로 고통과 슬픔을 표시했다(사무엘하 19: 1).

둘째, 구약성서에서는 하느님 안에서의 죽음을 축복으로 이해하고 있다. 하느님에 의해 제시된 이상적인 죽음은 노년기의 죽음이라고 볼 수 있다. 구약성서는 '모든 세상 길의 덧없음', '자기 선조들 옆에 누워 휴식함', '곡식이 영글어 타작 마당에 이름'과 같은(욥기 5: 26) 표현으로 성숙한 상태로서의 죽음에 대해 말하고 있다. 이런 죽음은 곧 하느님의 계명을 따라 사는 사람에게서 볼 수 있는 죽음으로, 대표적인 인물은 아브라함이다. “아브라함이 백발의 노년에 이르기까지 만족하게 산 다음에 죽었으며, 자기 조상들에게로 돌아가서 함께 있었다.” (창세기 25: 8)라고 표현하고 있다.

초기 구약시대에는 인간의 지상 생활이 끝난 후에 개인의 사후 생활이나 개인적 생명이 계속된다는 단계의 인식에까지는 못 미치고 있었다.[15] 고대 히브리 사람들은 사람이 죽는 것을 ‘열조에게로 돌아갔다.’ 고 표현하는데, 이는 죽은 자들이 완전 무화(無化)되는 것이 아니고 다만 생명을 상실한 상태로 전위되는 것을 뜻한다. 그러한 히브리인들의 죽음에 대한 이해는 죽은 자들이 가게 되는 셰올(sheol) 사상 속에 나타나 있다. 음부 또는 셰올은 ‘전적으로 힘이 없고, 약하게 되고, 도움의 손길이 없는 그림자 같은 상태’, ‘일도 없고, 계획도 없고, 지식도 없고, 지혜도 없는 곳’ (전도서9: 10), ‘지하로 내려가는 자가 다시 되돌아 올라오지 못하는 곳’ (욥기7: 9) ‘하느님을 생각하고 찬미할 수 없는 곳’ (시편 6: 5, 30: 9)이다. 이스라엘 사람들에게 죽음이란 하느님의 영, 곧 생명의 원천이 떠남을 의미한다. 하느님의 영이 사람에게서 떠나면 영육 통일체로서 인간의 생명체는 곧 생기를 잃게 되고, 산 자의 땅에서 누리던 좋은 것들을 누리지 못하게 된다.

후기 구약시대에는 죽음을 죄와 벌에 연관시켜 말하고 있다. 죽음은 아담의 죄 이래 인간에게 주어진 벌로 이해되는데, 이것이 구약성서에서 거의 주도적인 죽음의 관념이라 해도 과언은 아니다. 즉, 하느님은 인간을 죽음의 존재로 만드시지 않으셨지만 인간의 원죄로 말미암아 죽음이 세상에 들어왔으며, 죄악을 범한 인간이 죽음이라는 벌을 받게 된 것이다. 그러므로 죄는 우리의 본성과 하느님의 뜻에 반대되는 악일 뿐만 아니라 구체적으로는 우리에게 죽음에 이르는 길이 되고, 하느님 없이 자기 삶을 살고 하느님 없이 이를 성취시키려 한 결과로서 죽음을 보는 것이다. 이런 의미에서 죄인의 경우 죽음은 자연적인 운명으로서가 아니라 단지 이 세상에서 죄를 짓는 자가 당연히 받아야 할 벌이 된다.[16]

② 신약성서의 죽음 이해

예수 그리스도를 증언하고 있는 복음서들은 예수의 죽음과 부활을 선포하는 데서 출발한다. 예수의 생애를 특징짓는 가장 커다란 사건은 그의 죽음인 것이다. 하느님 아들의 성육신은 그의 죽음 안으로 흘러 들어간다. 인간이라는 존재는 죽음에 직면해 있는 존재이기 때문에 예수는 죽음에 직면한 인간 존재의 조건을 피하기는커녕 처음부터 그 조건을 자신의 것으로 수용하였다. 그러한 점에서 복음서들은 예수의 생애 전체가 자신의 죽음을 표시하는 죽음 표시로 특징지어져 있음을 입증하고 있다.[17]

예수는 죽은 자들이 부활한다는 확신을 지니고 있었는데도 자신의 죽음에 대해서 곤경을 경험하였다. 그는 자기 앞에 다가올 시련이 지나가기를 바라며 기도했다(마르코 14: 36). 죽어 가는 순간에도 "나의 하느님, 나의 하느님, 어찌하여 나를 버리셨나이까?"(마르코 15: 34) 하고 울부짖었다. 그러나 예수는 그러한 비탄과 곤경 속에서도 자신의 죽음을 받아들인다. 즉, 예수는 자신의 죽음을 예언자의 죽음으로 이해한 것으로 볼 수 있다. 이스라엘 역사에서 많은 예언자들이 불의한 세력에게 희생되어 죽음을 맞이하였다는 것은 널리 알려진 사실이다. 여기에는 다른 사람들의 죄를 속죄하기 위한 의인의 희생적 죽음으로서의 의미가 담겨 있다. 이러한 예수의 죽음은 그 심연의 고통과 어두움 속에서도 성부 하느님에 의해 다시금 새로운 생명에로 들어가게 된다. 이로써 예수의 죽음은 인간을 최후의 암흑에서 해방시키고, 죄인 된 상태에서 구속하며, 하느님 안에서 인간의 삶을 완결시켜 주는 의미를 지니게 된다.

그리스도 교회의 태동 단계에서는 죽음과 삶이 이중적인 구조를 지니고 있었다. 죽음은 생물학적인 삶의 종말이요, 삶은 이러한 죽음 이전의 현존을 뜻할 수 있다. 그러나 또 다른 한편 죽음은 정신적인 죽음, 즉 하느님을 거스르는 죄악 속에서의 삶과 하느님 은총의 상실로서의 죽음을 뜻할 수 있다. 그렇다면 이와 반대로 생명은 하느님의 뜻에 일치하는 삶과 성령의 자극을 받으며 생활하는 신앙인의 새로운 현존 양식을 뜻할 수 있는 것이다. 이렇게 죽음의 표상들이 신약성서에서 다양한 의미의 변모를 보이고 있는 것은 예수의 부활로 그리스도인들의 시야가 확대된 결과라고 볼 수 있다.[18)]

한편 요한복음이 저술된 무렵인 기원후 약 100년경에 살았던 그리스도인들은 예수와 맺는 인격적 관계의 빛 속에서 죽음을 보고 있으며, 따라서 죽음에 대해서 낙관적인 견해를 피력한다(요한 14: 2-4). 이 시기의 그리스도인들은 '죄악으로 말미암은 정신적인 죽음'과 생물학적 죽음이 닥치기 이전 그리스도 안에서 그리고 그와 함께 존재함으로써 생겨나는 새로운 생명에 관하여 주의 깊게 생각하였다. 이러한 새로운 생명, 즉 죽음에 의해 밀려나지 않고 지속되는 생명은 신앙의 결단을 통해서 존재하는 것으로 파악된다. 그리고 이 새로운 생명은 죽음의 경계선의 차안(此岸)에서 시작하는 것으로 믿어졌다. 죽음은 신앙인에게서 이미 극복되었으며, 지속하는 생명은 현존하는 실재로 파악된다. "내 말을 듣고 나를 보내신 분을 믿는 사람은 영원한 생명을 얻을 것이다. 그 사람은 심판을 받지 않을 뿐만 아니라 이미 죽음의 세계에서 벗어나 생명의 세계로 들어섰다"(요한 5: 24). 결국 이러한 사고는 인생의 무상성을 극복하는 문제에 주된 관심을 갖게 만들었다. 따라서 초기 그리스도인들의 관심은 부담을 주는 생물학적인 죽음의 문제에서 신앙의 결단을 통한 새 생명에로 집중된 것이다.

죽음에 관한 신약성서의 입장을 정리하면, 첫째 구약에서와 마찬가지로 죽음은 우선 범죄의 결과로 이해된다. 범죄는 인간의 자유의지에서 시작된다. 둘째, 구약 말기에 이르러 기대되었던 죽음의 극복과 영원한 생명에 대한 기대는 신약에서 예수의 육화(肉化)와 죽음, 부활로 말미암아 이루어지게 되었다. 셋째, 어느 정도로 자연적 죽음을 문제 삼았던 구약과는 달리 신약에서는 정신적이고도 영적인 측면에서의 인간 죽음에 대한 것을 더 관심 있게 보기 시작했다. 넷째, 개인적 차원에서의 부활을 생각한 구약과는

[그림 3-5] 그리스도교 장례

교황 요한 바오로 2세의 장례식. 교황 선종 엿새 만에 열린 이 장례식은 성 베드로 성당 안에 안치된 교황의 시신이 성당 밖 제단으로 운구된 뒤 장례미사, 하관식, 안장 순으로 장엄하게 거행됐다.

사진 출처: http://www.jejunews.com/input-admin/main/international.jpg.

달리 신약에 이르러서는 만인의 부활 사상으로 발전하였다.

신·구약 성서 모두가 일관되게 증언하는 공통점은 다음의 세 가지로 요약할 수 있다. 첫째, 신·구약성서는 인간의 죽음이 죄의 대가에 대한 결과로 인간에게 주어졌음을 인정하고 있다. 둘째, 이 죽음의 문제에 대하여 인간은 스스로 해결할 수도 없으며 하느님의 은총만이 요구된다고 밝혀 주고 있다. 셋째, 인간의 생명이 본질적인 속성의 개념이 아니라 하느님에 의해 부여된 것이므로 사후에 주어지는 존재 양태와 생명조차도 하느님의 선물이라고 보는 것이다.

③ 그리스도인이 죽음을 맞는 자세

그리스도인은 죽음의 공허와 무력함을 뼈저리게 체험하면서도 동시에 하느님께 대한 믿음과 희망과 사랑으로 죽음에 대한 태도를 변화시킬 기회를 가지게 된다. 그리스도교 신학자인 테이야르 드 샤르뎅의 『선종(善終)을 위한 기도』 중 일부를 소개하면 다음과 같다.

> 내가 당신을
> 들어 높여진 나의 자아로 인식하고 난 뒤에
> 내(죽을) 시간이 다가오면, 주여, 나로 하여금
> 나를 파멸시키고 축출하려고 하는 낯설고 적대적인 모든 세력들에서
> 당신을 재인식할 수 있게 하소서.
> 내 육신이나, 내 정신에서
> 노년의 쇠잔함이 나타나기 시작할 때,
> 생명을 감소시키고 약탈하는 악이
> 나를 외부에서 습격하거나 내 안에서 생겨날 때,
> 내가 병들고 늙었다는 의식이 돌연 엄습하는 고통스러운 순간에,
> 특히 내 최후의 순간에,
> 내가 나 자신에게서 벗어나
> 나를 둘러싸고 있던 거대한 미지의 세력의 손에 무기력하게
> 넘어가는 순간에,
> 이 모든 암울한 시간에,
> 주여, 나로 하여금 알게 하소서.
> 당신이 내 존재의 심층에까지 스며들어
> 나를 당신께로 이끌어 가기 위해
> 고통 중에서 내 존재의 편에 서시는 분임을.

죽음을 넘어서는 그리스도인의 이러한 희망은 죽음의 순간에만 작용하는 것이 아니라 현실적 삶 안에서 드러나야 한다. 따라서 희망은 그리스도

인에게 현세의 쇄신과 인간의 발전, 정의롭고 자유로운 사회 건설을 위한 투신을 아울러 요구하고 있는 것이다.

그리스도교의 죽음관에 대한 정리

그리스도교의 죽음 이해는 서양의 죽음 이해의 기반이 된다고 할 수 있다. 즉 구약성서에서 죽음은 보편적이며 죽음과 관련된 인생의 허무함과 연결이 되는 반면, 노년기에 이른 죽음을 하느님의 축복으로 이해함을 볼 수 있다. 하지만 후대로 갈수록 묵시 사상이 유입되면서 죽음 그 자체의 실제성에 관심을 둠으로써 생명이 상실되는 형벌의 장소로서의 '셰올'로 이해되는 모습을 볼 수 있다.

이는 죽음을 죄와 벌에 연관시키는 것으로서 아담의 죄 이래 인간에게 주어진 벌로서의 죽음으로 이해되고 있는 것이다. 따라서 중요한 것은 죽음은 생명이 거두어진 상태라고 하지만 결국 하느님의 권능과 지배 아래 있는 것으로서 죽은 자의 부활을 기대하는 모습으로 연결됨을 볼 수 있다. 이러한 구약의 죽음 이해는 신약시대에 들어와서 예수 그리스도의 죽음과 부활에 연결됨으로써 확인되는 셈이다.

예수의 죽음은 심연의 고통과 어두움 속에서도 성부 하느님에 의해 새로운 생명에로 들어가게 되는 놀라운 구속의 은혜를 입증한다. 이러한 예수의 죽음과 부활은 초대 교회에서 이중적인 죽음의 이해를 하게 한다. 즉, 죽음은 생물학적인 삶의 종말이면서 하느님을 거스르는 죄악 속에서 사는 것이다.

그러므로 서구에서 그리스도교를 바탕으로 한 죽음 이해란 죄에 대한 형벌인데도 그리스도로 말미암아 구원의 은혜를 입는다는 것, 그리고 죽음은 인간 본연의 것으로서 인간 완성의 단계뿐만 아니라 그리스도와 함께 영생의 자리에 이른다는 것으로 요약할 수 있을 것이다.

이것을 기억하자

- 무속에서 망자를 천도하는 굿판도 하나의 통과의례이자 축제다. 죽음도 이와 같이 산 자와 죽은 자의 신령계 사이의 조화로 처리된다.
- 유교의 죽음은 철저한 인본주의 입장에 있다. 인간은 자연의 일부분으로서 결국 자연에서 나서 자연으로 돌아간다.
- 불교의 삶과 죽음은 윤회라고 하는 끝없는 순환의 고리다. '삶이란 한 조각 구름이 일어나는 것, 죽음이란 한 조각 구름이 스러지는 것'으로서 삶과 죽음은 수평선상의 구도다.
- 그리스도교의 죽음은 예수의 죽음을 통한 하느님의 구원 역사의 실천이다. 그리스도인에게는 죽음이 패배가 아니라 성취다.

〈과제〉

죽음을 어떻게 살 것인가?

지시사항:

1. 나의 종교가 나의 삶과 죽음의 태도에 어떻게 작용하는지 숙고해 보고, A4 용지 한 쪽 분량으로 기술하라.
2. 종교인으로서 나는 삶을 어떻게 극복하는지 숙고해 보고, 5명씩 그룹별로 발표하고 나누어 보라.
3. 내가 본받고 싶은 종교적 인물을 설정하고 근거를 제시하라.
4. 죽음에 관한 각 종교의 이해를 돕기 위해 죽음을 소재로 한 그림, 만화 등을 찾아보라.

죽음의 학습

사람은 누구나 삶의 여러 가지 준거(norms), 규칙(rules), 그리고 우리가 살고 있는 사회의 가치관(values)을 배우고 내면화하는 '사회화' 과정을 거쳐 이 사회의 일원으로 적절하게 성장하게 된다. 죽음에 대한 이해와 태도 등 죽음에 대한 배움도 이 '사회화'의 과정을 통해 상당 부분 이루어진다. 각 사회는 그 사회만의 독특한 문화를 가진다. 물론 문화는 그 문화권에 속한 사회 구성원들이 선조들에 의해 물려받은 신념, 가치, 관습 등을 환경과 경험에 비추어 재구성해 감에 따라 역동적으로 변화한다. 이러한 변화의 내용은 2장에서 '죽음에 대한 역사적 이해'라는 제목으로 보다 깊이 다루어졌다. 본 장에서는 죽음에 대해 학습하는 과정을 사회와 문화에서 찾아본다.

1. 죽음을 학습하는 과정

1) 죽음의 이해와 사회 · 문화적 영향

아주 어린아이였을 때부터 우리는 죽음에 대한 여러 가지 이야기를 주변에서 듣는다. 그 이야기들은 다양한 형태로 우리에게 전해지지만, 그것들이 모여 죽음에 대한 각 개인의 이해와 태도를 형성한다는 점에서는 다르지 않다. 누군가가 말한다. "사람은 누구나 죽는 거야. 지금 이 순간에도 여러 사람들이 죽고 있을 거야." 텔레비전의 뉴스에서 아나운서가 담담한 태도로 다음과 같이 방송한다. "어젯밤 새벽 2시경 ○○시 ○○동의 한 주택가에서 원인을 알 수 없는 가스폭발로 일가족 3명이 숨졌습니다……." 혹은 엄마가 즐겨 보는 드라마에서 어떤 배우가 병실에서 죽어 가고, 그것을 보는 엄마가 하염없이 눈물을 흘리며 함께 가슴 아파하는 모습을 본다. 또 움직이지 않는 동물이나 벌레를 만지려고 할 때 누군가가 옆에서 야단치듯이 다급하게 "만지지 마! 죽었잖아!"라고 하는 말을 듣는다.

시간이 지남에 따라 이 아동은 '죽음'에 관해 접한 자신의 경험들을 종합하여 죽는다는 것이 의미하는 것에 대해 자신만의 느낌들과 생각들, 즉 죽음에 대한 이해와 태도를 발전시켜 나간다. 자신의 주변에서 접한 이야기들과 정보, 자극들을 종합하는 과정에서 이 아동은 죽음에 대한 자신의 관념들(concepts)과 정서적인 반응들을 자신이 속한 사회와 문화 속의 것과 비슷하게 형성해 가게 된다. 인간 발달의 다른 측면들과 마찬가지로 죽음에 대한 이해도 새로운 경험들이 이전에 형성되어 있던 지식, 신념, 태도들의 재평가를 자극하면서 발전해 간다. 다음으로는 죽음에 대한 이해와 태도의 형성에 사회 · 문화적인 영향을 주는 대표적인 사회화 기관들을 살펴보기로 한다.

(1) 가족

기초적이면서도 매우 중요한 사회화 기관으로서 '가족'은 날마다 있는 크고 작은 일상사를 통해 죽음에 대한 이해와 태도의 한 부분을 아동에게 전달한다. 어떤 조각들은 직접적으로, 또 다른 조각들은 간접적이고 드러나지 않는 방식으로 전달된다. "죽는다는 것은 말이지……."와 같은 방식은 직접적이다. 그러나 말없이 회피되는 주제들, 혹은 "보지 마.", "만지지 마." 하고 부정되는 것은 간접적인 회피의 방식이다. 아동들이 갖게 되는 죽음에 관한 다양한 학습 경험은 학습의 '전이' 효과에 의해 더 넓게 확장되고 새롭게 재구성되기도 한다. 아동들이 무엇인가를 잃었을 때 부모가 재빨리 새로운 것으로 대체해 주곤 한다면, 그 부모는 아동에게 은연중에 '상실에 대한 최상의 극복 방법은 새로운 것으로의 대체'임을 가르치는 것이다. 애완동물의 죽음을 깊이 슬퍼하는 부모의 모습은 아동에게 '인간뿐만 아니라 모든 생명의 죽음은 모두 중요한 것'임을 가르친다. 부모의 태도 그리고 다른 가족들의 태도는 아동일 때뿐만 아니라 성인기에 갖게 될 가치와 신념들의 형성에 영향을 미치며, 더 나아가 어른이 되어서 자신의 자녀들에게 죽음에 대한 태도를 전하는 방식에도 영향을 주게 된다.

(2) 학교

학교는 아동의 학업성취뿐만 아니라 대인관계 기술 훈련을 포함한 다양한 사회화 훈련의 장이다. 학령의 증가로 개인의 대인망(network)이 넓혀지면서 죽음과 만나게 되는 가능성도 그에 맞춰서 높아진다. 학생들이 죽음에 대해 배우는 방식은 체계적인 수업인 경우도 있지만, 대부분의 경우에는 잠재적인 교육과정이라 불리는 여러 가지 경험을 통해서다. 잠재적 학습은 마치 우연히 일어나는 것 같은 여러 과정들을 통해 이루어진다.

(3) 매체

텔레비전, 인터넷, 라디오, 영화, 신문, 잡지, 책, 비디오, 레코드, 카세트, 콤팩트디스크-이러한 매체들은 아동과 성인 모두의 사회화에 강력한 일익을 담당한다. 뉴스는 의도적으로 혹은 비의도적으로 아동에게 죽음에 대한 기성 사회의 이해와 태도를 전달한다. 죽음에 대한 이야기가 등장하는 아동을 위한 영화, 뮤지컬이나 아동문학은 죽음에 대한 메시지를 전하는 또 다른 중요한 자료다. 여기에 담긴 이야기는 아동에게 교육적 효과를 강하게 전하기 위해 대체로 강하고 생생한 경향이 있다. 그 하나의 예로서 다음의 글상자는 그림 형제의 동화에 나타나는 죽음의 모습에 대한 한 논문의 내용을 발췌한 것이다. 어떤 동화들은 죽어 가는 것과 죽음에 대한 질문에 답하기 위한 목적으로 쓰이기도 했다.[1)]

(4) 종교

죽어 가는 것과 죽음은 생물학적인 사건 이상이다. 그것들은 사회적, 영적 차원을 가지고 있다. 우리의 신념들-종교적 또는 철학적-은 우리가 타인의 죽음뿐만 아니라 우리 자신의 죽음을 전망하는 것과 어떻게 관계를 맺을지에 대한 열쇠가 될 수 있다. 어른들뿐만 아니라 아동들에게도 영성과 종교는 죽어 가는 것과 죽음에 대해 이해하고 대처하는 데에 중요한 접근 수단이 될 수 있다. 종교는 위안을 주고, 죽어 가는 것에 어떤 의미를 제시하며, 비탄의 고통을 덜어 주는 애도 의식을 제공한다. 종교는 '죽어 가는 사람을 보살피고, 그에게 다가올 세계를 준비시키며, 임종 시기에 있는 사람의 육체적 요구와 심리적 느낌들을 돌보고, 이들과 유의미한 관계에 있는 사람들의 마음을 돌보는' 기능과 직·간접적으로 관련되어 있다.[2)] 종교는 인간 존재와 목적에 대한 '중대한 물음(big questions)'에 답변을 제공한다. 그것은 삶과 죽음의 이슈를 다루며, 사람들이 기대하는 삶의 종류를 개설(outline)하고 그들이 죽은 후에 어떤 일이 일어나는지에 대해 설명한다.[3)]

그림 형제의 동화에 나타난 죽음의 모습

그림 형제의 동화의 줄거리 진행과정에서 나타나는 죽음의 묘사는 잔인할 정도로 구체적인 경우가 많다. 먼저 범죄로서 죽음이 묘사된 예로 '오누이: 드레첸과 세바스찬(Bruderchen und Schwesterchen)'을 들 수 있다.

> 때가 되어서 여왕이 예쁜 사내아이를 낳았을 때, …… 늙은 마녀는 시녀의 모습을 하고 여왕이 누워 있는 방으로 들어갔다 …… 그녀의 딸도 거들었다. 그들은 쇠약한 왕비를 욕실로 데려가 욕조에 눕혔다. 그러고 나서 그들은 문을 잠그고 달아났다. 그런데 그들이 욕실에 지옥의 업화를 피워 놓았기 때문에 아름답고 젊은 왕비는 곧 질식해 죽고 말았다.

그림 동화에서 묘사된 형벌로서의 죽음의 방법으로는 아래와 같은 것들이 나타나는데, 이는 동화가 발표되던 그 시대의 실제 형벌로서의 죽음의 방식을 그대로 반영하는 것이다.

- 화형(불태워 죽이는 형벌): 오누이, 백조 여섯 마리, 두 형제, 고수
- 낙형(단근질하여 죽이는 형벌): 백설공주
- 수장(물에 넣어 익사시켜 죽이는 형벌): 숲 속의 세 난쟁이, 노래하는 뼈다귀
- 능지처사(머리, 몸, 손, 팔다리를 나누어지게 하여 죽이는 형벌): 거위치기 아가씨, 하얀 신부와 까만 신부
- 교형(목을 옭아매어 죽이는 형벌): 황금 산의 왕, 파란 등잔불
- 박살(때려죽이는 형벌): 노간주나무

이처럼 죽음에 대한 생생한 묘사를 동화에서 모두 제거하지 않은 이유에 대해 그림 형제는 다음과 같이 설명하였다.

> 매일 일어나고 어떤 방식으로든 숨겨질 수 없는 특정의 상태 및 상황들과 관련성을 가지는 것을 불안하게 제거함으로써 달성되는 깨끗함, 우리는 교육 도서를 위해 이런 깨끗함을 찾지 않는다.[4]

2) 죽음 교육의 기회

죽어 가는 것과 죽음에 대해 아동들에게 가르칠 수 있는 기회는 생활 과정 중에 풍부하게 있다. 우리가 민감하게 의식의 안테나를 죽음 교육의 주파수로 맞추고 있기만 하면 '죽음 교육의 기회들', 즉 '죽음에 대한 가르침이 가능한 순간들'과 자주 만날 수 있다. 그 순간의 기회는 마치 우연히 일어나는 것과도 같기 때문에 학습을 위한 이상적인 기회가 될 수 있다. 자연스러운 학습의 기회는 학습자의 질문과 열의, 즉 학습자의 학습에의 적극적 참여와 학습동기의 제고를 위해 교육자가 의도적으로 무엇인가를 설계하고 장치할 필요가 없기 때문이다. 외삼촌을 사고로 잃은 한 아동의 경우를 예로 들어 보겠다. 당시 여덟 살이던 그 아동은 종종 "외삼촌 생각이 나요. 나한테 잘해 주셨는데……."라고 나름의 애도를 하곤 했다. 그럴 때 그 엄마와 아들은 죽음에 관한 이야기를 나누게 되곤 하였다. "그렇구나. 너도 외삼촌을 기억하고 그리워하는구나, 엄마처럼. 엄마 생각에는 말이야, 외삼촌에 대한 기억이 남아 있고 외삼촌을 사랑하는 한은 외삼촌이 죽었다고 해서 완전히 우리 곁을 떠나 버린 건 아닐 것 같아."와 같은 이야기를 하고 아동의 생각을 묻는 방식으로 자연스러운 죽음 교육의 기회를 가지게 되는 것이다. 다음 글상자는 이와 같은 자연스러운 죽음 교육의 기회를 활용한 예다. 아동 대상의 영화들에서 죽음이 이야기 줄거리로 등장한다면 역시 죽음에 대한 자연스러운 토론으로 연결될 수 있을 것이다. 아동들의 죽음에 대한 이해를 이끌기 위해 죽음 교육을 위한 자연스러운 기회를 활용하는 경우 학습의 효과를 높이기 위해 아래와 같은 질문들에 대한 답을 고려해 볼 필요가 있다.

- 무엇을 가르치고자 하는가?
- 실제로 무엇이 가르쳐지고 있는가?

– 교육목적에 부합하는 가르침이 행해지고 있는가?
– 죽음에 대한 건강하지 못한 메시지를 무의식중에 전달하고 있지는 않은가?

죽음 교육기회 활용의 예

몇 년간 한 가족으로 지냈던 고양이가 갑자기 죽자 열한 살, 일곱 살 난 아이들은 몹시 슬퍼했고, 두 아이는 고양이를 마당에 묻어 주어야 한다고 강하게 주장했다. 그것을 깊이 묻고 나서 얼마 지나지 않아 일곱 살 난 막내는 고양이 시신이 어떻게 되었을지 궁금해했다. 열한 살 난 큰아이는 그것이 썩었을 거라고 했지만, 그래서 어떻게 되느냐는 동생의 질문에 자신 있게 자세한 설명을 하지는 못했다. 결국 아이들의 눈은 우리 부모에게 돌려졌다. 고양이를 다시 파 본다는 것을 상상만 해도 끔찍해하고 있는 나와는 달리 남편은 간단한 해법을 제시했다. "생물은 뭐든 땅에 묻으면 비슷하게 변해. 고양이를 다시 파 보기는 좀 그렇지만, 사과나 귤 같은 것을 묻었다가 다시 파 보는 것은 괜찮겠지."

아이들은 귤과 사과를 파묻었고, 아이들과 우리는 일주일에 한 번 정도 파 보기로 합의했다. 아이들은 일주일을 손꼽아 기다렸다가 파 보곤 했다. 그리고 생물이 썩어 가는 과정을 직접 관찰하면서 고양이의 시신이 어떻게 되었을지에 대해서 생각해 볼 수 있었으며, 생명이 멈추고 나면 육신이 어떻게 변화하는지에 대해서도 생각해 볼 수 있는 기회가 되었다.

— 어느 부모와의 대화에서 —

3) 사회 · 문화적 영향에 관한 이론

사회학은 사회적, 문화적 요소들이 죽음과 관련된 사람들의 태도와 행동들에 어떻게 영향을 미치는지 이해하는 데 유용한 도구를 제공한다. 다음의 세 가지 이론적 관점들은 사회가 어떻게 작동하는지를 설명하는 데에서 각각 고유한 장점을 가지고 있다. 첫 번째 '구조기능주의' 적 접근은 사회 구조와 기관들에 대해 보다 넓은 관점을 취하며 가족, 경제, 정치, 체제 등과 같은 사회의 주요 요소들 사이의 상호 관련성을 강조한다는 점에서 탁월하다. 두 번째 '상징적 상호작용주의' 적 접근은 사회 구성원들 사이의 사회적 관계와 상호작용에 초점을 두며 자신이 살고 있는 사회적 세계를 사람들이 형성하는 방식, 사회적 세계에 의해 사람들이 형성되는 방식에 관심을 둔다는 점, 사회적 의미가 창조되고 형성되는 방식에 관심을 갖고 설명한다는 측면에서 장점이 있다. 마지막으로 '사회학습이론' 적 접근은 사람들이 각자의 인성(personality), 행동, 환경의 상호작용을 통해 자신이 속한 사회의 구성원으로 되어 가는 방식에 대한 적절한 모형을 제공하는 데 장점이 있다.

(1) 구조기능주의

구조기능주의(structural functionalism)란 사회학, 문화인류학, 심리학과 다른 여러 시각의 사회학 이론을 집대성하여 만들어진 이론으로서 파슨스(Parsons)가 1940~1950년대 연구저서들을 통해 구조기능주의에 관한 정리를 해내면서 사회학의 중요한 한 접근으로 자리 잡게 되었다. 구조기능주의 이론은 사회적 조직들 내에서의 영향 과정을 다각적으로 분석하고 있으며, 인간의 성격 발달을 전체 사회적 관계 안에서 분석하는 등 사회화를 설명하는 데 중요한 역할을 하였다.[5] 구조기능주의에 의하면 인간 신체와 마찬가지로 사회도 각 구성요소와 전체 사회를 유지하기 위해 함께 작동하는 구성요소들을 가진 하나의 유기체로 볼 수 있다. 따라서 사회 구조는 본질적으로 사회적 삶의 측면들이며, 이것들은 사회적 삶의 다른 측면들에 영향을 주고, 그것들이 정상적이고 예측 가능하게 작동하게 한다.

사회학자들은 사회화를 담당하는 집단을 보통 '경제', '교육', '가족',

'정치', '종교'라는 다섯 가지의 주요한 사회제도로 개괄한다. 이 제도들은 한 제도에서의 변화가 다른 제도의 변화를 이끄는 방식으로 상호 관련 되어 있다.

구조기능주의자의 접근방식에서 사회를 보는 관점은 죽음에 대한 태도와 행동들의 제도화된 기반들을 통찰하는 데에 도움이 된다. 카스텐바움(R. Kastenbaum)[6)]은 사람들이 죽어 가는 것과 죽음에 대해 대처하는 방식에 영향력을 가지는 사회의 구성요소들을 기술하기 위해 '죽음 체제(death system)'라는 개념을 도입하였다. 그에 따르면, 죽음 체제의 구성요소들은 다음의 요소들을 포함한다.

사람: 죽어 가는 사람을 돌보는 병원 직원뿐만 아니라 장의사, 생명보험 설계사, 무기 설계자, 도살장을 운영하는 사람들
장소: 공동묘지, 장례식장, 전쟁터, 전쟁기념관, 재난 지역들
시간: 기일, 성 금요일 같은 종교적 기념일들, 현충일 같은 대량의 살상을 가져온 중요한 전투의 기념일
물건: 사망자 명부, 묘비, 영구차, 전기의자 등
상징: 검은 상장, 장례 음악, 해적기표, 죽음에 대해 이야기할 때 사용되는 언어

그에 의하면 모든 죽음 체제는 기능 수행방식에서 사회에 따라, 시대에 따라 다를 수 있지만, 사회에서 중요한 기능을 한다는 점에서는 동일한 중요성을 지닌다. 죽음 체제의 기능으로는 다음과 같은 것들이 있다. 기능들은 상호 배타적이라기보다는 상호 연관된 것으로 보는 것이 타당하다.

죽음 경고: 생명이 위협받는 사건들(재난 같은)에 대한 경고와 예측
죽음 예방: 예를 들어 전염병이나 대형 자연재해 혹은 인위 재난 등의 비

상사태와 긴급한 의학적 치료, 공공 건강 발의권 같은 것

보살핌: 죽어 가는 사람에 대한 보살핌

사후 처리: 죽은 사람의 처리

죽음 후의 사회적 통합: 예를 들어 슬픔에 대처하기, 공동체 유지 등

죽음에 대한 순리적 설명: 죽음을 이치에 맞게 설명하고 정리하기, 예를 들어 종교를 통해 혹은 과학적으로 죽음을 설명함.

살해: 죽음 주체 의사에 반하는 죽임. 예를 들어 사냥, 동물의 양육 및 판매, 사형 등

(2) 상징적 상호작용주의

'상징적 상호작용주의'라 부르는 이론적 접근에서는 사람의 행동(action and behavior)에 대해 사람이 부여하는 의미의 결과로 해석하고자 한다. 상징적 상호작용주의는 '자신의 실재를 구성하고 물려받은 것을 잠재적으로 재구성하는 개인의 자유'를 강조한다. 이 접근에 의하면 사람들은 사회 속의 수동적 요소가 아니라 사회 구조에 능동적으로 반응하고 자신의 삶을 진행시키는 존재다. 이 이론에 의하면 사회화는 양방향적인 것이어서 단순히 일방적으로 정보를 받아들이는 것만이 아니라 자신 안에서 완료된 산출물을 사회 속으로 내보내는 것이기도 하다.

상징적 상호작용이론에 의하면 각각의 사회는 세계에 대해 설명하는 자신만의 틀(version)을 구성한다. 죽음에 대한 이해 역시 마찬가지로 설명될 수 있다. 비탄은 소속된 사회 속에서 적절한 어떤 정서들을 규정하는 문화적 규준의 영향에 따라 고유하게 표현된다. 비탄 반응은 사회 · 문화적으로 학습된다. 우리 사회에서 비탄해하는 여자는 우는 것이 자연스럽게 허용되지만, 남자에게는 그렇지 않은 것이 그 하나의 예가 된다. 상징적 상호작용주의의 관점으로 보자면 죽음 자체는 생물학적으로 오지만, 죽음의 의미는 사회적으로 형성된 사상과 가정들에 의해 새롭게 창조된다.

(3) 사회학습이론

'사회학습이론'에 의하면, 인간의 행동은 '행동에 뒤따르는 것 또는 행동의 결과인 후속 자극에 의해, 그리고 타인의 행동을 모방하거나 모델로 삼는 것에 의해' 형성된다. 우리가 사회적 규준에 부합하게 행동하면 우리의 행동은 보상을 받고, 그렇지 못할 경우 우리의 행동은 벌을 받거나 보상을 받지 못한다. 이 조건화 기제(conditioning mechanism)는 부모가 자녀들에게 학습을 가져오는 전형적인 원리이며, 사회 전반에서 일어나는 학습의 원리다. 사회학습이론에 따르면 사회화에 해당되는 우리의 학습 중 많은 것들이 강화, 모방, 상호작용, 이론적 설명(rationalization), 그리고 그와 같은 다른 행동 과정과 인지 과정을 통해 일어난다.

우리가 당연한 것으로 여기는 많은 부분들이 사실은 사회적 학습의 기제에 의해 학습되고 전수된 것이라는 점을 이해할 때 보다 다원적인 관점으로 생소한 죽음 개념과 태도를 바라볼 수 있을 것이다. 다시 말해 사회학습이론의 통찰을 적용함으로써 죽어 가는 것, 죽음, 가족의 사망과 관련된 관습과 행동들에 대해 이해를 확장할 수 있는 좋은 기회를 가질 수 있다. 예를 들어 '죽음은 피하고 싶지만 피할 수 없는 것이며, 가능한 삶에 집중하고 죽음에 대한 인식과 지각을 하지 않으려 회피하는 행동방식'을 가지고 있지만, 이것이 개인의 고유한 것이 아니라 어린 시절부터 지금까지 해 온 반복적인 관찰학습과 모방, 강화와 혐오 통제에 의해 형성된 것임을 깨닫게 되면 새로운 것을 학습하여 죽음에 대한 이해와 태도를 더 성숙한 것으로 발전시켜 나가기가 더 쉬워질 수 있을 것이다.

4) 죽음 개념 발달의 퇴행 가능성

죽음에 대한 아동의 이해는 대략 5세에서 9세까지 크게 발전한다. 이 기간 동안에 대부분의 아동들은 죽음이 최종적이며 보편적이고 피할 수 없는 것이라는 점을 이해하게 된다. 아동의 죽음에 대한 이해는 청년기(young adulthood), 성인기 동안에 친밀한 관계에 있는 사람의 죽음이 주는 충격에 대해 깊이 생각해 보고, 죽음의 수수께끼에 대한 종교적 또는 철학적 답변들의 참뜻에 대해 심사숙고하면서 더욱 정교해진다.

한 개인이 갖는 죽음에 대한 이해는 발달 단계에 따라 고정된 것이 아니라 때때로 변화하기도 한다. 우리는 죽음에 대해, 특히 자신의 죽음에 대해서 갈등하는 또는 모순되는 관념들을 가지고 있을 수 있다. 괴로운 상황에 직면했을 때 우리는 죽음 개념에서 보다 이전 발달 단계의 개념 수준으로 퇴행할 수 있다. 예를 들어 살 날이 6개월밖에 남지 않았다는 말을 들은 환자는 어떤 '마술과 같은' 행동, 즉 하느님이나 우주와 어떤 거래를 하여 죽음을 연기시킬 수 있겠다는 상상을 할 수도 있다. 이와 같이 죽음에 대한 성숙한 이해의 방향으로 핵심적인 발전이 아동기에 일어나기는 하지만, 개인이 죽음을 어떻게 이해하는가는 일생을 통해 다양한 발달 단계들 사이에서 변동할 수 있다. 다음은 우리가 죽음에 대한 보다 성숙한 관점으로 발달해 감에 따라 갖게 되는 개념들을 모아 놓은 것이다. 제목에서 '공리'라고 이른 것은 대부분의 사람들이 동의하고 인정하고 있는 개념이라는 의미에서다.

죽음에 대한 공리

1. 죽음은 보편적이다: 모든 생명체는 결국 죽는다. 죽음은 필연적이고, 피할 수 없다.
2. 죽음은 되살릴 수 없다: 죽은 유기체는 다시 살려 낼 수 없다.
3. 죽음은 더 이상 기능하지 않는 것이다: 죽음은 모든 생리적 기능 또는 생명의 신호가 정지하는 것을 포함한다.
4. 죽음에는 이유가 있다: 죽음의 발생에는 생물학적 이유가 있다.
5. 인간은 사후의 인간 존재에 대해 생각을 정리하고자 한다.

2. 죽음에 대한 성숙한 관점의 학습

1) 다원주의적 관점 기르기

사람들은 서로 비슷하지만 많이 다르다. 같은 사회 안에서도 이 다양성은 무척 그 폭이 넓다. 죽음을 다루는 방식과 관습, 절차 역시 큰 폭의 다양성을 보여 준다. 아프리카계 미국인들의 장례식과 애도 문화는 고향을 떠난 지 오래지만 여전히 서아프리카식 관습의 중요 요소들을 간직하고 있다. 이들에게 장례식은 '집으로 돌아가는' 죽은 사람의 영혼을 위령하는 것이다. 뉴멕시코 북부에서 스페인어를 하는 사람들에게 삶은 신에게서 잠시 빌려 받은 것이고, 우리는 그림자에 불과하다. 이러한 문화의 다양성을 이해하고 다양한 전통과 관습을 받아들일 경우 다원주의적 관점(Piuralism)을 갖는다고 표현할 수 있는데, 다원주의적 관점은 죽음을 건강하고 아름답게 만나고 다루어 가며 적응해 나갈 수 있는 문화의 지혜를 제공한다. 죽음에 대한 태도와 관습들의 다양성을 장려하는 것은 죽음에 대처하는 다수의 문화적 자원들을 유용하게 함으로써 전체적으로 봐서 사회에 이익이 될 수 있다. 다음의 동화는 다원주의적 관점이 갖는 긍정적 의미를 보여 준다.

그러나 다원주의적 관점이 어려움을 낳을 가능성도 있다. 그 한 예로 죽음에 대처하기 위해 어떻게 행동하는 것이 사회적으로 용인되는지에 대한 사회적 동의가 부족할 수 있을 것이다. 장례식에 무슨 옷을 입고 가야 하며 상주에게 무슨 말을 건네는 것이 가장 좋은지, 영정 앞에서 어떻게 하는 것이 가장 올바른 절차인지 등에 대해 다원주의는 모범 답안을 주지 못할 수 있다.

수의

어떤 엄마에게 일곱 살 난 아들이 있었다. 누구든지 그 아동의 사랑스럽고 아름다운 얼굴을 보면 사랑하지 않을 수 없는 아주 사랑스러운 아동이었다. 그 엄마는 세상 무엇보다 그 아들을 더 사랑하였다. 그러던 어느 날 아들이 아프기 시작했고, 얼마 지나지 않아 하느님이 아들을 데려가 버렸다. 그 엄마는 깊은 슬픔에 빠져 밤낮으로 울었다.

그런데 아들을 묻고 돌아온 날 밤부터 생전에 아들이 자주 놀던 장소에 아들이 나타났다. 아들을 보고 엄마가 울면 아이도 따라 울었고, 아침이 오면 아이는 흔적도 없이 사라졌다. 엄마가 계속해서 울고 있던 어느 날 밤, 아이는 자신이 묻힐 때 입고 있던 하얀 수의를 입고 엄마의 발치에 앉아서 이야기했다. "엄마, 엄마가 계속해서 울면 나는 내 관 속에서 잠을 잘 수가 없어요. 왜냐하면 내 수의는 엄마의 눈물이 떨어져서 항상 젖어 있거든요."

엄마는 이 말을 듣고 겁에 질렸다. 그리고는 더 이상 울지 않았다. 다음 날 밤 그 아이는 다시 나타났다. 그는 손에 초를 들고 말했다. "엄마, 보세요, 내 수의가 거의 다 말랐어요. 이제 편히 쉴 수 있어요."

그 이후 엄마는 그녀의 눈물을 하느님에게 맡기고, 슬펐지만 조용히 견뎌 냈다. 아들은 다시 나타나지 않았으며, 땅속에 있는 그의 작은 침대에서 편히 잠들었다.

— 그림 형제의 동화 중에서 —

2) 죽음에 대한 성숙한 개념의 필요성

사회화의 과정은 복합적이면서 또한 계속 진행되는 것이다. 죽음에 대한 우리의 이해는 전 생애를 통틀어 발전한다. 우리가 살아가면서 개인적으로 상실을 경험할 때, 우리는 이전에 가졌던 죽음에 대한 생각과 신념들을 수정하고, 죽음에 대한 현재의 이해와 삶에서 그것의 의미에 더 적합한 새로운 것으로 바꿀 것이다.

아동기에 획득하는 죽음에 대한 '성숙한' 관념은 성인기에 죽음 개념이 더욱 성숙하게 발달하는 기초가 된다. 브렌트(Brent)와 스피스(Speece)는 죽음에 대한 이 기본적인 이해가 '아동이 남은 일생 동안 계속해서 모든 종류의 예외, 조건, 질문, 의문 등을 추가함으로써 계속해서 풍부하게 하고 정교하게 하는 내포적 영역(connotational sphere)의 안정적인 핵'이라고 하였다.[7] 이 과정의 마지막 결과는 '죽음이라는 실제에 대해 공식적이고 과학적인 이론에 의해 설명하는 산뜻하고 깔끔하며 날카롭게 묘사된 개념들' 대신에 '죽음의 실제를 확인하면서도 그것의 의미에 대해 다양한 정교화 여지를 남겨 두는 일종의 혼란이 남은 애매한 개념'이 될 수도 있다.

죽음에 대한 개념의 발달 과정이 진행되면서, 이 장에서 논의된 사회·문화적 영향의 원천들은 지속적으로 영향력을 발휘한다. 인간은 누구나 홀로 태어나서 홀로 죽으며, 각각의 유기체들은 유전적으로 독특한 존재들이지만 사회 속에서 다른 사람들과 함께 성숙하거나 쇠퇴한다. 타인들과의 어울림 속에서 인간은 소속된 사회 집단이 자신에게 물려준 혹은 전수해 준 것들을 관찰하고, 그런 다음 개인으로서의 자신을 사회의 일원 중 한 사람으로 만들어 나가기 시작하면서 자신만의 고유함을 넘어서 상호 간에 길들이기를 하게 된다.

우리의 관점을 더 넓은 것으로 만들어 나가고 다른 문화의 사상과 관습들에 참가하는 것은 자민족 중심주의, 즉 타인들에 대해 단지 자신의 문화적 가정들과 편견들로 판단을 내리는 오류에 빠지지 않게 해 준다. 사람들은 누구나 자신만의 안경을 쓰고, 즉 자신의 관점으로 세계를 보는 경향이 있다. 자신이 아무리 그렇지 않은 척하거나 그렇지 않으려고 노력해도 결국은 인종적, 문화적 존재일 수밖에 없음을 이해하고, 자신의 한계의 안과 밖을 정확히 인식함으로써 다른 사람에 대해서도 마찬가지의 이해를 할 수 있을 것이다. 다른 공동체의 가치를 판단하는 기준으로 우리 자신의 문화적 준거를 사용하는 경향에 주의해야 한다. 또한 그 어떤 집단이든 집단 간의 차이보다 집단 내의 개인차가 더 클 수 있음을 고려해야 한다.

한편, 문화적으로 더 민감해지고 넓어지는 것에 대해 오해하지 않도록 주의할 필요가 있다. 먼저, 우리와 다른 문화에 속한 타인들에 대해 '저 문화는 저렇지.' 하고 정형화하지 않도록 주의할 필요가 있다. 두 번째로, 문화가 단순히 민족성에 의해 결정되는 것이 아님을 이해해야 한다. 특히 문화적 다양성이 있는 사회에서는 더더욱 그렇다. 마지막으로, 그 집단을 특징짓는 대표적인 문화적 규준들이 있다 하더라도 실제로 관찰되는 행동들이 문화적 규준과 완전히 부합하지 않을 수 있다는 점에 유의할 필요가 있다. 비록 우리가 특정한 집단의 일원으로서의 정체성을 가지고 있다 해도 때때로 자신만의 고유한 방식으로 일하고 행동하는 독특한 개인들인 것이다. 타인을 그들이 자기 자신을 보는 것처럼 바라보는 것, 그래서 그들의 인식과 관습들을 어느 정도 공유하는 것은 사회 속에서의 집단 생활뿐만 아니라 개인 생활도 풍부하게 하는, 교육의 진정한 정수일 수 있다.

이것을 기억하자

- 아동들은 나이를 먹어 가면서 점차로 죽음에 대해 성숙된 의식을 가지게 된다. 즉, 아동은 자라면서 죽음에 대한 공리를 인식하고 받아들이게 된다.
- 죽음과 관련되는 사회적 요인에는 가족, 학교, 또래집단, 대중매체, 종교 그리고 어린 시절 경험한 죽음 등이 있다.
- 개인적 경험들이 개인의 태도와 행동들을 형성하는 데 결정적이기 때문에, 죽어 가는 것과 죽음에 대한 각 사람의 독특한 경험들을 인식하는 것이 중요하다.
- 자아 개념은 죽음에 대처하는 아동의 능력에 영향을 미친다. 스스로에게 편안한, 스스로를 적극적이고 생동감 있고 재미있다고 보는, 그리고 타인과 서로 염려하는 관계를 가지고 있는 아동들은(그리고 성인들은) 죽어 가는 것과 죽음에 대해 덜 두려워하는 경향이 있다.
- 폭력적인 죽음의 경험은 죽음에 대한 아동의 이해를 강력하게 변화시킬 수

있다. '사람들이 어떻게 죽는지'에 대해 질문을 받았을 때, 폭력이나 죽음이 넘치는 환경의 아동들은 그러한 환경에서 비교적 보호받으면서 사는 어린 아동들과 상당히 다른 대답을 하는 경향이 있다.

- 죽음에 대한 교육을 위해서는 교훈이 되는 순간에 대해 아동들에게 자연스럽게 알려 주기 위해 자연스러운 어떤 죽음이나 예상되는 어떤 죽음을 사례로 이용하는 것이 좋다.
- 사회학적 이론적 관점을 가지고 있는 다음 세 가지는 사회와 문화적 요인이 죽음에 대한 우리의 태도와 행위에 어떻게 영향을 미치는지를 이해시키고자 하는 데 매우 유용하다. 구조기능주의, 상징적 상호작용주의, 사회학습이론이 그것이다.

〈과제〉

1. 자신의 어린 시절의 경험을 회상해 보라. 그중 당신의 가족, 또래, 학교, 지역 사회에서 실제로 경험한 죽음뿐만 아니라 책이나 영화, TV 드라마 등에서 보았거나 간접 경험한 죽음을 되새겨 보고, 그 경험에서 얻은 죽음에 대한 메시지를 생각해 보라. 특히 있다면, 당신이 실제 경험한 죽음에 대해 자신의 생각과 지식을 반추해 보라.

2. (유쾌하지 않은 설정이긴 하지만) 당신이 3개월에서 6개월의 시한부 인생이라고 해 보자.
   1) 임종 전의 몇 달 동안, 그리고 임종의 그 시기에, 그리고 죽고 나서 이루고 싶은 소망에 대해 생각해 보라.
   2) 죽기 전 반드시 해결해 놓고 죽고 싶은 문제나 혹은 그 밖에 다른 문제가 있는지 생각해 보라. 각각의 생각은 자신만의 고유한 것인지, 사회·문화적으로 학습된 영향이 큰 것인지에 대해서도 생각해 보라.

3. 죽음과 관련된 TV 프로그램이나 영화 한 편을 보고 아래와 같이 소감을 보고하라.
   1) 제목은?
   2) 이야기 혹은 구성은 어떤가?

3) 어떤 등장인물이 죽게 되는가? 사인은 무엇인가?
4) 그 인물은 어떻게 죽는가?
5) 죽음에 대한 살아 있는 자의 반응은 어떠한가?(비애 혹은 아니거나)
6) 죽음에 관한 장례 의식이나 추모 의식이 있는가?
7) 임종, 죽음 혹은 슬픔에서 문화적 다양성에 관한 이슈가 포함된 부분은 어디인가?
8) 이 매체물은 죽음에 대해 무엇을 가르치는가?
9) 매체물이 죽음에 관한 자신의 이해와 태도를 변화시킨 부분이 있다면?

제5장

떠나는 사람 이해하고 돕기

어느 날 우리 몸에서 질병과 관련된 심각한 증상을 느낀다면 무슨 생각을 하게 될까? 대부분의 사람은 '죽을 것이다.' 라는 가능성을 전혀 인정하지 않으며, 그런 생각을 떨쳐 버리고는 일상생활을 해 나갈 것이다. 이와 같이 자신의 죽음을 직면하고 수용하는 것은 삶을 어렵게 하고, 심리적으로 엄청난 고통을 가져온다. 이 장에서는 죽음에 직면한 사람의 삶과 경험을 이해하고 함께하기 위해 생의 마지막 단계에서 일어나는 공통적인 특성과 과정 그리고 대처법 등을 알아보고자 한다.

1. 떠나는 사람 이해하기

삶을 위협하는 질병을 가진 사람들의 고통스러운 경험을 대표하는 정서는 상실감이다. 질병의 진단에 대한 반응은 종종 육체적 불편함, 고통의 가능성과 관련된 두려움, 죽음과 관련된 위험, 개인적 통합성의 위협, 그리고 죽음 후의 생에 대한 불확실성 등을 포함한다. 자신의 죽음을 예견하고, 이 사실에 직면하며, 현실을 다시 한 번 확인한다는 것이 결코 쉬운 일은 아니다.

1) 생명을 위협하는 질병과 함께하는 삶

삶을 위협하는 질병은 인간이 죽음에 직면한 상황을 단적으로 나타내며, 사랑하는 사람과 떨어져야 한다는 불안감과 고통을 표현하고, 죽음에 대한 두려움의 표시이기도 하다. 이러한 질병을 앓는 이들은 그들 자신의 이미지와 미래를 위해 세웠던 그들의 계획이 심각한 질병으로 위협을 받는 것이다.

(1) 질병의 개인적 의미

삶을 위협하는 질병은 사회에 따라 그 의미를 달리 한다.[1] 건강에 높은 가치를 두는 사회적 집단일수록 개인적 차원의 복지와 안녕은 삶의 매우 중요한 부분으로 여겨진다.[2] 그러므로 건강을 획득하거나 유지하는 데 실패한 사람은 죄책감을 느낄 수도 있다. 때로는 "내가 무엇을 잘못해서 이런 병에 걸린 것이지?"라고 물을 수도 있다. 그 책임이 자신에게 있다고 가정하는 것은 질병을 가지고 있는 환자에게 또 다른 고통이 될 수 있다. "내가 이런 상태가 되기까지 무슨 짓을 했던 거지? 만약 그것을 했더라면? 안 했더라면? 난 이런 곤경에는 처하지 않았을 텐데……." 환자는 스스로도 어떻게 할 수 없다는 감정을 느낄 것이며, 이미 지나가 버린 초자연적인 힘과 싸우려고 노력할 것이다. 이때 나타나는 치료에 대한 불안은 질병 자체에 대한 공포와 혼합되어 나타난다. 질병에 의한 죽음이 슬픈 일임은 분명하지만, 불행하거나 죄스러운 것은 아니다. 생명이 있는 모든 것에는 평등하게 오는 것이 죽음이기 때문이다.

(2) 질병의 사회적 의미

암은 우리 시대의 가장 무서운 질병 중 하나로 상징된다. 특히 건강에 사회적 가치를 두는 집단에 속한 사람이 암과 같은 질병을 가지게 된 경우, 사회적 오명이라는 추가적인 고통에 직면하게 된다. 이러한 질병은 현대 사회의 삶에 관한 이상적 관점에 부합되지 않으며, 심한 경우 어떤 집단에서는 금기로 치부되기도 한다. 이와 같은 현실은 질병을 가진 개인이 결국에는 사회적 관계를 회피하게 만들고, 그와 관련된 목표를 상실하게 만든다. 이러한 회피의 경향은 아픈 이를 돌보는 가족뿐만 아니라 친구와 친척들에게도 발생할 수 있다. 이때 환자는 그들과의 관계를 단념함으로써 일종의 '사회적 죽음'을 스스로 만드는 셈이다. 심각한 질병을 겪는 사람은 사회적으로 '비개인' 또는 '병약한 자'로 정의되며,[3] 질병에 대한 부정적인 생각은 환자가 다른 사람과 어울리는 것을 방해할 수 있다. 가족을 하나의 '시스템'으로 볼 때 질병은 환자뿐만 아니라 가족들의 삶에도 영향을 미치며, 또한 가족과 환자의 상호관계에도 영향을 준다.

2) 삶을 위협하는 질병 극복하기

삶을 위협하는 질병으로 죽거나 혹은 사는 것에 올바른 방법이 있는 것은 아니다. 각각의 질병은 그 자체의 문제와 도전과제가 있고, 개개인은 이러한 문제와 도전과제를 그들의 방법으로 극복하게 된다. 질병에 반응하는 환자들의 유형은 인격, 정신적 기질, 가족적 · 사회적 패턴, 환경 등의 요소에 의해 결정적인 영향을 받는다.[4)]

많은 사람에게서 종교적 신념은 삶을 위협하는 질병을 극복하는 데 아주 중요한 역할을 담당하고 있다. 종교적 신념은 환자와 그 가족들이 피할 수 없는 죽음에 직면하는 것을 도와주며, 심지어 자신의 죽음이나 사랑하는 사람의 죽음을 경험할 때조차 도움을 준다. 종교적 믿음은 자기만족감, 평안, 결의 등의 감정을 증진시키며, 더구나 '신에게 복종하는 자'라는 개념은 질병을 극복하게끔 도움을 주기도 한다.[5)]

(1) 죽음을 알게 되는 과정

삶을 위협하는 질병에 반응하는 가족들의 상호작용을 관찰해 보았을 때, 사회학자 글레이저(B. Glaser)와 슈트라우스(A. Strauss)는 죽음에 대해 의사소통하는 네 가지 방법을 제시하였으며, 이를 살펴보면 다음과 같다.[6)]

- 폐쇄적 인식: 질병으로 임종을 맞이하는 사람은 자신의 죽음에 대한 사실을 모르며, 그 외 다른 사람들은 그 사실을 알거나 또는 모르는 의사소통 유형이다. 이것은 주로 개인이 지닌 질병과 죽음의 예견에 대한 의사소통이 부족하여 나타나는 형태다.
- 의심적 인식: 개인이 죽음과 관련된 예후에 대해서 의심은 하지만 이 의심을 진실을 알고 있는 사람에게 확인하거나 입증을 받지 않은 상태의 의사소통을 의미한다. 죽음을 맞이하는 사람은 의심을 확실히 하려고 하며, 특히 진실을 알고 있는 사람들이 공개적으로 그 정보를 공유하지 않는 경우 가족 구성원, 친구들, 의료 직원들을 꾀어내는 노력을 통해 질병에 관한 진실을 밝히고자 한다. 이런 비밀 속에서도 환자는 질병 자체와 그에 의한 불안으로 혼란스러워하는 가족들의 의사소통

을 관찰하게 된다.

- 상호적 허식: 환자를 포함한 모든 사람은 죽음이 다가온다는 사실을 알고 있으나 환자는 곧 회복될 것처럼 행동한다. 종종 꾸며 낸 이야기가 깨어질 위기를 맞이하거나 사실이 드러날 가능성이 있을 때 상호적 허식의 집단에서는 그런 일이 없었던 것처럼 행동한다. 어느 정도 거리를 두는 전략은 그 환자가 심각하게 아프지 않다는 환상을 유지하게 한다. 짧은 기간 동안 상호적 허식과 같은 의사소통은 어렵고 고통스러운 상황을 극복하기에 좋은 방법이 될 것이다.
- 개방적 인식: 죽음에 대해 알리고 함께 의논하는 의사소통방법이다. 개방적 인식은 죽음을 쉽게 받아들이게 하지는 못할지라도, 적어도 그 질병에 대해 어느 정도 지각이 있는 다른 지지 그룹과의 정보 공유를 가능하게 한다. 질병의 과정은 환자와 가족에게는 새로운 정보로 나타나기 때문에 인식의 양상 또한 계속해서 바뀌어야 한다. 예를 들어서 상호적 허식은 의료적 절차가 성공적으로 이뤄질 때 지배적으로 나타나며, 새로운 검사 결과가 나오면 의료인이나 가족은 삶을 위협할 만한 그 질병에 대해서 개방적으로 환자에게 알려 주기 시작한다. 환경이 바뀌면 자연히 의사소통의 형태도 변한다.

(2) 살아 있는데도 죽은 것과 같은 삶에 적응하기

불치병을 안고 살아간다는 것은 환자와 가족이 환경에 따라 부정과 긍정 사이를 오르락내리락 하는 동안에 살아 있으면서도 죽은 것과 같은 경험을 하는 것으로 묘사된다. 이러한 과정의 적응에 관한 몇몇 학자들의 이론적 제안을 살펴보기로 하자.

① 쿠블러-로스(E. Kubler-Ross)는 삶을 위협하는 질병의 감정적, 심리적 반응의 기술을 가장 잘 알 수 있게 발전시켰다. 그녀의 모델인 부

정, 분노, 타협, 우울, 수용의 5단계 개념은 어떻게 죽음에 대해 극복해 나가야 하는지에 대한 가설을 제시하고 있다.[7] 죽음을 극복하는 방법은 질병과 개인의 특정 기질, 인격, 지지 자원 등의 요소에 의해 결정된다. 따라서 상실을 어떻게 극복하는지를 제시한 쿠블러-로스의 모델이 모든 사람에게 적용될 수는 없다. 예를 들어 질병 과정에서 '부정'의 단계가 죽음을 맞이하는 사람들이 꼭 경험해야 하는 '아주 나쁜 것'으로 해석된다. 이러한 해석은 '부정'이란 것이 효율적인 극복 메커니즘이 될 수 있다는 사실을 무시한 것이다. 삶이란 것은 환상이 없다면 참기 힘들지도 모른다. 부정은 진실이나 힘든 현재 상황을 받아들이기를 거절하는 것이다. 하지만 부정을 수용하고 거부하는 것은 부정 단계의 지속기간에 달려 있다. 도피나 우울함의 적절한 사용은 건강한 정신 상태를 유지할 수 있게 도와준다. 죽음이 절박해졌다는 사실을 직면하는 것은 경우에 따라서는 그렇게 좋은 접근방법이 아닐 수도 있다. 이런 경우에는 만약이란 상황을 가정함으로써 진실에 접근하는 방법이 적절하다.

② 페이펠(H. Feifel)은 죽음이나 위협적인 질병에서 벗어나는 것은 각기 다른 그룹 내에서도 상당한 차이가 있을 뿐 아니라 상황에 따라서도 다양한 양상을 보인다고 강조하였다.[8] 희망이란 시간이 거듭되면서 변한다. 질병이 치료될 수 없는 것이라는 것을 알았을 때 그 사람은 더 많은 시간을 요구하게 된다. 시간이 다 되었을 때 고통에서 벗어나길 원하고 적절한 죽음을 희망하게 된다. 치료에 대한 기대에서 더 이상 희망이 없을 때 환자가 포기하지 않도록 원조하는 것이 중요하지만, 동시에 의미 있는 삶을 살게끔 하는 것에 초점을 맞춰 또 다른 종류의 희망을 제시하는 것이 필요하다.[9]

③ 코어(C. Corr)의 모델은 전인격적인 관점으로 죽음을 극복하기 위한 네 가지의 일차적 특징을 구별하고 있다.[10] 그것은 육체적, 심리적,

사회적, 영적인 것으로 나뉜다. 이 모델에서 영적인 특징은 종교적인 의미보다는 삶과 죽음에서 중심이 될 수 있는 개인의 기초적인 가치와 의미를 말한다. 코어의 모델은 포괄적인 죽음의 절차를 일련의 한 과정으로 보는 우리의 시각을 유동적이고 비지시적인 관점으로 바꾸는 데 도움이 되었다.

④ 바이스만(A. Weisman)은 위협적 질병을 효과적으로 극복하기 위한 방법으로 세 가지 관련된 과제를 주장하였다. 첫 번째, 문제를 직시하고, 필요하다면 우리의 계획을 수정하는 것이다. 두 번째, 도움을 제공하는 다른 사람들과 계속적으로 개방적인 의사소통을 유지하는 것이다. 세 번째, 긍정적인 생각과 희망을 유지하는 것이다. 또한 바이스만은 말기 질환을 앓는 사람이 그것을 극복하는 절차로 세 가지 단계가 있다고 제안했다.[11] 첫 번째로 진단이 나기 전 증상을 알아차리는 단계다. 두 번째로 진단이 나고 난 뒤 마지막 쇠퇴기까지의 단계다. 세 번째로 쇠퇴기에서 죽음 사이의 단계다. 이러한 세 가지 단계는 다음과 같은 경계를 포함하기도 한다.

- '자아 정체성의 위기'는 삶을 위협하는 소식과 자신의 질병에 대한 진단이 확실해지면서 첫 번째 쇼크와 함께 시작된다.
- '완화와 적응'은 치료가 시작되고 나서부터 질병은 앓는 이의 삶에서 적응과 조정의 한 부분이 되기 시작한다.
- '죽기 바로 직전과 죽음의 상태'는 치료방법이 없거나 삶의 마지막이 얼마 남지 않았을 때 개인은 정해진 삶 안에서 급격한 쇠퇴와 붕괴를 직면하게 되는 것을 말한다. 종결이 서서히 다가오면 임종을 맞이하는 환자가 죽음에 대비할 수 있도록 치료적 요법에서 완화요법으로 교체한다.

⑤ 란도(T. Rando)는 개인이 죽음의 위협을 극복하는 데 사용하는 세 가지 주요 심리적, 행동적 패턴을 제시했다.[12] 첫 번째는 뒤로 물러나

재충전의 시간을 갖는 것이다. 두 번째는 죽음의 위협에서 벗어나는 것이다. 세 번째는 죽음의 위협을 통제하거나 지배하려고 시도하는 것이다.

⑥ 도카(K. Doka)는 질병의 단계에 따라 극복 양상이 어떻게 변화하는지를 서술하고 있다.[13)] 초기 진단을 받고 난 뒤부터 시작하는 급성 단계와 질병과 함께 살아가는 만성 단계, 그리고 죽음의 막바지에 그것을 극복하는 단계인 종결 단계가 그것이다. 어떤 상황에서는 두 가지 단계가 더 있기도 하다. 첫 번째로 질병을 의심하여 의료적 도움을 찾아보는 단계인 진단 전 단계가 있고, 두 번째로 위협적 질병의 경감과 치료에 뒤따르는 회복 단계가 있다. 죽음의 위협이 이면으로 사라진다고 할지라도 아직까지는 심각한 질병이라는 사실을 극복하게 할 필요가 있다. 이 모델에 대해 도카는 "삶에 위협적인 질병도 단지 삶의 일부에 지나지 않는다."라고 말했다. 질병을 앓아 오는 동안 질병의 단계에 상관없이 개개인은 많은 욕구와 부딪히게 되고, 진단에 선행하는 여러 가지 문제점을 계속적으로 극복해야 한다. 질병에의 경험은 이러한 욕구와 문제점의 인지에 영향을 줄 수 있다. 가족과 친구를 대하고 직업적, 경제적으로 독립하는 등 질병 이전의 삶에서의 도전이 삶의 큰 투쟁의 한 부분으로 남아 있다.

⑦ 카스텐바움과 투엘(R. Kastenbaum & S. Thuell)은 죽음 과정의 적응을 돕기 위해 우리가 노력하는데도 중요한 문제점은 아직 남아 있다고 제시했다.[14)] 예를 들어 임종을 맞이하는 사람의 육체적 상태에 대해서는 어떤 사람도 접근해 보지 않았다. 사실 여러 종류의 암이 존재하기는 하지만 각각의 암에 맞는 모델을 제시하지는 못했다. 또한 죽음을 경험하는 동안의 사회 환경적 상황은 거의 고려되지 않았다. 카스텐바움과 투엘은 "죽음에 대한 유용한 상황적 이론을 설립하기 위해서는 환자의 도전과제와 개개인의 가치를 자세히 설명할 수 있는

이야기 형식이 필요하다."[15]라고 말했다. 이론을 설립할 때 실수를 하지 않기 위해서 개인의 죽음은 각각의 사람에게 특별하다는 것을 기억해야 한다. 그러므로 죽음의 과정에 '표준화된 모델'을 세울 수는 없다.

(3) 대처의 양상

치명적 질병의 위협을 나름대로 해결하고 통제하기 위해 개개인은 다양한 반응을 보이게 된다. 이러한 반응은 두 가지 주요 분류로 나뉘는데,[16] 이것은 방어기제와 대처 전략이다. 방어기제는 무심코 일어나며, 의식적 노력이나 인식 없이 이뤄진다. 이것은 외적 실체가 아닌 개인의 내적 심리 상태를 바꾸는 기능을 한다. 반면, 대처 전략은 의식적·고의적 노력을 포함하는 것으로서 문제 상황을 해결하기 위해 우리는 이것을 이용할 수 있다. 대처 전략이 방어기제보다는 긍정적으로 생각되기도 하지만, 심리적 과정에서는 둘 다 스트레스 상황을 경감시키는 데 도움이 된다. 예를 들어 '부정'은 개인과 상황에 따라 적응적이기도 하며 부적응적이기도 한 방어기제의 한 종류다. 짧은 기간 동안의 부정은 스트레스 상황에서 그 사람에게 '숨 쉴 수 있는 공간'을 마련해 주지만, 장기간의 사용은 긍정적 결과를 초래하는 데 방해가 된다. 예를 들면 질병에 대한 공포 때문에 '부정'이란 방어기제를 사용하여 의료적 처치를 미루는 환자를 생각해 볼 수 있다.[17]

죽음에 직면한 환자들이 주로 사용하는 대처 전략을 크게 세 가지로 구분할 수 있다. 첫째, 감정 중심의 대처방법이다. 이는 감정에 초점을 둔 대처방법으로서 괴로움의 수위를 조절하는 데 도움이 된다. 이것은 어려운 상황을 재구성하거나 거리를 둠으로써 스트레스의 충격에서 벗어나도록 도움을 준다. 둘째, 문제 중심의 대처방법으로서 이것은 괴로움의 원인이 되는 문제를 조절하는 것이다. 자신의 질병과 선택해야 할 역할에 대한 정보를 찾고 있는 암환자는 문제 중심 대처방법을 사용하고 있다고 볼 수 있다. 즉 통제와 관련된 것은 문제 중심 대처방법이고, 반면 통제력이 떨어지는 것은 감정 중심 대처방법이다. 그렇다고 해도 각각의 전략은 극복에 도움이 된다. 세 번째 전략은 의미 중심 대처방법이다. 이것은 개인의 긍정적 안녕을 유지하는 데 사용되며, 고통스러운 상황에 이익이 될 만한 방법을 찾게 한다. 이런 의미를 찾는 동안 사람들은 종종 최악의 상황을 종교적 믿음으로 전환하는 경우도 있다. 상실을 보상할 가치를 두는 것은 그 상황을 참아 내기에 용이해진다.

스트레스 상황에서 사람들이 어떻게 반응하느냐 하는 것은 그들의 기질과 인격에 의해 결정된다. 사람들은 어떤 상황에서 문제를 해결하는 데 사용되는 기회, 문제에 대한 감정적 반응의 강도, 스트레스를 통제하는 능력, 환경의 변화에 따라 적용하는 대처 양식 등에서 큰 개인차를 보인다. 그러므로 여러 종류의 대처 전략은 정적이기보다는 동적이며, 따라서 한 가지 양식을 다른 것과 경쟁시키는 것은 잘못된 판단이다. 또한 한 사람의 대처 과정을 단순히 옳고 그름으로 판단할 것이 아니라 신중을 기해야 한다.

스트레스 환경에서도 긍정적 사고를 유지하는 것은 위협보다 더 큰 의미를 지닌다. 삶을 위협하는 질병이 있는 상황에서의 긍정적인 사고는 질병이 나을 수 있다는 가능성을 이해하는 능력과 관계를 유지하고 개인적 생명력, 경쟁력, 힘을 유지하는 능력을 포함한다. 위협적인 질병이 개인적 삶의 모든 면을 파괴시키더라도 삶에 의미를 부여하고 질병을 정복할 수 있다는 강한 정신력이 있다면 삶을 풍요롭게 만들 수 있다.

2. 떠나는 사람 돕기

삶을 위협하는 질병의 심각성은 그 질병의 증상으로 시작된다. 지속적인 기침, 출혈, 통증과 같은 증상은 앓는 이에게 심한 고통을 안겨 준다. 환자는 종종 이 사실을 인정하려 하지 않으나, 결국 이러한 증상은 무시할 수 없는 것이고 도움을 받아야 한다. 검사 결과를 기다리는 과정에서 희망과 두려움, 걱정과 부인 등이 공존한다. 진단을 받고 치료법과 예후를 말하는 것은 상황을 두렵고 혼란스럽게 한다. 많은 이들에게서 삶에 대한 희망의 물결이 산산이 부서져 버린다. 우리는 앓는 이를 돕기 위해 다양한 치료법과 부작용, 죽음의 과정과 죽어 가는 이의 역할을 알아야 한다.

1) 치료의 선택과 쟁점

위협적인 질병을 치료하기 위한 선택권은 질병의 특성, 환자의 특수 상황에 따라 다양하다. 새로운 의학 기술의 발달로 치료에 대한 선택의 폭은 급격하게 변화되었다. 여기서는 대표적으로 암과 그 치료법에 초점을 맞추어 설명하고자 한다. 일반적인 용어로 '암(cancer)'이란 우리 몸에서 성장하면서 악성으로 변하였거나 잠재적으로 인체에 치명적인 종양을 말한다. 간략하게 정의하면 암세포는 정상 통제 기전을 벗어나 통제할 수 없는 성장을 한다. 이런 세포는 어떤 기관 내에서 어떤 조직으로도 분화할 수 있다. 암은 다른 조직으로 전이되어 혈관이나 림프관을 통해 더 먼 곳의 신체 부위로도 이동한다. 암의 성공적인 치료법은 그 부위를 파괴하거나 암 조직을 제거하는 것이다. 그렇지 않으면 질병은 다시 재발한다.[18)]

암의 종류와 분류에는 여러 가지가 있다. 이러한 다양성 때문에 어떤 전문가들은 암이 시간이라는 개념과 함께 해석되어야 한다고 설명한다. 암의 성장은 빠를 수도 있고 느릴 수도 있으며, 몇 주에서부터 몇 년이 걸릴지도 모른다. 암의 과정에서 속도는 환자가 질병을 얼마나 잘 극복하느냐에 영향을 미친다.

암의 치료법은 일차적 종양과 전이에 초점을 둔다. 어떤 암은 수술, 방사선요법, 화학요법 등을 포함한 혼합요법에 잘 반응할 수도 있다. 모든 종류의 암에 단순히 한 가지 요법만 사용하는 것은 별로 효과가 없다. 어떤 한 종류의 암에 성공적이었던 치료요법이 다른 것에는 소용이 없을 수도 있다. 암 치료는 일차적 치료의 부작용을 없애기 위해서 보조적 요법이 요구된다. 치료가 불가능하다면 다른 요법을 사용해 증상을 완화시켜 삶의 질과 지속성을 향상시켜야 한다. 제시된 치료법에 대해 결정을 내리기에 앞서 환자는 그 위험성과 치료에 선행되는 이득, 다른 조치를 취할 수도 있다는 것을 명확하게 이해해야 한다.

(1) 수술

수술은 암 치료법 중 가장 오래되었지만 효율적인 방법으로서 어떤 암은 초기에 수술만으로도 치료가 가능하다. 암의 진단은 보통 생검(biopsy: 생체에서 조직의 일부를 메스, 바늘로 채취하는 것)을 통해 이뤄지며, 조직은 외과적인 수술로 완전히 제거되며 종양세포의 존재를 조사한다. 수술은 가장 흔한 치료법일 뿐만 아니라 위장관에 생긴 종양이나 머리, 목에 생긴 암의 경우에는 유일한 치료법이기도 하다.[19)]

대부분의 사람들이 수술을 일반적인 의학적 처치로 인식하지만, 어떤 이는 '우리 몸을 해친다.' 는 생각에 두려움을 느낄 수도 있다. 수술이 성공적으로 이루어졌다고 하더라도 그에 따른 부작용은 신체 이미지의 손상, 기능 손상 등을 포함한다. 암의 성장을 멈추고 전이를 방지하기 위해서는 악성 기관이나 조직을 없애는 것뿐만 아니라 그 주변의 건강한 조직의 제거를 함께 요하기 때문이다.

(2) 방사선요법

1898년 라듐이 발견되고 난 뒤 방사선이 암을 치료하는 데 사용되기 시작했다. 방사선요법은 이온화된 방사선을 사용하며, 빠르게 분열하는 세포를 파괴하는 능력이 있다.[20)] 정상세포와 암세포 모두에 영향을 미치기는 하지만 암세포는 정상세포보다 성장을 더 빨리 하므로 더욱 심각한 손상을 받는다.

방사선은 전립선암, 유방암과 같은 암의 증상을 줄이기 위한 완화요법으로 사용된다. 방사선요법을 받는 대부분의 환자는 몇 달 동안 여러 번에 걸쳐 치료를 받는다. 방사선요법의 부작용은 어느 부위에 방사선을 쏘였느냐에 따라, 방사선에 얼마만큼의 감수성을 지니고 있느냐에 따라 다르다. 부작용으로는 오심, 구토, 피곤, 전신 허약 등이 있다. 방사능의 양은 질병의 병기에 기초하며, 환자가 부작용을 얼마나 견딜 수 있느냐에 따라서도 결정된다. 모든 암 요법이 그렇듯이 새로운 기술은 암에는 더 효율적이고, 환자에게는 고통이 적게 가도록 발전되어야 할 것이다.

(3) 항암화학요법

항암화학요법은 암세포를 죽이기 위해 독성 약물을 사용한다. 항암화학요법으로 치료된 환자 수의 증가로 이 요법은 암 치료를 위한 무기로 불린다. 용량은 암 치료를 위해서나 암세포 성장을 느리게 할 만큼 충분해야 하지만, 환자에게 심각한 해를 주어서는 안 된다. 이상적인 항암화학제제는 건강한 조직에 영향을 주지 않고 암세포를 치료해야 한다. 화학요법 제제들은 독성이 강하여 정상세포와 악성세포 모두 빠르게 분열되는 세포를 공격한다. 따라서 여러 제제들의 사용 시 예방책과 금기는 환자의 치료 전 상태, 질병의 단계, 치료에 대한 반응, 과민반응이나 민감성을 고려한다.

어떤 상황에서는 화학요법이 가장 좋은 치료법이 될 수 있지만, 반복되는 치료에 의해 종양은 약에 대한 내성을 가지게 된다.[21] 또 다른 형태의 종양에서는 화학요법이 환자의 증상을 완화시켜 주고 삶을 연장시켜 주는 효과를 이끌어 내기도 한다. 화학요법 제제의 대부분은 기본적으로 세포분화와 관련된 대사적 절차를 차단시키는 역할을 한다. 특정 약물이 화학요법에 사용되면 그것은 세포가 DNA를 만드는 것을 방해하고, 핵산 합성을 차단하거나 세포 분화를 정지시키며, 또한 세포 변화를 유도한다.

화학요법은 또한 부작용을 야기하는데, 그 예로 모발 손실, 오심, 불면증, 설염, 구강염, 궤양, 위장관 출혈, 섭취나 소화 문제를 나타내는 등 여러 가지 독성작용을 유발할 수 있다.

(4) 대체요법

대체요법은 신체와 정신, 과학과 경험 그리고 진단과 치료에서 전통적인 방법과 횡문화적 접근법이 조화를 이룬, 건강을 위한 접근법을 기초로 하며 크게 세 부분으로 분류된다. 첫째, 심신 상호작용, 둘째, 체계 중심 접근, 셋째, 도수치유법이다(〈표 5-1〉).[22]

〈표 5-1〉 대체보완요법

심신 상호작용	체계 중심 접근	도수치유법
정신 치료와 지지 그룹	전통적 중국 의학	골요법
명상	침술과 지압	카이로프랙틱 요법
심상요법	약초와 식이, 영양적 접근	마사지요법
최면술과 바이오피드백	지역 중심의 시술	바이오 필드요법
요가, 춤요법	아유르베다(인도)	반사요법
음악요법, 미술요법	동종요법	롤핑, 트레거 기법
기도와 마음 치유	자연요법	생체에너지법

① 심신 상호작용

심신 상호작용법은 마음과 신체가 깊게 연관되어 있으며 서로가 서로에게 영향을 미칠 수 있다는 신념을 기초로 한다. 심신 상호작용에는 심리요법, 바이오피드백 요법, 명상, 최면, 춤요법, 음악요법, 예술요법, 요가, 태극권, 유도된 심상요법, 기도와 정신치유법 등이 있다.

② 체계 중심 접근

체계 중심 접근법은 건강과 질병에 대한 인간 생리를 기본적으로 이해하는 데에서 시작하며, 과학적 방법론에 기초하기보다 관찰과 철학에 기초를 두고 있다. 인간의 신체, 정신, 영혼은 각각 서로 상호작용하며, 우주와도 상호작용하고 있다고 본다. 대체요법적 의학 체계에는 아유르베다 의학 및 전통적인 중국 의학과 같은 고대 의학과 자연요법(naturopathy), 동종요법, 정골요법(osteopathy) 그리고 환경의학이 있다.

③ 도수치유법

도수치유법은 실무자가 접촉을 이용하거나 자신의 손을 사용하여 신체를 조절하는 기술이다. 여기에는 카이로프랙틱, 치료적 마사지, 치료적 접촉, 반사학, 롤핑(근육을 깊게 마사지하는 물리요법), 기공, 알렉산더 기법 등이 포함된다.

〈표 5-1〉에 기술된 대체요법 중 다수가 질병 치료를 위해서 사용되어 온 기존의 방법들과 함께 사용된다. 예를 들어 환자의 통증을 경감시킬 때 도움이 되는 방법들은 심리 치료, 명상, 상상력, 생체 피드백 등 다른 형태의 육체와 정신의 관계를 중재하는 것들이다. 이와 더불어 육체적인 치료 혹은 다른 형태의 임의적인 치료법들도 맥락을 같이하고 있다.

(5) 통증 관리

통증은 불치병에 걸린 환자들이 겪는 대표적인 증상이다.[23] 크라울리(Crowley)는 통증이란 개인적인 개념으로서 상처에 대한 개인의 감각을 의미하며, 손상에 대한 일련의 반응이나 징후로 정의하고 있다. 이는 독특한 개인적 체험으로서의 통증 개념을 지지하는 것이다.[24]

통증의 종류와 심각성은 중요한 진단도구다. 통증은 크게 두 가지 종류로 구분된다. 찌르는 듯한 통증은 잠재적인 상처 범위에 대한 본질적, 생체적 신호다. 이는 통증을 받는 이가 그것에서 벗어나게 하려는 점에서 일종의 방어기제다. 만성적인 통증은 때때로 3~6개월 이상 지속된다. 통증이 이 정도로 지속되면 그 기관은 생물학적 기능을 상실한다. 만성 통증은 수면장애, 식욕 감퇴, 체중 감소, 성욕 감소 및 우울증을 동반한다.

통증 관리는 통증의 심각성과 장소, 성질, 지속시간 그리고 과정에 중점을 두어야 한다. 다른 요소들로는 환자에게 통증이 어떠한 의미를 가지는지를 확인하는 것도 필요하다. 더구나 통증과 장애의 차이를 구분하는 것도 중요하다. 암환자의 경우, 환자들의 장애가 기능 상실에서 오는 만큼 임박한 죽음에 대한 두려움과 기능의 상실이 통증에 영향을 준다.

통증은 일반적으로 단계적인 절차로 관리된다. 처음에는 아편이 첨가되지 않은 기본적인 진통제로 시작해서 코데인이나 모르핀 같은 강력한 아편성 약물 사용으로 이동한다.[25] 모르핀은 극심한 암의 고통에 가장 흔하게 사용되는 약물이다. 이것은 통증의 인지와 감정적인 반응 모두에 작용한다. 통증을 전문적으로 다루는 사람들은 중독과 육체적인 종속 상태 사이의 근원적인 차이를 지적한다. 전자는 약물에 취한 상태를 얻고자 하는 노력에서 약물을 찾는 행위가 발생하는 것이고, 후자는 단순하게 환자들이 약을 복용하는 것을 중지하면 절제 신드롬(abstinence syndrome)의 결과를 초래한다. 사실 극심한 고통을 겪는 환자들은 즐거움과 약에 의한 환희를 거의 느끼지 못한다. 모르핀은 통증을 통제하는 데 효과적으로 작용하며, 이는 환자 체내의 고통 완화 체계, 즉 신경전달계(모르핀과 화학적으로 유사한 동종)에 영향을 주기 때문이다.[26]

통증 관리의 기술은 경막외 마취법이나 척추 내에 직접 약물을 주입하는 것, 신경 차단, 신경다발의 전기충격, 침술, 신경수술 등 다른 종류의 다양한 의학기술로도 역시 다루어진다.[27]

2) 죽음의 궤도

죽어 가는 과정에 대한 우리의 상상은 실제 일어나는 것보다 미디어의 영향을 더 받는다. 여기에서 우리의 관심은 사전에 경고된 죽음에만 국한된다. 암환자의 경우, 이 궤도는 치명적인 말기 상황의 질환 단계를 따라가는 경향을 보인다. 말기의 만성 질환을 겪는 환자들은 병이 악화되는 것을 나타내는 여러 가지 증상들을 겪으면서 장기적이며 서서히 진행되는 육신의 쇠퇴를 경험한다.

죽음의 궤도에는 두 가지 패턴이 있다. 첫째 지연되는 궤도—환자의 생명이 서서히 꺼져 가지만 그 진행을 막을 수 없을 때와, 둘째 이른 죽음이 예상되는 궤도—환자가 생사(生死)의 균형을 유지하는 특별한 상황에서 갑작스럽게 이탈된 경우가 있다.[28] 의료 전문가들, 가족들은 죽음을 향한 환자의 단계에서 죽어 가는 사람이 받을 치료의 종류와 성격을 결정할 때 혼돈스러워한다.

개인이 불치병의 마지막 단계에 있을 때 죽음은 수시간, 기껏해야 수일 내에 발생할 것으로 예상된다. 생의 마지막은 '활발한 죽음'이라는 용어로 특징지어진다. 불치병의 마지막 단계 동안 죽어 가는 이들은 불규칙적인 호흡 혹은 숨 가쁨, 식욕 및 갈증 감소, 구토, 현기증, 요실금, 불안정, 공황, 혼란, 그리고 의식 감소 등을 경험한다. 이러한 증상들은 종종 전문인에 의해서 관리된다. 죽어 가는 이들 역시 우울, 근심, 혼란, 정신착란 그리고 의식 상실을 경험한다. 생의 마지막에는 먹거나 마시지 않는 것이 더욱 편안하기 때문에 먹거나 마시는 것을 강요하는 것은 좋지 않다. 죽음에 가까워서는 식도 근육의 안정과 식도의 분비가 환자의 숨소리를 거칠게 해서 '죽음의 가르랑거리는 소리'라고 알려진 소리를 낸다.[29] 죽음 직전에 환자는 한숨을 쉬거나 전율할 수도 있다. 사후에는 감염성 질환이 없는 한 가족과 친지들의 작별 인사를 위해서 사체와 함께 잠시 동안 머무를 수도 있다.

죽음에 임박한 환자에게 도움을 주는 가장 첫 번째는 가족들에게 지금 일어나고 있는 일에 대한 정보와 어떤 것이 기대되는지를 가르쳐 주는 것이다. 환자나 가족들에게 용서 또는 수용의 치유적인 말을 하도록 도울 수 있다. 이와 같은 일은 살아 있는 사람이 환자에게 할 수 있는 마지막 기회다. 어떤 말들을 마지막 선물로써 사랑스럽게 할 수 있고, 어떤 사람들은 그렇게 말하는 것에 도움이 필요하다.

(1) 죽음 궤도에 오른 일반적 증상

① 꿈과 상상력, 통찰력

꿈과 상상력은 말기환자들에게 마지막 몇 주와 며칠 동안 증가하는 경향이 있다. 이것이 임종을 맞이하는 사람에게는 편안하게 느껴질 수도 있다. 강력한 주제와 상징들은 개인에게 꿈과 상상으로 나타난다. 즉 다리나 가로지르는 강이 있고, 저편에 놓여 있는 문을 통해 터널에서 밝은 곳으로 인도를 받거나, 천사나 고인이 된 사랑하던 누군가를 볼 수도 있다.

② 철회, 위축

많은 환자들에게 철회와 위축현상이 나타난다. 이는 절망을 뜻하는 것이 아니라 자신의 삶과 죽음을 받아들이는 것이다. 이런 반응이 나타날 때에는 사람들에게 거의 말을 하지 않는다. 이것은 임종 과정의 자연스러운 부분이다. 이와 관련된 반응을 가족에게 알리는 것은 환자를 이해하는 데 상당한 도움을 준다. 철회를 보이는 사람은 아마도 생의 마침보다는 영원성, 내세를 보기도 하는 것일 것이다.

③ 통증

통증은 말기환자의 일반적인 증상이다. 통증 정도의 측정은 말기에는 어려우며, 많은 경우 환자는 언어적인 의사소통을 할 수 없다. 통증 약물은 환자가 의식이 있든지 없든지 간에 지속적으로 사용되어야 한다.

④ 말기의 번뇌

죽음이 가까워짐에 따라 어떤 사람들에게는 고통을 더 이상 억압하거나 억제해 줄 수 없고, 심리적 접근법으로도 해결되지 않는데, 이와 같은 죽음이 가까운 시기의 고통을 '말기의 번뇌'라고 한다. 말기의 번뇌는 인지의 부재, 환각 또는 망상에 의해 흥분된 섬망과는 구별된다. 환자가 의사소통을 할 수 있고 그렇게 하기를 원한다면, 고통의 근원이 무엇이든 나눌 수 있는 마지막 기회일 수 있다. 만약 환자가 구두로 의사소통할 수 있다면 가족과 그를 사랑하는 사람들은 환자 가까이에 머물면서 도와주어야 하고, 다른 방법으로는 말, 노래, 기도 또는 그 사람과 상황에 적합한 지지를 제공해 주어야 한다.

⑤ 신경학적 증상

의식의 변화는 기면, 무반응, 혼수상태를 포함한다. 어떤 환자에게는 혼동과 동요를 포함한다. 그 외에는 근 경련이 일어날 수 있다.

⑥ 식욕부진

식욕부진은 생의 마지막 시간에 있는 대부분의 환자에게서 발생한다. 어떤 가족들은 여위어 가는 환자에게 음식을 강요하는 경향을 보인다. 이것은 영양공급의 의미와 사랑을 동등하게 여기는 무의식에서 나오는 행동일 수 있다. 그러나 환자와 가족은 서로에게 좀 더 이익이 되는 사랑을 표현할 필요가 있다. 임종을 앞둔 환자에게 음식을 강요하는 것은 '우리가 할 수 있는 일은 이것을 제외하고는 없다.'는 것을 나타내는 것으로, 무력함을 간접적으로 나타내는 표현일 수도 있다. 연하곤란(삼키기 어려움)이 식욕부진의 원인이 될 경우에 음식을 강요하는 행위는 환자에게 질식을 일으키게 할 수도 있다.

⑦ 탈수

어떤 환자들은 생의 마지막 시기에 수액 주입을 거부할 수 있다. 더구나 흡수를 위한 음식섭취의 강요와 정맥 수액 주입은 임종에 임박한 말기환자에게는 최근에 늘 금기시되어 오고 있다. 그러나 탈수가 다른 신체적 증상을 일으킬 수도 있으므로 증상에 관한 면밀한 관찰과 정보 제공 및 환자와 가족의 동의에 따라 신중하게 주입되어야 한다.

⑧ 호흡기 증상

호흡기 증상은 절박한 죽음에 처한 환자에게 중요한 문제다. 일반적으로 호흡의 부자연스러움은 죽음이 다가올수록 더욱더 심해진다. 무호흡의 빈도가 증가하거나 호흡이 느려지고, 호흡 횟수가 증가할 수도 있다. 또한 기관지 분비물이 증가하여 특징적인 호흡음이 나타날 수도 있다. 그렇지만 환자에게는 이런 분비물을 제거할 능력이 충분히 있지 않다. 호흡곤란은 가족을 불안하게 만든다. 또한 이것은 호흡하기 위해 환자가 최후의 투쟁을 벌이는 것처럼 보이기도 한다. 여기서 분비물을 흡인하는 것은 삶의 시간이나 질을 연장하지는 않지만, 가족들에게 위안이 될 수는 있다.

⑨ 심혈관계

죽어 가는 사람의 맥박은 증가하게 되는데, 이는 심장의 효율성 감소를 보상하기 위함이다. 불규칙한 맥박, 혈압, 말초가 창백해짐은 심부전과 호흡부전의 결과다. 피부는 차가워지며, 반점이 생길 수도 있다. 때로는 발한과 부종이 있을 수 있으며 감염, 종양으로 고열이 발생하기도 한다.

⑩ 오심, 구토

이 역시 말기환자들에게 흔하게 나타나는 증상이다. 대부분 소화기계의 기능부전으로 일어나며, 심리적인 요소도 작용한다. 흡인의 위험 때문에 적극적인 치료가 필요한 질병이다.

⑪ 배설

요배설의 감소는 섭취량과 신장 기능 감소의 결과다. 환자의 방광 팽만 정도를 주기적으로 관찰해야 한다. 정체 시에는 도뇨가 필요하며, 실금은 타월과 패드 교환으로 관리될 수 있다.

⑫ 기타

눈은 움푹 들어가고, 흐릿해 보이며, 반쯤만 열려 있다. 감각은 점진적으로 둔해진다. 그렇지만 청각은 가장 나중에 상실하는 감각이며, 빛에 대한 민감성은 남아 있을 수 있다. 다리에서 시작하여 팔로 진행되는 운동능력은 감소한다. 몸을 움직일 때 뻣뻣하고, 관절에 고통을 준다. 생의 마지막을 유지하는 데는 많은 약을 사용할 필요가 없다. 단지 기본적인 약물로 환자에게 안위를 제공하는 것이 바람직해 보인다.

사망 전 48시간의 환자 관리 원칙

1. 고통 완화가 가장 중요하다.
2. 불필요한 의학적 개입을 피한다.
3. 정기적으로 모든 투여 약제와 증상을 평가한다.
4. 환자, 가족과의 효율적인 의사소통을 유지한다.
5. 가족, 보호자의 보살핌도 행한다.

3) 죽어 가는 사람의 사회적 역할

한 인간으로서 자신이 죽음에 직면한 것을 깨닫게 되면, 이러한 인지는 자신의 생의 회고 또는 삶에서의 업적에 대한 평가와 관련된 생각을 유발하게 된다. "내가 얻은 것은 무엇이며, 실패한 것은 무엇인가?" "내가 다른 이들의 안녕 혹은 사회에 어떤 기여를 했는가?" "내 삶은 내 기대를 충족시켰나?" "내가 죽은 후 내 명성은 어떻게 될까?" "삶은 공정했나?" "행운이 불운보다 많았던가?" 즉, "내 삶이 균형적이었던가?" 이러한 질문에 대한 답은 개인의 행동에 영향을 준다. 인간이 자신의 삶이 마지막에 다다랐다는 것을 깨닫게 되면, 가장 중요한 것은 그 삶이 포함하는 것들을 믿는 것이며, 최소한 그것을 기억할 만한 특이점을 찾는 것이다. 개인의 이야기는 극히 중요하다.

건강과 질병에 관한 문화적 모델도 우리가 질병의 의미를 받아들이는 방법과 대응하는 방법에 영향을 준다. '건강'은 우리 사회에서 중요하다. 앓는 이들은 낫기 위해 돌봄을 받는 것이 의무다. 사회학자인 파슨스(T. Parsons)는 특정한 사회의 역할이 질병에 동반된다고 말한다.[30] 모든 사회적인 역할처럼, 앓는 이들의 역할도 권리와 책임을 포함한다. 우리가 아플 때 우리는 일반적인 일들에서 제외된다. 일자리에서 떠나 집에 머무르며, 누군가가 대신 사회적 수행의 몫을 맡게 될 것이다. 우리는 아플 권리를 당연하게 여기며, 다른 이들은 우리의 행동에 관용을 보인다. 태양이 내리쬐는 날 하루를 즐기기 위해서 일자리에서 휴식을 취하는 것은 눈살을 찌푸리게 만드는 반면, 질병으로 결근하는 것은 질책보다는 동정을 일으킨다. 아픈 사람들은 일상적인 사회적 책무에서 면제를 받을 뿐 아니라 특별한 관심과 치료를 받는다. 이러한 치료는 아픈 것에 대한 사회적인 역할의 일부다. 그러나 이러한 권리들은 책무에 의해서 균형적이 된다. 아픈 사람들은 치료자와 협조적인 관계를 구축해야 한다.

죽어 가는 사람의 사회적인 욕구는 다음과 같은 것들을 포함한다.

- 개인의 삶을 회고하고 인생의 의미와 목적을 찾으려는 욕구
- 고통에서의 개선된 안녕, 그리고 자신과 타인과의 화해를 희망하는 욕구
- 사랑을 주고받으려는 욕구

이것을 기억하자

- 생명을 위협하는 질병에 걸렸을 때 사람들은 금기시하는 경향이 있다. 이러한 경향이 의사소통을 어렵게 하고, 사회적 지지를 방해한다.
- 생명을 위협하는 질병은 개인에게도 부담이 될 뿐만 아니라 사회적, 영적으로도 부담이 된다.
- 생명을 위협하는 질병으로 상실을 경험할 때, 이에 대한 긍정적 반응은 환경의 변화에 따라 바뀌게 된다.
- 죽음과 관련하여 환자와 가족 사이에 질병에 대한 상호작용은 다음 네 가지 형태로 나타난다. 폐쇄적, 의심, 상호 아닌 척하는 것, 개방적 의사소통방법 등이 그것이다.
- 생명을 위협하는 질환에 대처하는 방법은 쿠블러-로스의 죽음의 단계에 잘 나타나 있다. 이 모델은 죽음에 관한 선구적인 업적이었으며, 그 특징은 단계 중심의 방법일 뿐만 아니라 좀 더 최근의 과업 중심적이며 패턴 지향적인 방식이다.
- 생명을 위협하는 질병과 직면했을 때 대처능력을 유지하기 위해서는 내적, 외적 자원 모두가 요구된다.
- 심각한 질병의 치료방법은 그 질병의 상태와 진행 정도에 따라 매우 다양하다. 치료를 보류하거나 중단하는 것도 치료의 한 형태다.
- 대체요법은 보조적 혹은 보완적 치료다.
- 통증 관리는 포괄적 치료계획에 포함되는 기본 요소다.
- 죽어 가는 사람의 여정에 관한 연구는 다음 두 가지 타입으로 구분된다. (1) 지연되는 여정. 그래서 죽음은 점진적으로 다가오며, 오랜 기간에 걸쳐 일어난다는 것, (2) 빠른 죽음의 과정. 이러한 죽음에는 급격한 응급의료 상황을 맞이하여 그 결과로 급사하는 것.
- 죽어 가는 사람의 사회적 역할은 그 문화적 배경, 개인과 가족의 특성에 따라 다르다.

〈과제〉

1. 대체요법에 관한 이해

대체요법의 신념들은 아래와 같다.

- 모든 사람들은 각각 자신의 신체, 마음, 정신과 감정들로 이루어진 유일한 개체다. 이들 부분들이 통합되어 한 사람이 되는 것이며, 부분들로 분리될 수 없다.
- 좋은 건강이란 인간의 신체, 감정, 정신과 영적 부분들이 균형을 이룬 상태다.
- 신체는 자신을 치유할 본래의 능력이 있다.
- 사회적, 환경적 조건들은 인간의 신체적, 심리적 구성에 매우 중요하다. 그러므로 진단과 치료법을 결정할 때는 이러한 조건을 비롯하여 인간 존재의 모든 것을 고려해야 한다.
- 치료는 단지 드러난 징후나 증상을 치료하는 것이 아니라 문제의 뿌리를 고려하는 과정이다.
- 치료의 초점은 의학적 진단보다는 환자가 '지각하는 요구'들에 초점을 맞추어야 한다.

1) 위의 신념들을 자신의 건강 신념에 비추어 그룹별로 토의하고 발표해 보라.

2) 여러 가지 대체요법에 관한 항목을 읽고 아래와 같이 정리해 보라.

(1) 기본 원리

(2) 치료적 이용방법과 절차

(3) 효과

(4) 본인이 느낀 점과 평가

2. 죽음이 가까워지면 나타나는 증상과 징후

죽음이 가까워지면 나타나는 신체적, 정서적, 영적, 정신적 증상과 징후를 설명하였다. 자신이 환자를 돌보는 사람이라고 가정하고 다음의 질문에 대해 생각해 보라.

1) 죽어 가는 사람에게서 관찰된 증상들 중 당신이 가장 낫다고 느끼는 증상과 징후는 무엇이며, 그것을 유지하기 위해 돌봄을 줄 수 있을 것 같은가?

2) 당신이 불안을 느끼거나 두려워하는 증상과 징후는 무엇인가?

3) 임종을 앞둔 사람에게 환각 증상이 나타난다면 어떤 반응을 하는 것이 환자를 편안하게 하는 것일까?(예를 들면 환자가 방 안의 사람을 보며 묻는다. "내 열차표를 네가 가지고 있어? 내게는 없는데. 난 여행을 가려고 하는데 열차표가 없네."라고 했을 때)

4) 이 단원에서 얻은 정보 중 가장 중요하다고 생각되는 지식에 대해 쓰라.

제 6 장

남은 사람 이해하고 돕기

어떻게 보면 삶과 죽음 사이에서 우리는 모두 남은 사람들이다. 가까운 이를 떠나보낸 경험이 없다 하더라도 삶 속에서 어떤 형태로든 상실과 잃음, 헤어짐을 겪지 않은 사람은 없을 것이다. 실연, 친한 친구와의 이별, 전학이나 이사 같은 것들이 사람들이 경험하는 '작은 죽음'의 예가 된다. 떠나보내고 싶지 않은 대상을 떠나보내고 남은 이로서의 개인적인 경험을 가지고 있다는 것은, 가까운 이를 죽음과 함께 떠나보내고 살아남은 이들을 이해하고 도울 수 있는 중요한 밑거름이 될 것이다. 이 장에서는 이러한 경험을 한 사람들의 상태와 심정을 이해하고, 깊은 슬픔과 그 밖의 강렬한 감정과 어려움을 극복하는 과정을 바탕으로 남은 이들에게 효율적인 도움을 줄 수 있는 방법을 소개하고자 한다.

1. 남은 사람 이해하기

1) 슬픔과 애도의 10단계

웨스트버그(Westberg)[1)]는 기념비적인 작품이라 할 수 있는 자신의 저서 *Good Grief*(1962)에서 슬픔의 진행과정을 10개의 단계로 보여 주었다. 그의 10단계를 간략히 예를 들어 소개하면 다음과 같다.

(1) 쇼크와 부정(shock and denial)

쇼크로 구토가 일어나기도 하고 어떤 이는 기절을 하거나 기절이라도 한 것처럼 얼어붙기도 한다. '오빠를 영안실의 냉동고 안에 넣지 않았더라면 어쩌면 다시 살아날 수도 있었을 텐데.' 라고 생각하기도 하고, "계속 그 사람 손을 꼭 잡고 있으면 다시 숨을 쉬고 맥박이 뛸 것만 같았어요."라고 말하거나 "아냐, 아니야." "그럴 수는 없어, 꿈일 거야." 같은 말만을 되풀이하기도 한다.

쇼크와 초기의 죽음 사실의 부정은 우리를 비극적 손실에서 보호해 주는 방어기제의 한 방식이라고 할 수 있다. 사람들은 마치 아무도 죽지 않은 것처럼 평상시 그대로 행동하기도 한다. 이런 현상은 사람의 뇌가 극도의 고통이 갑작스럽게 찾아올 때 그것을 제대로 처리하지 못해서 발생하는 것이다.

(2) 감정의 분출(emotions erupt)

통곡, 외침 또는 한숨은 대개 이 단계를 나타내 준다. 상가에 가면 가족을 잃은 사람들이 우리 문화에 따라 형식적으로 "아이고, 아이고." 하고 곡을 하는 모습도 볼 수 있지만, 너무나 큰 비탄에 잠겨 넋을 놓고 우는 광경을 볼 수도 있다. 대부분의 사람들에게는 '쇼크', '부인' 그리고 '통곡'이 빠른 속도로 바뀌면서 순환적으로 반복되기도 한다. 초상을 치르는 3일에서 5일의 기간 동안 손님을 맞아 웃으며 환담을 하곤 하다가 곧 영정 앞에서 울다가 기진하기도 하고, 다시 자신을 찾는 손님을 응대하기도 하는 모습을 우리는 드물지 않게 볼 수 있으며, 이러한 현상은 정상적이고 자연스러운 것이다.

(3) 화(anger)

분노는 분명한 이유가 있어서 생기기도 하지만, 언제 누구에게든지 분명한 이유 없이 분출될 수도 있다. 때때로 우리는 이렇게 불합리하고 엉터리같이 일을 처리하는 절대자(신, 조물주)나 영적인 대표 역할을 하는 성직자에게 화를 낸다. 사별이 가져오는 실제적, 심리적인 고통이 심하면 그런 고통을 가져온 망자에게 화를 내기도 한다. 또 우리를 사랑하는 다른 사람들이나 의료 전문가들에게, 아니면 내 차 앞으로 끼어든 다른 차의 운전자에게 화를 퍼붓기도 한다.

(4) 질병(illness)

사별에 의한 강렬하고 깊은 슬픔은 큰 규모의 스트레스를 가져온다. 스트레스가 만병의 근원인 만큼 사별의 애통함은 스트레스와 관련된 여러 가지 질병을 이끌기도 한다. 감기, 독감, 위장병, 신경성 두통, 궤양 그리고 고혈압은 '상실' 후에 흔히 발생하는 병증이다. 사별의 슬픔이 사라진 후에도 스트레스에 의한 질병은 오래 남기도 한다.

(5) 공황(panic)

처음 경험하는 감정들이 진하게 우리를 엄습할 수도 있고, 평소에 흔히 겪던 감정이 그전과는 비교할 수 없을 정도로 강렬하게 다시 찾아오기도 한다. 여러 가지 질병이나 심리적 장애들이 우리를 공황 상태로 내몰기도 한다. 공황 상태가 오면 대부분의 사람은 이성적으로 사고하고 판단하는 것이 어려워진다. 그래서 정신적인 원인으로 오는 공황을 심장마비로 오인한다든지 하는 일이 종종 발생한다.

(6) 양심의 가책(guilt)

망자와의 관계에 대해서 '~할 걸', '~하지 말 걸' 하고 깊은 후회와 자책에 빠지는 단계다. 이런 자책 역시 자연스러운 것이다.

(7) 우울과 외로움(depression and loneliness)

엄청난 슬픔, 혼자된 느낌이 자주 발생한다. 사람들은 친구들, 가족과 함께 있으면서도 울음을 터뜨리고 슬픔, 죄책감, 분노 등의 기억과 느낌만 떠올린다. 우울과 외로움은 10개의 단계 중 가장 오래, 자주 머무는 단계다.

(8) 고통으로 되돌아가기(reentry difficulties)

남은 이들은 죽은 이의 유품을 정리하여 없애 버리지 않고 늘 가까이 두며 슬픔을 곱씹는다. 친구들이 아무리 강권해도 기분을 돌릴 만한 모임이나 일에 참가하지 않으려 한다. 배우자가 죽은 뒤 배우자의 옷을 만지며 눈물 속에서 지내고, 계 모임이나 영화감상, 여행의 제안에도 절대 응하지 않는다. 이런 일이 사별 후 1년간 지속되는 것은 정상적인 것이라 할 수 있다.

(9) 희망(hope)

사별의 슬픔과 추억은 아직 남아 있지만 자신의 삶이 제자리로 돌아올 수 있겠다고 보는 가능성을 생각하는 단계다. 눈물 속에서 지내다가 지나가는 우스갯소리 한마디에 피식 웃고는 '아, 내가 웃을 수도 있네?'라고 인식하는 것이 출발신호가 되기도 한다. 슬픔은 가시지 않을 것이고, 그런 한 절대로 정상적인 삶으로 돌아갈 수 없다고 생각하는 단계와는 질적인 차이가 있다.

(10) 현실 긍정하기(affirming reality)

이 마지막 단계에서 남은 이들은 사별 전만큼은 아니지만 어느 정도 자신의 생활을 되찾게 된다. 물론 슬픈 기억들은 남아 있지만 새로운 삶도 나쁘지 않다.

9, 10번째 단계는 다른 8단계를 모두 거칠 만큼 충분한 시간을 가지기 전에는 밟을 수 없다. 또 남은 이들 중 일부는 불행히도 마지막 9, 10번째 단계를 밟지 못하고 남은 삶의 기간 내내 8단계까지의 경험만을 반복하기도 한다.

퀴블러-로스(Kübler-Ross)는 자신의 대표적 저서인 *On Death and Dying* (1969)에서 의사로서 수없이 만나 온 환자들을 임상적으로 관찰하고 인터뷰한 자료를 근거로 하여 죽어 가는 환자들의 감정에 대해 기술하고 있다.[2] 이 책에서 그녀는 앞에서 제시한 웨스트버그의 10단계를 좀 더 단순화하여 다음과 같이 5개로 조직했다. 웨스트버그와 퀴블러-로스의 모델은 상당 부분 중복되므로 퀴블러-로스의 단계 모델에 대해서는 각 단계별로 남은 이들에 초점을 맞추어 매우 간략한 설명만을 제시하겠다.

1단계: 부정(denial)

"사실이 아닐 거야. 아니야, 그럴 리가 없어." 하는 전적인 혹은 부분적인 부정. 부정은 사별 사건에 의한 감정적인 타격을 완화해 주는 기능을 한다. 따라서 이와 같은 심리적 의미를 가볍게 처리해서는 안 된다.

2단계: 분노(rage and anger)

웨스트버그의 세 번째 단계와 완전히 동일하다.

3단계: 타협(bargaining)

이 단계는 사랑하는 이가 죽기 전에 나타나기도 한다. 주로 신앙에 타협하는 형태로 나타나기도 하며, 때로는 타협안대로 사별의 순간이 연기되기도 한다.

4단계: 우울/절망(depression/despair)

웨스트버그가 분류한 단계와 마찬가지로 감당할 수 없는 슬픔과 절망감 때문에 삶이 무의미하게 느껴지며, “모든 것이 무의미하고 그 사람의 죽음과 함께 나의 일부분이 죽었다.”라는 말을 하기도 한다.

5단계: 수용(acceptance)

이 단계에서 남은 이는 사랑하는 이의 죽음을 인정하고 자신의 삶의 미래를 내다보기 시작한다.

2) 지나친 비탄과 애도

비탄의 계단을 오르는 여정은 적응적 생활을 방해하는 여러 힘들에 의해 난관에 부딪힐 수 있다. 정상적인 경우에 비탄이라 부를 수 있는 사별의 슬픔은 6개월에서 1년 정도 지속된다. 이따금 비탄이 다시 찾아오는 것은 정상적인 범위에 속한다. 그러나 심각한 비탄 상태가 비정상적으로 장기간 지속된다면, 그것은 비정상적인, 병적인 비탄일 수 있다. 병적인 비탄은 실제 여러 가지 질병을 가져오기도 한다. 한 학자는 특별히 병적인 비탄으로 이어질 가능성이 높은 경우를 다음과 같이 제시했다.[3)]

- 갑작스럽고 예기치 않은 죽음, 특히 사체의 상처가 심하고, 폭력적이고, 잘려지고, 우발적인 경우
- 긴 투병 후의 죽음

- 어린 자식을 잃음
- 어느 정도는 죽음을 막을 수도 있었다는 생각을 남은 이가 가지고 있을 때
- 죽은 이와 남은 이의 관계가 두드러지게 적대적이고 상극인 경우 또는 두드러지게 의존적인 경우
- 남은 이가 현재 가지고 있는 정신건강상의 문제 또는 그런 병력, 그리고 적응되지 않는 상실들과 스트레스들
- 남은 이가 사회적 지원이 부족하다고 인식하는 경우

깊은 비탄과 애도는 남은 이의 생명을 위협할 만큼 강렬한 경우도 있다. 리스와 루킨스(W. D. Rees & S. G. Lutkins, 1967)[4]는 사별한 집단의 사람들이 사별 후 1년 이내에 사망하는 비율이 일반 집단에 비해 거의 7배 정도나 되는 것을 발견하였다. 이런 결과는 최근에 사별을 경험한 사람들의 스트레스가 높고, 따라서 면역력이 낮을 수 있다는 점으로 설명될 수 있을 것이다. 비록 사별과 발병 간의 직접적인 인과관계가 이론으로 확립된 정도는 아니지만, 상실에 대한 반응이 질병, 심지어 사망의 한 원인이 된다고 짐작할 수 있는 증거들은 있다.[5]

남은 이가 떠난 이의 죽음과 관련해서 갖는 여러 형태의 죄책감은 남은 이의 자존감을 낮추는 경향이 있다. "내가 좀 더 노력하기만 했어도, 뭔가 다르게 하기만 했어도 내 사랑이 죽지 않았을 텐데." 하는 자책감은 자존감을 낮춘다. 일상생활의 변화된 환경 또한 남은 이의 자존감을 낮춘다. 예를 들어 미망인이 배우자가 함께 살아 있던 때에 누리던 지위와 대접을 받기란 쉽지 않다. 줄어든 수입과 빡빡한 재정 역시 자존감을 낮출 수 있다.

3) 비탄에 담긴 의미

남은 이를 더 깊이 이해하고 효율적으로 도울 수 있으려면 비탄과 애도가 갖는 긍정적이고 생산적인 기능에 대해서도 이해할 필요가 있다. 정신분석 이론에 의하면 우울은 무엇인가를 떠나보내는 과정에서 발생하는 자연스러운 감정이다. 즉 무언가 떠나보내는 과정 중에 있기 때문에 우울한 것이다. 이렇게 본다면 사별로 인한 강렬한 슬픔은 죽은 이와 진심으로 이별하기 위해, 즉 죽은 이를 마음에서 떠나보내기 위한 작업을 하기 때문에 생기는 감정이다.

한편 애착이론(attachment theory)에서도 비탄에 대한 또 다른 이론적 설명을 하고 있는데, 애착이론에 따르면 애착 대상(사랑하는 사람)이 더 이상 존재하지 않는다고 인식할 때 그 대상에게서 일종의 마음의 에너지인 '애욕'을 거두어들이기 위한 방어적인 심리적 요구와 함께 비탄이 발생한다.[6] 그 대상에 대해 이전에 들였던 에너지를 거두어들이려는 이러한 요구는 저항과 마주치기 쉽다. 이 저항은 잃어버린 대상에 집착하려는 시도로서 생존자가 일시적으로 현실에서 돌아서게 한다. 그러나 비탄의 감정을 겪어 냄으로써 마음의 에너지는 결국 사랑하는 대상에게서 회수되며, 자아는 그 애착에서 자유로워져서 새로운 관계들을 형성할 수 있게 된다.

따라서 비탄을 겪어 내는 것이 너무 고통스럽기 때문에 무의식적으로 그 고통을 회피할 경우 오히려 재적응과 극복에 장애가 발생한다. 처음과 같은 정도의 극도의 비탄을 너무 오래 지속하는 것은 문제가 되겠지만 3~6개월 정도의 기간, 길어도 1년이 넘지 않는 애도의 기간은 더 건강한 적응을 가져올 수 있다. 그러나 비탄을 겪어 낸다는 의미 역시 일정 기간 슬퍼하고 나서 완전히 잊는다는 의미는 아니다. 아들을 잃은 한 아버지의 다음과 같은 말처럼, 극심한 슬픔은 지나가도 사랑하는 이를 잃은 것을 슬퍼하고 추억하는 일은 평생 지속될 수 있으며 그것은 지극히 정상적인 것이다. "아들을 잃고 살아가면서 내 마음속의 집에 방 하나가 더 생겼어요. 나는 아들이 죽어서 마음속 아들의 방문을 닫은 것이 아니라 수시로 슬퍼하며 그 방을 드나들지요."

비탄과 애도의 과정이 언제 끝이 날지를 알 수 있게 미리 예정된 시간표는 없다. 그렇기는 해도 사랑하는 이의 죽음 때문에 되돌아갈 수 없을 만큼 삶의 모습이 심하게 바뀌었지만, 남은 삶도 살 만한 가치가 있다는 느낌 쪽으로 나아가면서 끝이 다가왔음을 알 수 있다. 애도의 끝에는 해결, 회복, 재통합, 변환의 느낌의 색채가 상대적으로 짙어지면서 삶 전체를 압도하는 비탄의 혼란과 흐느낌은 가라앉는다. 비탄은 더 이상 그전처럼 그렇게 심각하지 않다. 삶의 주된 초점은 이제 과거가 아니라 현재가 된다. 고인의 생일이나 기일 등의 기념일이나 새로운 상실 경험이 있을 때 물러갔던 비탄이 다시 일어날 수 있다. 상실에 적응하는 것은 때때로 사랑하던 죽은 이에 대한 배신처럼 느껴질 수도 있지만, 사별한 이의 입장에서는 계속되는 삶의 과제들에 다시 몰두하고 미래를 향하는 것이 바람직하다.

상실과 타협하는 것은 사랑하던 사람을 잊어버리는 것 또는 잃어버린 관계의 중요성을 최소화하는 것을 의미하지는 않는다. 그것은 어느 정도 절대적이고 최종적인 의미에서 '비탄을 극복하는' 그런 문제가 아니라, 삶의 현재 관심사들이 전면으로 나오는 과정이다. 비탄의 여정을 가는 것은 남은 이들에게 사별에 의한 상실을 계속되는 현재의 삶으로 통합시키게 해준다. 남은 이들은 추억들 그리고 추도식이나 제사, 기도와 같은 다른 수단들을 통해 사랑하던 죽은 사람과의 연계를 유지한다. 떠난 이가 남은 이들의 기억 속에 남아 있는 한 완전한 사별이란 없다.

이것을 기억하자

- 슬픔을 대하는 반응에는 큰 개인차가 존재한다.
- 사람들은 남은 이들을 돕기 위해 '잊자. 극복하자.' 라고 말할 수 있지만, 사별을 경험한 후 그전과 같은 정상으로 돌아오는 것은 불가능하거나 매우 어렵다.
- 그러나 시간이 지나고 슬픔을 극복하려 노력하면 그전과 같지는 않지만 새로운 '정상' 적인 삶을 찾게 된다.
- 주변 사람들이나 문화가 사별의 슬픔을 겪고 있는 사람들을 최대한 빨리 회복시키려고 노력하지만, 사별에 의한 슬픔(grieving)의 과정은 끝이 없다고 해도 과언이 아닐 만큼 기나긴 과정이다.

2. 남은 사람 돕기

1) 남은 사람들의 극복과제

심리학자 워든(W. Worden)[7)]은 남은 이들을 위한 상담방법에 대한 그의 책에서, 가까운 이를 떠나보내고 남은 이들이 애도하는 동안에 해야 할 일로서 '상실의 현실 받아들이기', '고통스러운 비탄 겪어 내기', '변한 환경에 적응하기', '마음에서 떠나보내고 계속 살아가기' 의 네 가지를 들었다. 첫 번째, '상실이라는 현실을 받아들이는' 것을 확인할 수 있는 화법상의 증거는 '현재 시제' 에서 '과거 시제' 로, 즉 '~이다' 에서 '~였다' 로의 전환이다. 예를 들면 "우리 어머니는 좋은 분이에요." 에서 "좋은 분이었어요." 로 바뀌면 어느 정도 수용이 이루어졌다고 볼 수 있다. 두 번째, 겪어 내야 할 '비탄의 고통' 은 개인마다 정도의 차이는 있겠지만 사별 후 남은 사람이라면 어느 누구도 어느 정도 겪지 않을 수는 없다. 고통을 회피하면 극복의 기간은 더욱 길어지게 된다. 세 번째, 적응해야 할 '변화된 환경' 에는 삶의 신체적, 정신적, 행동적, 영적 차원이 포함된다. 남은 이가 가구를 재배치하거나 식탁보를 바꾸는 등의 작은 행동들을 하는 것은 변화된 환경에 적응해 가기 시작한다는 상징적 증거일 수 있다. 가장 마지막은 죽은 사람을 사랑하는 것을 잊거나 멈추지는 않았지만, 자신의 마음에 묶어 두었던 매듭을 풀어내고 그가 없는 삶 속에도 사랑할 수 있는 다른 사람들이 있다고 인식하는 것이다.

다음으로는 앞에서 제시한 워든의 제안과 다른 문헌자료들의 내용을 검토하고, 이를 토대로 우리의 논의와 토론을 거쳐 정리한 '상실에 건강하게 적응하기 위해 반드시 이루어야 할 일들' 을 간략히 제시하겠다. 이것들의 가장 핵심적인 부분은 '산 사람은 살아야만 하는' 남은 이의 새 삶 속에서 떠난 이를 '회상' 하고 그와의 '새로운 관계를 정립' 하는 것일 것이다.

- 가까운 이의 죽음을 확인하고 이해하고 수용한다.
- 죽음에 의한 긴 이별과 분리가 가져오는 경험들을 겪어 나간다(고통스럽더라도 상실을 느끼고 인정하며 수용하고, 그 밖의 여러 가지 감정들을 겪어 나간다. 죽음의 이별 때문에 잃어버리게 되는 여러 가지 2차적인 상실도 인정하고 겪어 나간다.).
- 떠나보낸 이와의 관계, 남은 기억들을 회상하고 재경험한다.
- 죽은 사람에 대한 오래된 애착, 과거에 함께했던 추억과 공간과 활동 등 모든 것을 잊지는 않겠지만 마음에서 떠나보낸다.
- 떠나보낸 이와의 모든 추억들을 잊지 않으면서도 새로운 삶의 세계에서 적응하며 살아 나가기 위해 떠난 이와의 관계와 기억을 재구성하고, 자신의 삶의 여러 가지 조건과 환경을 재조정한다(죽은 사람과의 새로운 관계를 개발한다. 새로운 생존방식을 택한다. 새로운 정체성을 형성한다.).
- 회복된 삶을 살아간다.

2) 표현하도록 돕기

남은 이들은 사별 후의 애도기간 동안의 정서 표현에 대한 나름의 규칙을 세우는 경향이 있다. 즉 그들은 언제 어디에서 화를 내는 것이 수용될지, 또는 언제 어디에서 고통을 드러내고 심한 비탄을 표현할지에 대한 나름의 생각을 가지고 있다. 어떤 느낌이라도 가질 수 있고 표현해도 괜찮다는 것은 남은 이의 극복과 적응을 위해 매우 중요하다. 생각으로는 '죽어가는 사람(혹은 이미 죽은 사람)에게 어떻게 화를 낼 수 있을까?' 라고 해도 마음으로는 화를 낼 수 있는 것이다. 예를 들어 형제가 음주운전이나 자살로 사망했다면 어떨까? 심지어 그 죽음이 불가피한 것이었고, 죽은 사람이 달리해 볼 아무 여지가 없었다 하더라도 화가 날 수 있다. 어떤 어머니는 아들이 횡단보도를 건너던 중에 부주의한 운전자 때문에 죽었는데, 수도 없이 아들의 사진을 보며 "나쁜 자식! 어떻게 엄마를 두고 이렇게 먼저 가버릴 수가 있어?" 하고 분노했다. 남은 이들은 죽은 사람에 대해 극도의 화가 나는 것이 공통적이다. 따라서 이러한 느낌들을 경험하는 것, 죽은 사람에게 화가 나는 것을 느끼는 것, 죽음을 막을 수 없었던 자신에 대해 화를 내는 것을 스스로에게 허락해야 한다. 화뿐만 아니라 모든 종류의 감정에 대해 스스로 허용해야만 한다. 그런 감정을 느끼는 것에 대해 죄책감을 갖거나 자신을 책망해서는 안 된다.

남은 이들을 돕기 위해서는 이런 감정을 표현할 수 있도록 허용하고 도울 필요가 있다. '그렇게 느끼지 마세요.'라는 메시지는 절대 금물이다. 그가 느끼는 감정이 이해되거나 공감되지 않더라도 경청해 주는 것만으로도 큰 도움이 된다. 죽은 이와의 추억, 죽은 이에 대해 생각하는 것, 그 과정에서 다시 표출되어 나오는 감정들 모두를 그저 듣고 곁에 있어 주기만 해도 도움이 된다. 심지어 그가 신을 원망하고, 신에게 화를 내거나 저주를 퍼부을 수도 있다. 어떤 경우이든 그에 대해 가치판단하지 않고 수용하며 경청하는 것이 필요하다.

3) 죽은 사람과의 같고도 새로운 연결

앞에서 이야기한 바와 같이 비탄은 남은 사람이 사랑하던 사람의 상실을 계속되는 삶에 통합시켜 가는 과정과 관련된다. 달리 말하자면 이것은 남은 사람의 가슴과 마음속에 죽은 사람을 위한 특별한 자리를 만들어 두는 것을 의미한다.

"이제 그만 잊어야지."라는 위로의 말은 극도의 비탄에 대한 말이지 죽은 이와의 연결에 대한 말이 아닐 것이다. 죽은 이와의 사별 후에도 그들 간의 심리적, 정서적 연결은 유지되는 것임을 남은 이가 마음으로 수용할 수 있도록 돕는 것이 의미 있는 도움이 된다. 한편, 죽은 이와 연결의 끈을 놓지 않는 것은 병적인 비탄이 지나치게 오래 지속되는 증거가 될 수도 있다. 죽은 이와 남은 이 간의 연결이 지속되는 것이 건강한 것인지, 병적인 것인지를 판단할 수 있는 2개의 기준이 있다. 첫째 남은 이가 죽음과 상실을 인정하고 수용하고 있는지, 둘째 남은 이가 자신의 새로운 삶에 적응해 나가고 있는지 여부가 그것이다. 두 질문에 '그렇다'고 판단할 수 있다면 죽은 이와의 연결이 유지되는 것은 건강한 것이다.

매년 추석, 한식날 혹은 현충일에는 수많은 사람들이 사랑하는 이의 묘지를 방문하고 기도하기도 하며 술을 붓고 잡초를 정돈하면서 한 덩어리의 슬픔을 내려놓는다. 산 사람과 죽은 사람의 관계는 죽음 이전과 같은 것은 아니다. 그 연결은 생전만큼 그렇게 질기고 강렬하지는 않다. 그러나 대부분의 경우에 양자 간의 연결의 끈에는 생전에 비해 더 깊은 사랑과 그리움이 존재한다.

남은 이가 이러한 연결이 정상적인 것이며 생전의 연결에 비해 더 긍정적일 수 있음을 알게 될 때 그들은 보다 건강하게 애도하고, 비탄의 터널을 더 효율적으로 통과할 수 있다.

4) 새로운 이야기 쓰기

남은 이가 자신의 고통스러운 사별 경험에 대해, 떠나보낸 이와의 관계에 대해 이야기하는 것은 '이야기 상담/치료(narrative counseling/therapy)'의 효과와 함께 '경험 보고(debriefing)'의 치유효과도 함께 갖는다고 할 수 있다.

이야기 상담의 관점에서 보면, 사랑하는 누군가가 죽었을 때 남은 이들은 떠난 이의 인생과 자신의 인생에 대한 이야기를 다시 보고 재구성하게 된다. 이야기 상담 혹은 이야기 치료의 전제에 의하면, 개인이 자신의 인생을 '이야기들'로 바라봄으로써 비탄과 애도에 대해 더욱 넓게 조명할 수 있다. 애도 과정을 도울 때 남은 이의 애도를 이야기(narrative or story)로 접근하는 것은 크게 도움이 될 수 있다. 남은 이는 자신의 이야기를 재구성하여 상실에 대처하는 방법을 발견하게 되고, 그렇게 해서 죽은 이를 새로운 방식으로 자신의 삶 속에 통합시키고 전체성을 회복해 나갈 수 있다. 죽은 사람에 관해 이야기하는 것은 비탄에 대처하는 효율적인 한 방법이다. 비탄의 이야기는 특정한 모형의 규칙에 얽매이지 않고, 즉 그것이 어떠해야 하고, 어떻게 느껴져야 하며, 어떻게 생각되어야 하는가에 대한 제약 없이 사별한 사람들에 의해 말이나 글로 이야기될 수 있다.

또 다른 예로서, 친오빠를 사고로 잃은 어떤 이는 3일간의 장례를 마치고 현업에 복귀한 다음 오빠를 잃은 일에 대해 일기를 쓰면서 오빠에 대한 좋은 기억, 사랑의 마음만이 걸러져 남는 것을 경험하였다. 사별 한 달 후의 일기에는 "오빠는 죽었다. 죽은 것이다."라고 적혀 있었는데, 일기를 쓰면서 오빠의 죽음과 오빠와의 기억들이 머릿속에서 정리되고, 오빠의 죽음을 수용하고 마음으로 인정하게 되는 것을 경험하였다.[8)]

'경험 보고'는 보통의 경우 집단으로 이루어진다. 가까운 이를 떠나보낸 공통의 아픔을 가진 남은 사람들 여럿이 모여서 상실에 대한 이야기를 함께 나누는 것은 정서적인 안도를 제공하고, 의미의 탐색을 촉진하며, 서로 심리적인 면의 지지와 실질적인 측면에서의 원조를 할 수 있다는 이점도 갖는다. 경험 보고는 다음의 7단계로 구성된다.[9] 진행자는 남은 이들이 자신의 반응, 경험, 인상, 감정, 생각을 이야기하도록 격려한다. 경험 보고의 각 단계의 이름과 단계별로 이루어지는 일들에 대해 간략히 소개하면 다음과 같다.

① 도입, 소개와 설명: 집단과 진행자에 대한 소개, 모임의 목적을 설명하고 '경험 보고'의 정의와 목적 등에 대한 소개

② 사실 발견 및 이해: 고인의 죽음 전후의 일들, 고인을 보내고 난 이후의 경험들에 대한 사실적 보고. 집단원들은 동질감을 느끼고, 서로 유사한 경험을 했다는 데서 안도감을 느끼기 시작함.

③ 경험된 인지의 탐색: 남은 이들의 사별 경험에 대한 반응, 경험, 인상, 감정, 생각을 이야기함. 과정 ④와 함께 사별 경험에 대한 더 넓고 객관적이며 긍정적인 이야기를 구성하게 되어, 새로운 의미를 발견하게 됨.

④ 정서적 반응의 확인: 사별 경험이 가져온 다양한, 때로 복합적인 비탄 정서 반응과 그 외의 여러 정서들에 대해 이야기함. 개인적 경험과 반응들이 사별 경험 후에 오는 정상적인 것들임을 알게 되는 정서 반응의 정상화와 타당화가 이루어짐.

⑤ 신체화 반응의 확인: 다양한 신체 증상들이 모두 사별 경험의 스트레스에서 오는 것임을 인식하게 됨. 심리 교육을 통해 2차적 정서 반응의 문제를 예방할 수 있음.

⑥ 스트레스와 자기 돌봄에 대한 상담 교육: 미래에 나타날 증상들, 불안

이나 두려움, 주의집중 곤란, 부분적인 기억 곤란, 과도한 각성, 신체화 증상 등을 알게 하여 사별 경험 이후 나타나는 정상적인 것임을 확인시킨다. 미래의 조치들을 준비하는 일도 이루어지는데, 이를 위해 고통과 어려움을 견뎌 내고 이겨 나갈 수 있는 그들의 능력과 신념을 강조한다.

⑦ 집단 내에서 해결하지 못한 작업을 위한 의뢰 촉진: 집단원 간 네트워크 구성과 관련 자조 및 지지 집단 소개

경험 보고와 이야기 상담 접근은 집단 상담 프로그램으로 개발되기도 한다. 〈표 6-1〉[10]은 '가족 성원을 사별한 아동 및 청소년을 위한 인지행동 접근 중심의 집단 상담 프로그램'의 회기별 내용을 간략히 소개한 것이다.

사별한 이들은 타인들과의 대화를 통해 죽은 사람의 일생에 대해 더 제대로 평가할 수 있을 뿐만 아니라 자신의 인생도 재평가할 수 있다. 죽은 사람에 관해 자신의 이야기를 하고 다른 사람의 이야기들을 들음으로써 '비탄이 자기 목소리를 내게 해 주는 것'은 사랑하던 사람을 버리지 않고 함께 데리고 현재의 삶으로 돌아갈 수 있게 해 준다.

5) 사회적 지원

현대의 핵가족 사회에서 장례 절차와 문화는 남은 가족과 친지들에게 당황스럽고 생소한 것이다. 따라서 이런 절차에 대한 안내와 지원은 실질적으로 큰 도움이 된다. 또한 장례식, 사별 가족 모임 등은 비탄을 자연스럽게 표출해도 되는 좋은 기회이므로 이러한 기회에 충분히 비탄을 표현하도록 돕는 것이 필요하다. 울지 말라고 위로하기보다는 지나친 슬픔과 애도로 기진하지 않도록, 때맞춰 먹고 휴식해 가며 슬퍼할 수 있도록 돕는 것이 더 적절한 도움일 수 있다.

〈표 6-1〉 가족 성원을 사별한 아동 · 청소년을 돕는 인지행동적 집단 상담 프로그램

회기	목 표	활 동
1	• 집단응집력 강화 • 비탄 반응의 정상화 • 외상 관련 자료들에 대해 더 잘 견딤. • 고인과의 관계를 상호작용적 관계에서 기억의 한 부분으로 이동시키기 시작	• 자기소개: 별칭 이름표 달기, 사고로 잃은 가족 성원 소개, 그에 대한 느낌 • 풍선 채우기: 잃은 것, 가지고 있는 것을 풍선에 적어 넣음.
2	• 죽음에 대한 재개념화 • 상실에 대한 대처 기술 증진 • 상실에 대한 반응의 정상화 • 집단응집성 강화	• 사후세계에 대한 상상화 • 남은 사람의 감정 목록 • 가족 사망 소식에 대한 첫 반응 공유
3	• 견디는 힘 증진, 생각과 감정의 공유를 통해 정상화 증진 • 미래 관련 인지적 재개념화 • 삶 속에서 사별 경험의 의미 변화	• 고인의 사진 액자 만들기 • 사별 후 있었던 행복한 경험 그리기
4	• 협동 작업을 통해 집단응집력 증대 • 반응 정상화 • 집단원들 간 공감 촉진 • 견디는 힘 강화	• 고인에게 편지 쓰기 • 왜곡된 인지 수정 • 다시 편지 쓰기(과제)
5	• 집단응집력 강화 • 감정과 사고 정상화 • 외상 관련 사실들에 대한 왜곡된 인지의 교정 • 외상 관련 사실들을 더 잘 견디도록 강화 • 죽음에 대한 기억의 위치 이동	• 다시 쓴 편지 읽기 • 고인에 대한 기억을 작품화하여 책으로 엮기 • 다가오는 기념일, 명절 준비와 기대 공유 • 예상되는 문제에 대한 해결 기술 증진
6	• 감정의 확인을 통해 견디는 힘 증진 • 사고 중지와 인지 교정을 통해 대처 기술 증진	• 꿈, 활동, 기억에 대해 공유 • 역기능적 감정을 확인하고 사고 중지 등의 대처법 연습
7	• 고인이 없는 기념일, 명절에 대한 정서적, 인지적 작업 • 자기 공개와 이동의 촉진 • 미래에 대한 왜곡된 지각의 교정	• 성인 가족 참여 • 명절, 기념일 동안 고인이 없이 처음으로 보내게 될 시간들을 예상, 관련 불안과 걱정 등을 생존한 가족 성원인 성인들과 공유

사별 가족 모임과 같은 관계의 망으로 연결시켜 주는 것 역시 도움이 된다. 이런 자조 집단의 구성원들은 유사한 상실들을 경험했으므로 함께 모여 서로 이야기하면서 그들의 상실을 그들의 삶에 통합시키고, 사별 후의 삶에 도움이 되는 유용한 정보와 지식을 준다. 자조 집단이 집단 상담에서처럼 느낌들을 수용하고 표현하는 규칙이 있는 경우가 있다. 또 어떤 집단에는 좀 더 먼저 효율적으로 새로운 삶에 적응한 선경험자가 초대되어 와서 자신의 경험담과 조언을 주기도 한다. 어떤 집단들은 100% 비슷한 수준의 동료들로 구성되어 있기도 하고, 훈련된 전문가나 상담자의 도움을 받기도 한다. 대부분의 호스피스와 완화 치료 프로그램들은 비탄에 대처하는 가족을 돕기 위해 특별히 훈련된 자원봉사자를 두고 있다. 호스피스 및 완화의학 관련 기관 및 단체 정보를 이 장의 끝에 제시하였으므로 참고하기 바란다.

남은 이들은 장례식, 기일의 제사와 추도식 외에 특별한 의식을 통해 도움을 받을 수도 있다. '애도 상담'의 각종 기법들은 비탄에 빠진 남은 이가 죽은 이를 상징적으로 떠나보내게 돕는다. 죽은 이에게 작별의 편지를 쓰고, 그 후에 그것을 땅에 묻거나 태워 버리는 것, 촛불을 켜고 빈 의자에 떠난 이를 초대하여 남은 이가 생전에 말하지 못한 메시지와 작별인사를 하게 하고 다시 떠나보내는 것 등이 그 예다.

마지막으로, 사별을 남은 이 자신이 인간적 성장의 기회로 활용하도록 돕는 것이 필요하다. 사별을 성장을 위한 기회로 보기란 쉽지 않다. 그러나 이 관점을 가질 때 죽음이 가져온 상실을 수용하는 쪽으로 좀 더 쉽게 이동하도록 촉진시킬 수 있다. 남은 이가 상실을 재구성하면 과거에 묶여 있던 자신의 에너지 역시 자유를 얻는다.

상실은 그것을 성장의 맥락 내에 위치시키는 방식으로 전환된다. 비탄은 죽은 이와 함께 했던 경험과 사별한 현재 상태로 남은 이의 세상을 분열시키는 것이 아니라 이 두 경험을 통합시켜 준다. 잃어버린 관계는 변화되었을 뿐 끝난 것이 아니다. 사랑하는 사람을 떠나보내고 그 사람이 없는 이 세상에 살아남게 되는 비통한 경험은 죽음과 삶에 대한 더 깊고 성숙한 이해를 가져온다. 많은 남은 사람들은 자신의 비탄과 애도를 회상하면서 종종 자신이 더 강해지고, 유능해지고, 성숙되고, 독립적이며, 다른 위기들에 더 훌륭하게 직면할 수 있게 되었다고 말한다.[11)]

죽음은 개인적인 사건이 아니라 공동체의 일이다. 사람들은 추억을 통해, 그리고 죽은 사람에 대한 애정을 앞으로 살아가면서 확인하는 여지를 주는 개인적, 사회적 의식을 통해 떠난 이와의 연결을 유지한다. 사별, 비탄 그리고 애도는 삶이라는 천에서 서로 보완하는 실들이며, 인간 경험에서 날실과 씨실의 일부분이다.

사별, 비탄, 애도의 정의

사별(bereavement), 비탄(grief), 애도(mourning)의 정의를 자세히 알면 그것들이 남은 사람들(survivors)에게 무엇을 의미하는지에 대한 우리의 이해를 넓혀 줄 것이다. 이 용어들이 어느 정도는 서로 혼용될 수 있지만, 각각은 상실을 겪을 때의 독특한 측면을 나타낸다.

〈사별〉

상실이라는 객관적인 사건.

이것을 의미하는 영어 단어 bereavement는 '빼앗겨 버림 또는 찢어져 버림(마치 중요한 어떤 것이 파괴적인 힘에 의해 갑자기 확 멀어져 버린 것과 같이)'을 의미하는 어원에서 온 것이다. 따라서 어원으로 볼 때 사별은 박탈되었다는 느낌, 어느 정도 우리 의지에 반해서 떼어진 느낌, 강탈당했다는 느낌을 준다. 비록 사별이 우리들의 삶을 붕괴시키는 사건으로 정의될 수는 있지만, 또한 인간 경험에서 통상적인 사건으로 정의되는 것이 적절하다. 사별을 이해하기 위해서는 이 두 정의의 조화가 필요하다.

〈비탄〉

상실에 대한 반응. 생각과 느낌들을 포함하며 신체적, 행동적, 정신적 반응들이 있음.

비탄의 심리와 정서: 믿을 수 없음. 비탄에는 흔히 혼란스러움, 불안, 우울 같은 심리적 고통, 슬픔과 비애뿐만 아니라 서로 간의 구원(relief), 화, 자기 연민도 포함될 수 있다. 비탄이 여러 느낌들(비록 느낌들이 서로 갈등하더라도)을 포함할 수 있다는 것을 인식하면 우리는 비탄에 더 잘 대처할 수 있게 된다.

비탄해하는 행동: 울음(crying), 죽은 사람을 '찾는' 행위 등이 있다. 사별을 한 많은 사람들이 죽은 사람, 그리고 죽음의 상황들에 대해 끊임없이 이야기한다. 그들은 마치 무엇을 해야 할지 모르는 것처럼 안정을 잃을 수 있다.

신체적 반응: 전형적으로 계속적인 한탄, 불면, 식욕 상실을 포함함.

기타 반응: 비탄은 또한 상실을 의미 있게 하기 위해 종교적, 정신적 신념들을 재검토하도록 촉발시키기도 한다. 비탄에 대한 우리의 정의를 넓게 가질수록 나타날 수 있는 모든 반응들을 수용할 수 있다.

〈애도〉

상실에 대한 반응이라기보다는 사별한 사람들이 지금부터의 삶에 그 상실을 통합시키는 과정에 주목하는 말. 비탄과 밀접하게 연관되어 있으며, 종종 비탄의 유사어로 사용됨.

이 과정을 다루는 방식들은 비탄을 표현하는 사회적, 문화적 규준들에 의해 결정된다. 비탄과 애도를 연합해서 생각해 볼 때, 이 둘은 상실의 고통을 치유하는 방법들이다.

〈과제〉

1. 아래의 '남은 이를 위한 딘(P. Dean)의 5L 모델'을 보고 다음 물음에 대해 답을 생각해 보라.

Love(사랑): 결국 모든 것을 말하고 끝내고 나면 오직 사랑만이 행복을 주는 것이다. 우리가 사랑하는 누군가의 죽음을 만나면 그것을 극복하기 위해 우리 나름의 방식과 시간, 공간 등을 가지는 것이 필요하다. 우리는 '사람은 죽어도 사랑은 죽지 않는다.'라는 사실을 기억해야 한다. 빈센트 반 고흐는 인생에서 사랑하는 것을 배운 것이 가장 훌륭한 일이었다고 말했다.

Laugh(웃음): 수많은 연구에서 웃음이, 혹은 함께 웃는 것이 치유를 돕고 슬픔을 완화하는 효과가 크다고 하였다. 슬픔의 치유능력은 깊은 상실의 시기 동안에 유머를 발견할 수 있는 능력 혹은 슬픔과 웃음을 균형 있게 할 수 있는 능력이다. 사별을 겪은 사람들은 흔히 자기는 큰 슬픔을 겪고 있는데 바깥 세계는 전혀 아무런 변화 없이 웃고 있으면 너무 힘들어하고, 자기의 웃음과 즐거움도 스스로 부정하고 모두 함께 슬퍼하기를 바란다. 심지어 자신들의 슬픔과 죽은 사람과의 결합을 그대로 유지하려는 수단으로 그들 스스로 즐거운 감정을 부정할지도 모른다.

Live(생활): 사별을 당한 사람에게 매우 중요한 자세가 하나 있는데, 이것은 '삶이라는 선물에 대해 감사하는 태도'이다. 그렇게 함으로써 우리는 죽음은 이미 일어난 일이고 산 사람은 살아야 한다는 생각을 존중한다.

Learning(배움): 우리가 배우기 위해서는 모든 현상에 호기심이 많아야 한다. 이를 '선생님이기도 한 환자'라고 하며, 이러한 자세는 모든 사별을 겪은 사람들의 이야기들을 전문가들이 잘 경청해야 한다는 의미다. 그들의 이야기에서 전문가들도 배우게 될 것이다.

Listen(들어주기): 우리는 2개의 귀와 1개의 입이 있다. 들어 주는 것은 말하기보다 중요하다. 누군가의 이야기를 들을 때는 머리와 가슴이 모두 필요하다. 머리로 듣는 것은 이성적이고 논리적인 도움이 필요할 때 중요하고, 마음으로 듣는 것 역시 중요한 것으로서 머리로 듣는 것의 모자라는 부분을 완전히 메워준다. 머리로 생각하는 과학적 지식과 마음으로 듣는 예술적 행위 사이의 균형을 발견하는 기술은 꾸준한 연습과 인내로 발전된다.

A. 5L을 1~5까지 순위로 매기고, 5L 중에서 당신이 가장 좋아하는 L과 그 이유를 생각해 보라.

B. 당신이 생각하는 또 다른 L이 있는가? 그렇다면 그것은 무엇인가? 그리고 그 이유는 무엇인가?

2. 누군가를 사별로 떠나보낸 남은 사람으로서 인터뷰에 대한 동의, 즉 사별의 경험을 공유할 것을 동의한 사람과 인터뷰를 하라. 대상자를 불편하게 만드는 이야기는 하지 않도록 배려하면서 인터뷰를 진행하라. 다음과 같은 질문으로 인터뷰를 시작하라. 그리고 다음과 같은 인터뷰 경험을 보고하라.

질문:
누구와 사별하였나?
언제 돌아가셨나?
어디에서 돌아가셨나?
그의 죽음을 겪으면서 무엇을 배우게 되었나?

보고:
인터뷰 당시 남은 사람의 처음 반응은 어떠했나?
사별 인터뷰가 진행되어 가는 동안 처음 반응이 점차로 어떻게 변해 갔나?
인터뷰를 진행해 나가는 데 도움이 되지 않았던 것은 무엇인가?

3. 인터넷에 있는 사별자 지지 그룹들 조사하기
사랑하는 사람을 추억하기 위해 만들어진 많은 웹 사이트들이 있으며, 그들 중 많은 것은 어떤 특별한 상실 경험에 관한 자료도 있다. 이런 사이트 3~5곳을 찾아서 사이트와 메뉴, 운영 등에 대해 간략히 조사하라. 우선 평가 기준 몇 가지를 설정하여 기준별로 그 사이트를 1(매우 좋음) ~ 5(쓸모 없음)까지 순위를 매기고, 그 사이트에서 발견한 의미 있는 정보에 대해 간단하게 정리하라.

부록: 한국 호스피스 단체 및 기관 홈페이지 주소

고려대학교 구로병원 호스피스회(http://guro.kumc.or.kr/guidance/guidance_06.jsp)

운영 주체: 고려대학교 구로병원

운영 내용: 입원환자 관리, 외래환자 관리, 재가 암환자 방문 간호, 암성 통증 관리

특기 사항: 대상자는 임종이 6개월 이내로 예견되는 말기환자, 수술 · 항암요법 · 방사선요법을 시행하였으나 더 이상의 치료 효과를 기대하기 어려운 환자, 통증 완화와 증상 관리를 필요로 하는 환자, 주치의나 호스피스 담당자가 호스피스 간호를 추천하는 말기환자, 이러한 환자들로서 의식이 뚜렷하고 의사소통이 가능한 자는 호스피스 완화의학 클리닉에서 진료를 받을 수 있다.

강남성모병원 호스피스 병동(http://www.cmckangnam.or.kr/love/love02_01.jsp)

운영 주체: 가톨릭대학교 강남성모병원

운영 내용: ① 환자 및 가족을 위한 프로그램—휴식간호(respite care), 호스피스 병동 가족 교육 및 지지 모임, 병동 미사, 산재형 호스피스서비스, 퇴원환자 가정방문서비스, 신체적 · 정서적 · 영적 지지서비스

② 사별 가족을 위한 프로그램—사별 가족 지지서비스, 병원 미사 및 사별 가족 모임

특기 사항: 호스피스 후원회원의 작은 정성으로 경제적 어려움을 겪고 있는 환자들을 지원하고 보호자들을 위한 식사 제공, 후원회원을 위한 소식지 발간 등의 다양한 활동을 하고 있다.

서울대학교병원 호스피스실(http://cancer.snuh.org/hospice)

운영 주체: 서울대학교병원

운영 내용: 등불모임, 호스피스 상담

특기 사항: 병상 산재형 호스피스로서 독립된 병동 없이 호스피스 대상 환자들이 일반 환자들과 같은 병실을 사용하는 상태에서 병원 호스피스 팀에 의해 제공되는 서비스로, 독립된 병동을 갖추기 어려운 병원에서 주로 행해지고 있다. 상담을 통해 말기암환자나 그의 가족들에게 올 수 있는 정신적, 신체적, 사회적, 영적 문제의 중재자 역할을 한다.

부산대학교 호스피스(http://hospice.pnuh.co.kr)

운영 주체: 부산대학교병원

운영 내용: 부산대학교에서는 현재 3명의 의사와 13명의 호스피스 간호사, 사회복지사, 영양사, 수녀님, 목사님, 스님 그리고 자원봉사자 60여 명이 활동중임. 환자의 신체적, 정신적, 사회심리적, 영적 욕구를 파악하고 돌보며, 임종 후 장례 봉사 및 사별간호를 함.

특기 사항: 자원봉사자에게 호스피스 자원봉사 프로그램을 교육시키고, 호스피스 교육을 받은 후 봉사자는 자신들의 시간을 할애하여 연민 어린 보살핌과 이해로 죽어 가는 환자와 가족들의 신체적, 영적, 사회적 지지로써 환자를 보살필 수 있도록 한다.

대구파티마병원(http://www.fatima.or.kr/service/c14/clinic.asp)

운영 주체: 대구파티마병원

운영 내용: 호스피스의 활동은 의료간호, 복지, 영양, 원목으로 지원 활동을 하고 있고 자원봉사자 35명이 활동중. 환자의 신체적, 정신적, 사회심리적, 영적 욕구를 파악하고 돌보며 임종 후 장례 봉사 및 사별간호

특기 사항: 향후 호스피스 자원봉사자 교육과 호스피스 재교육을 실시하고, 호스피스 활동을 넓혀 나갈 계획이다.

국립암센터(http://www.ncc.re.kr/)

운영 주체: 국가기관(국립암센터)

운영 내용: 세계적인 수준의 암 연구, 암 진료, 암 교육, 암 관리 기관이며, 국가 암

정복 10개년 계획 수행 등 국가정책 실현 주관

특기 사항: 국립암센터의 역할은 암 연구, 암 진료, 암 교육, 암 관리 사업, 암 정보 연구과, 암 등록 · 통계 연구과, 암 예방 조기검진 연구과, 삶의 질 향상 연구과 (말기암환자의 정신적 · 육체적 고통에 관한 연구, 말기암환자의 삶의 질 향상 연구)

한국호스피스협회(http://www.hospicekorea.com/)

운영 주체: 한국호스피스협회

운영 내용: 워크숍, 세미나, 간행물, 기타 정보수단 등을 통해 교육자료와 환자간호에 대한 전문적인 의견 등을 나눔으로써 많은 배움과 호스피스 프로그램의 일관성 등을 추구하기 위해 노력

특기 사항: 협회 연락처(이화여자대학교 종합사회복지관 108호)

원자력병원(http://www.kcch.re.kr/volunteer/hospice.asp)

운영 주체: 원자력병원

운영 내용: 호스피스 교육, 호스피스팀 모임, 가족 지지 모임, 가정 호스피스, 사별 가족 모임, 사별 가족 간호, 호스피스 기관 방문 등

특기 사항: 원자력병원은 40년 동안 국내 암환자 진료에 선도적 역할을 다해 온 국내 최고의 암 전문 병원이며, 전국 암환자의 5~15%를 담당해 왔다. '환자 중심의 호스피스'를 모토로 '국내 최고의 암 전문 병원'의 위상 및 역할에 합당한 '교육, 세미나, 대내외 활동, 연구'와 아울러 '정신과, 전인 치료, 가족 치료' 개념이 포함된 포괄적 접근을 통해 구현하고 있다.

〈외국의 호스피스 단체 및 기관 홈페이지 주소〉

International Hospice College & Institute (http://www.hospicecare.com)

American Academy of Hospice and Palliative Medicine
(http://www.aahpm.org)

Improving Care for the Dying (http://www.growthhouse.org)

End of Life Physician Education Resources Center (http://www.eperc.mcw.edu)

Edmonton Palliative Care Program (http://www.palliative.org)

University of Wisconsin Pain & Policy Studies Group (http://www.medsch.wisc.edu/painpolicy)

Department of Pain Medicine & Palliative Care (http://www.stoppain.org)

Innovations in End-of-Life Care (http://www2.edc.org/lastacts)

National Hospice Organization(NHO) (http://www.nho.org)

Hospice and Palliative Nurses Association (http:www.hpna.org)

Cleveland Clinic Palliative Medicine (http://www.clevelandclinic.org/palliative)

American Pain Society (http://www.ampainsoc.org)

The Tool Kit of Instruments to Measure End of Life Care (http://www.chcr.brown.edu/pcoc/toolkitpast.htm)

Agency for Research on Cancer (http://www.iarc.fr)

American Cancer Society (http://cancer.org)

A WHO Collaborating Center for Policy and Communication in Cancer Care (http://www.medsch.wisc.edu/painpolicy)

European Organization for Research and Treatment of Cancer(EORTC) (http://eortc.be)

Hospice Home Page (http://scu.edu/hospice)

제 7 장 보건의료체계

의료기관은 환자를 치료하고 돌보는 역할을 하지만 죽음을 앞둔 환자에게 항상 만족을 주지는 못한다. 오늘날 의료기관에서는 죽음이 일상적으로 일어나기 때문에 죽음이라는 것이 그다지 특별한 것으로 생각되지 않을 수도 있다. 하지만 환자들이 겪는 생애 마지막 순간을 생각해 보자. 죽음이 두려운 존재로 느껴지지 않는가? 현대인들은 의학적 치료에 대한 기대가 높기 때문에 환자 상태나 경과가 좋아지지 않으면 의료기관에 대한 불만과 불신을 표현하는 경우가 많다. 더욱이 환자 상태가 악화되거나 호전의 기미가 보이지 않으면 의사들은 이러한 상황에 대한 책임을 지게 될 수도 있다.

병원, 가정간호, 호스피스 이 세 가지 주요 의료체계 범위 내의 의료적 돌봄은 총체적인 건강관리 시스템 안에서 특별한 목적을 추구하도록 구성되어 있다. 삶의 위협을 받을 정도로 심각한 질병을 앓고 있는 환자들은 신속하고 적절한 돌봄을 제공받는다. 만약 상태가 호전될 경우 병원체계에서 가정간호로 바뀔 수도 있다. 이 장에서는 보건의료적 도움들과 호스피스에 관한 이해를 증진하고자 한다.

1. 보건의료적 도움들

병원은 주로 제한된 시간과 장소에서 집중적인 돌봄을 제공하는 것이 특징이다. 이러한 돌봄은 증상을 진단하거나 치료를 제공함으로써 환자의 삶을 지속시킨다. 대부분의 환자는 짧은 기간 동안의 치료 후에 최적의 건강상태로 회복하기를 바라고, 정상적인 삶으로 돌아가기를 원한다. 만성질환을 가진 환자나 말기암환자들은 병원에 계속 입원하면서 부가적인 간호를 받거나 가정간호, 호스피스를 통하여 집에서 간호를 받을 수 있다.

병원은 요즈음 더욱 심각하고 다양한 질병의 유형, 그리고 운영과 관련된 난제에 부딪히고 있다. 따라서 현대 병원의 중요한 역할로 인식되는 것은 외래환자에서부터 가정간호, 호스피스를 포함하는 광범위한 돌봄까지 서로 연계하여 병원 내의 역할을 증대하고 개선해 나간다는 점이다.[1]

가정간호는 병원의 의뢰나 개인 또는 가족의 자발적인 요구에 따라 가정간호사가 가정을 방문하여 직접적인 도움을 줌으로써 만성적인 질병을 가진 환자들이 남은 생애 동안 장기적인 간호를 제공받는 것을 말한다. 우리나라의 가정간호는 1970년 중반에 일부 병원에서 행해진 조기 퇴원 사업과 1980년대부터 보건진료소에 배치된 보건 진료원들에 의해 가정간호 사업이 실시되어 왔으며, 최근 들어 사회 · 경제 · 문화적으로 다양하게 발전함에 따라 국민의 건강 요구가 계속 높아지고 있다.[2]

호스피스는 임종을 맞이하는 환자들과 그 가족들의 요구를 만족시켜 주기 위해 발생하였다. 호스피스돌봄의 중점적인 역할은 질병을 치료하기보다는 환자를 편안하게 해 주는 것이다. 호스피스는 병원, 가정간호와는 달리 장소가 중요한 것이 아니라 간호중재의 프로그램이 중요하다. 지금부터는 이러한 부분을 더 자세히 살펴보기로 한다.

1) 현대 사회의 건강관리

의료 절차는 표준화되고 효율적인 과정에 의해 진행되므로 환자 개개인의 요구에 만족할 만한 병원은 본질적으로 제한되어 있다. 예를 들면 환자가 가정에서 죽음을 맞이할 때는 가족들에게서 환자가 좋아할 만한 음식을 제공받을 수 있다. 하지만 병원에서는 환자의 만족과는 상관없는, 치료를 바탕으로 정해진 음식을 먹어야 할 것이다. 복잡한 관계를 이루고 있는 병원 관리체계가 개인에게 편안함과 만족감을 주지 못할 경우가 많다. 의료기관에서 환자들은 서면이나 구두로 된 규칙, 규범에 영향을 받는다.

임종을 앞둔 환자의 가족들은 환자에게 접근하지도 못하고 대기실에서 기다리면서 임종의 순간을 의료진에게 맡길 수도 있다. 가족들이 안고 있는 걱정거리를 병원 직원에게 말하고 도움 받을 수 있는 적절한 장소가 병원에는 마련되어 있지 않다. 병원 복도에서 의사 혹은 간호사를 만나 이야기한다는 것은 단지 형식적이고 사무적인 관계를 상징화할 뿐이다. 이러한 상황들은 근본적으로 변화되어야 한다. 의료는 단순히 전문적인 치료를 제공하는 것뿐만 아니라 가족들에게 의미를 부여하고 상호관계를 증진하도록 도움을 제공해야 할 것이다.

개인의 요구를 무시하고 정형화된 틀에서만 치료하려는 방식은 인류가 발전시켜 온 의학적 진보의 부차적인 결과라고 볼 수 있다. 즉, 의술의 기계화에 의해 환자들의 인간적 존엄성이 제대로 존중되지 못하였다고도 볼 수 있다.[3] 이러한 개개인의 특성과 요구를 적절히 만족시키지 못하는 의료서비스는 개인의 질병에 대한 정확한 인지와 관심의 부족에 기인한 것이라 할 수 있다. 한 연구에 따르면 간호사들이 질병이 경미한 환자의 침대 호출을 받고 환자에게 가는 시간보다 임종을 앞둔 환자의 침대 호출을 받고 가는 시간이 더 길게 걸렸다고 한다. 이러한 경우가 항상 있는 것은 아니지만 간접적인 무시, 회피가 언제든지 일어날 수 있다는 것은 실로 안타까운 일이다. 로젠버그(C. Rosenberg)는 "사람들은 병원이 고통을 줄여 주고, 삶을 연장시켜 주며, 죽음을 제대로 관리해 주는 등의 많은 기대를 하고 있다."[4] 라고 보고하였다.

(1) 의료서비스와 비용

보건의료서비스를 구분하는 기준은 크게 두 가지로 볼 수 있다. 첫째 질병의 자연사를 고려한 분류로 일차 예방(건강 증진과 질병 예방), 이차 예방(진료), 삼차 예방(재활)으로 구분하거나, 둘째 대상자 건강 문제의 종류에 따라 일차 의료(primary care), 이차 의료(secondary care), 삼차 의료(tertiary care)로 구분한다. 이러한 의료서비스는 필요하면 언제 어디서나 이용할 수 있는 접근용이성과 보건의료의 의학적, 사회적 적정성이 동시에 달성될 수 있는 질적 적정성을 지니고, 평생 또는 오랫동안 지속되어야 하는 지속성과 동시에 일정한 자원의 투입으로 최대의 목적을 달성할 수 있는 효율성이 보장되어야 된다.[5]

최근 의료의 발전은 건강관리 수준을 증가시켰으나 비용 효과적 측면에서 많은 부작용을 떠안고 있으며, 의료적 관리는 '표준화된 상품'이라는 용어로 사용되고 있다. 즉 의사들은 제공자(공급자)이고, 환자들은 소비자라고 말할 수 있다.[6] 현재 미국의 건강관리체계는 거대한 개혁과 구조 조정이 시행되고 있는 상태다. 미국의 이러한 분위기는 의료계의 시장성을 강조하면서 '의료적인 상호 협력자'라는 모델을 제시하였으나, 의료는 인간의 목숨을 다루는 영역상의 특성 때문에 다른 상업적 영역에 초점을 두는 소비자 중심의 모델보다 훨씬 복잡하다.

질병의 조기진단이 빠른 치료로 이어질 수도 있으나, 환자가 단지 그 병을 좀 더 일찍 알게 된 것뿐이라고 생각하는 이도 있다. 의료인이 생명에 위협적인 질병을 조기진단하게 될수록 죽음의 과정은 조기진단하기 전의 상황보다 더 길게 지속된다고 생각하는 소수의 사람들도 있다. 하지만 의료적 치료의 발달은 인간에게 내린 축복이라고 할 수 있다. 이런 양질의 수준 높은 건강관리는 지속적인 물질적 투자가 요구된다.[7] 하지만 의료관리 비용이 증대될수록 더 많은 환자들이 골고루 도움을 받을 수 있을 것인가에 관한 의구심이 더해진다. 지금의 건강관리체계에 가해지는 자금의 상황을 개선시키기 위해서는 이 자원들을 필요한 만큼씩만 지급해야 한다고 전문가들은 말하고 있다.

(2) 부족한 자원의 분배

'분배'란 용어는 사전적 의미로는 몫을 갈라 나누는 것을 말한다. 건강관리 내에서 '분배'는 건강관리의 제한된 양을 환자에게 효율적으로 나누어 지급하는 일련의 체계라고 정의하고 있다. 건강관리의 모든 부분이 효율적으로 환자에게 제공되지 않을 때, 특히 환자가 비용 문제 때문에 어떤 의학적 방법이 자신에게 가장 적절한지 알아보며 치료를 지연하는 경우 건강관리의 '분배'가 적용된다.[8] 의사는 치료도 하지만, 더불어 환자의 복지가 어떤 수준인지를 관찰하는 '문지기' 역할도 수시로 행해야 한다. 하지만 오늘날 임상에서 의사들은 건강관리에 대해 법적, 도덕적으로 생각해 보아야 하는 문제들을 많이 떠맡게 되어 점점 제한된 '문지기' 역할을 행하는 경우가 되었다.[9] 건강관리의 자원 부족은 '잠재적 위험군'에 속하는 환자 계층과 더불어 노인층의 증가로 초래된 결과라고 할 수 있다.

부족한 의료 자원의 '분배'를 결정한다는 것은 단지 전문가와 법률 재정가만이 고려해야 할 문제라기보다는 우리 모두가 생각해 보아야 할 문제이며, 우리 자신들의 복지에 신중한 결정을 내려 건강관리 시스템을 좋은 방향으로 발전시켜 나가야 할 것이다. 예를 들어 삶의 마지막에 수행되는 값비싸고 효율적이지 못한 치료보다는 삶을 조금 더 연장시키고 예방 목적으로 더욱 건강을 챙길 수 있는 의학적 기술을 선택하는 것이 현명할 수 있다.

2) 돌봄 제공자와 환자

출생, 삶의 과정 그리고 죽음 경험 이 세 가지 요소의 관계에서 의학은 상당히 중요한 상징적 의미를 지니고 있다. 의사와 환자 사이의 사회적인 관계는 건강관리 제공자와 환자 사이의 상호적 관심을 나타내야 하는 의무적인 관계에 있다.[10) 이상적인 의사－환자의 관계에서 의사는 교육자, 상담자, 전문가의 역할뿐만 아니라 의사결정을 하는 데 적절하게 도움을 주는 역할도 해야 한다. 결정을 같이 한다는 것은 훌륭한 의료적 돌봄의 목표이기도 하다.[11) 또한 결정을 하는 데 환자를 참여시켜 같이 결정하는 것은 일반적으로 환자의 증상을 경감시키는 프로그램이나 임종환자 간호에 중요한 영향을 미친다. 건강관리 제공자가 환자를 잘 알고 환자가 결정을 할 수 있도록 권한을 주며 환자의 선택을 수용하고 존중할 때, 건강관리 제공자와 환자와의 관계는 이상적이라고 할 수 있다. 때때로 환자 자신이 원하는 치료 사항을 말하기도 하는데, 임종환자의 돌봄에 대한 사항이나 의문점은 주치의를 선택할 때 의논해야 할 사항이다.[12) 그 의사가 임종환자 간호에 대한 경험이 있는가? 병원이나 가정간호, 호스피스 등과 같은 환경을 제공할 수 있으며, 그렇게 최선을 다하여 제공할 수 있는가? 의사는 그 지역 사회 내에서 이러한 자원을 효율적으로 이용할 수 있는 사람인가? (경제적 문제도 의논되어야 한다.) 기본 바탕은 다음과 같다. (1) 의학적, 정서적, 경제적 환경 내에서 환자와 그 가족들은 지지받을 수 있는가? (2) 특별히 원하는 점이 있다거나 발전 방향을 계획할 때 그 환경에서 이러한 점들을 뒷받침해 줄 수 있는가? 이러한 문제점이 가장 중요한 사안이다.

(1) 삶을 위협하는 질병의 진단

조사에 따르면 대부분의 사람들은 삶에 영향을 미치는 질병을 진단받았을 때 더 자세히 알기를 원한다. 하지만 “언제쯤 죽게 되는데요?” 또는 “어떻게 진행될까요?"와 관련된 정보들을 알기는 다소 어렵다. 의사는 환자의 최대 관심사인 위협적인 진단에 대해 확실한 입장 표명을 할 필요가 있다. 이러한 점들이 어떻게 행해져야 할지 결정되고 난 뒤에는 환자의 성격적 · 정서적 성향, 스트레스 상황에서의 대처능력 등을 고려해야 할 것이다.

환자가 자신의 위협적 질병에 대해 모든 것을 세세히 알면 그 사람의 극복 의지에 부정적인 영향을 미칠 가능성에 대해 의사들은 나름대로 걱정할 수 있다. 의사는 일반적으로 환자에게 안심과 지지를 격려해 줄 만한 믿음의 존재로서, 그 환자에게 희망을 심어 주는 것이 필요하다. 그러므로 의사가 위협적 질병에 대해 진단한 경우 그 병에 대한 세세한 정보에 대해 말해 주는 것은 환자가 진단을 받은 초기보다는 질병에 대하여 수용할 수 있을 때까지 미뤄져야 할 필요가 있을 수 있으며, 이때 문화적 요소도 함께 고려해야 한다. 어떤 문화권에서는 질병에 대해 사실을 자세히 밝히기보다는 '은폐'하는 것을 덕으로 삼는다.[13] 예를 들어 중국에서는 환자가 삶을 더 이상 유지할 수 없는 상태에 대해 알고 난 뒤에 가질 수 있는 심리적 손상을 방지하는 것을 더욱 중요하게 생각한다. 또한 자기가 적합한 치료를 결정하지 못하며, 가족들의 영향력이 더욱 크다고 할 수 있다.[14]

일반적으로 의사는 진단에 관해서는 진실된 사실만을 전달해야 하며, 그 질병에 따른 치료에 대해 조언해 줘야 하고, 환자의 요구에 따라서는 더욱 더 자세하게 말해 줄 수 있어야 한다. 환자에게 적절한 시간을 주어 궁금증과 관심사를 효율적으로 탐색할 수 있게 해야 한다.[15] 심각한 질병의 진단을 처음 알릴 때 환자가 너무 충격을 받아서 후에 더 많은 정보가 필요하다는 것을 깨닫지 못하고서 자세한 사항을 질문하지 못할 수도 있다.[16] 가족들에게는 일반적으로 진단 순간부터 환자간호의 전체적인 것들이 형성된다는 것을 깨닫게 하는 것도 중요하다. 그리고 친지, 친구들 또한 이러한 상황에 깊이 연관된다는 것을 알게 하는 것도 중요하다.

(2) 명확한 의사소통 달성

의사와 환자 사이에서의 진실되고 확실한 의사소통은 자동적으로 일어나지 않는다. 의사와 환자 사이의 의사소통에는 본래 약간의 장벽이 존재할 수 있다.[17] 의사와 환자가 서로 어떤 관계를 갖는지 5년 동안 연구한 사회학자 웨스트(C. West)는 치료 과정을 방해하는 소위 '의사소통 간의 공백'이라는 것을 발견했다. 웨스트는 특별히 서로 간의 소개, 환자를 맞이하는 방법, 환자의 웃음을 유발하거나 환자의 이름을 친근히 부르는 등의 사회적 상호작용의 한 부분인 '사회적 유대'의 부족함을 꼬집어 냈다. 또한 웨스트는 의사는 환자들이 원하는 대답을 앞서 생각하는 경향이 있었던 반면, 환자는 의사에게 질문하기를 주저하는 경향이 있음을 발견했다.[18]

의사는 진실된 눈과 귀로 경청해야 하며 환자가 현재 가지고 있는 문제에 대해 불안감이나 불편을 나타내는 '제스처'나 'body language'와 같은 비언어적 의사소통에도 주의를 기울여야 한다. 이런 의미에서 볼 때 현대사회의 고도로 발달된 기술적 진단과 치료적 중재는 그 자체가 효율적 의사소통에 장해물로 여겨질 수 있으며, 현대 의학 기술을 정확하고 자세히 알기 위해 요구되는 지식의 기본 지침 자체 또한 효율적 의사소통에 지지적인 것으로 생각되지 않는다.[19]

생명을 살리기 위해 훈련된 건강관리 제공자들은 환자에게 제공할 수 있는 치료를 찾지 못할 때 무력함을 느낀다. 임종환자가 죽음에 대해 말하기를 원한다면 그들에게 용기를 북돋워 줄 만한 여러 가지 기법이 제공된다. 첫 번째로 "당신은 점차 나아지고 있습니다." 등의 안도의 기법이 있다. 두 번째는 "당신은 백살이 될 때까지 살 것입니다."와 같은 부정의 기법이다. 그리고 세 번째로는 "좀 더 활기찬 내용의 이야기를 합시다." 등의 화제 바꾸기 기법이 있다. 네 번째로는 "뭐, 어차피 사람은 다 죽게 됩니다."라는 운명론적 기법이 있고, 마지막으로 다섯 번째는 "당신이 왜 그렇게 느낀다고 생각합니까?" 등과 같은 토론의 기법을 들 수 있다. 베놀리엘(J. Q.

Benoliel)은 건강관리 제공자의 임종환자와의 관계에 대해 "개방적 의사소통이라는 것은 환자의 죽음에 대해 공개적으로 이야기하는 것이 아니라 말로 나타난 환자의 관심사에 대해 솔직히 답변해 줄 수 있는 것을 의미한다."[20]라고 말했다.

어떻게 그것을 조절하고 행하느냐에 따라 의료적 의사소통은 긍정적인 방향으로 증진될 수 있고, 절망감을 느끼며, 부정적인 방향으로 흘러갈 수도 있다. 심각한 질병을 경험하면서 그것에 대해 기술한 쿠진스(N. Cousins)는 "삶에 위협적인 진단을 받았을 때 그 삶의 종결을 느끼기보다는 또 다른 하나의 도전으로 느껴졌다."[21]라고 말했다. 진실하고 명확한 의사소통은 환자 자신이 '치료 환경'을 정비하여 치료를 잘 받을 수 있도록 동기를 유발하는 데 중요한 역할을 하며, 마지막에 예상되는 좋지 않은 상황에 대해서도 이 질병으로 긍정적인 결과를 이끌어 낼 수 있도록 도전해 갈 수 있게 해 주는 것이다.

(3) 총체적인 돌봄 제공

심각한 질병을 가진 환자나 임종을 앞둔 환자를 돌볼 때에는 환자의 신체적 요구에만 주의를 기울이는 것으로는 충분치 않다. 다시 말해 총체적인 돌봄은 환자의 정신적, 사회적, 영적 요구의 복합체인 인격을 고려해야 한다.[22] 이러한 돌봄은 환자의 상태나 용모에 대해 알려 주기도 하고, 환자가 자신에게 영향을 미치는 어떤 결정을 내리는 데 적극적으로 참여하게 한다.[23]

조정이라는 것은 질병으로 생기는 불편한 문제점들을 극복하려는 환자들을 도울 때 때때로 사용해야 할 요소라고 할 수 있다. 예를 들어 치료 일정을 조정함으로써 환자는 계속해서 일을 하고, 학교를 다니며, 그들의 가족을 부양할 수 있다. 가족 구성원은 그 구성원 중 한 사람이라도 질병을 앓고 있으면 모두가 그 영향을 받는다. 환자의 죽음이 다가오고 있다면 가족들은 환자의 '부재'와 관련된 경험을 하게 된다.[24] 이런 혼란과 두려움의 상황, 확실히 예상할 수 없는 기간들이 계속해서 이어진다. 이런 과도기적 상황은 새로운 것을 받아들이기 이전에 오래된 것은 잊어버림으로써 그 상황을 극복할 수 있도록 삶을 재정의할 수 있는 충분한 시간을 준다. 가족들은 종종 사랑하는 사람의 임종을 극복함과 동시에 정상적인 자신의 삶을 살아가려고 노력한다. 그러므로 총체적 돌봄 모델에는 환자 가족에 대한 간호도 중요한 영역으로 자리 잡고 있다.

(4) 돌봄 제공자의 스트레스

의사, 간호사 그리고 다른 건강관리 전문가들은 대부분의 사람들이 활기차게 살아가는 삶의 환경보다는 죽음이 비일비재한 환경에서 일한다. 심각한 질병을 가진 환자나 임종을 앞둔 환자를 돌보면서 죽음이 익숙하게 느껴지는데도 여전히 그것은 스트레스로 존재한다.

간호 제공자가 스트레스를 가장 많이 받는 상황은 특별히 환자에게 해줄 수 있는 것이 아무것도 없다는 무력감을 느낄 때다. 말기암환자를 대상으로 하는 간호사의 고통 경험 연구에서, 처음에는 고통에 대한 힘겨움으로 무력감에 빠져 직업적인 도전을 느끼지만, 차츰 고통을 통해 환자와의 공감대를 형성하고 의식이 확대되는 경험을 한 경우도 있다.[25] 그러나 치료하기와 간호하기가 힘들 정도의 통증을 겪고 있는 환자나 죽음을 두려워하는 환자와 함께 일하는 것은 스트레스를 증가시킬 수 있다. 돌봄 제공자의 주요 스트레스원은 부족한 감정, 보상 없는 헌신, 환자들의 많은 요구 등이다. 그리고 AIDS에 대한 부담도 큰 스트레스다.

의사나 간호사 또는 전문적 돌봄 제공자들은 임종을 맞이하는 환자에게 인간적이고 세심한 돌봄을 어느 정도로 제공해야 하는가? 환자가 개인적으로 만족할 만한 돌봄의 수준은 어느 정도일까? 돌봄을 단지 치료의 일종으로만 생각한다면, 돌봄 제공자는 환자가 죽어 버릴 경우 절망감을 느끼기 쉽다.[26] 중환자실 간호사들을 연구한 문헌에 따르면, 환자의 죽음에 대해 그들은 대체로 고통을 느낀다고 했다.[27] 심각한 질병을 앓고 있는 환자나 임종을 앞둔 환자를 돌본다는 것은 피로와 고통을 더욱더 부가시키므로, 이러한 점을 극복하기 위한 하나의 방법으로 종종 병원 내의 틀이나 판에 박힌 행정 정책을 피난처로 삼아 형식적인 간호 활동을 하기도 한다. 이와 같이 스트레스를 스스로 다루지 못한다면 '이전에 해 왔던 간호'에 의해 감정의 메마름이나 비인격화가 더욱더 심해질 수 있다. 돌봄 제공자는 환자들을 위한 감정적이고 인간적인 돌봄을 유지하기 위해 나름대로의 스트레스 대처방안을 찾아야 한다.

심각한 질병을 앓고 있는 환자나 임종을 맞이하는 환자를 간호함으로써 발생할 수 있는 스트레스를 극복하기 위해 죽음이라는 상황을 개방적으로 토론할 수 있는 환경이 마련되어야 한다. 예를 들면 돌봄 제공자가 함께 모여 그들의 생각과 돌봄을 효율적으로 제공하는 것과 관련된 문제점을 토론할 수 있는 환경을 통해 자신들의 용기를 북돋울 수 있는 정책 마련이 시급하다.

2. 호스피스

마운트(B. Mount)가 관찰한 임종간호는 감성과 이성이 동시에 관여한다. 임종환자는 자신의 질병을 인정하고, 자신이 원하는 간호를 받으며, 자신의 질병 상태를 정확히 알고, 동시에 상호작용을 통한 관계를 형성하고자 한다.[28] 만약 당신이 말기암환자라면 남은 생애를 가족이나 친척, 친구들과 함께 집에서 보내기를 원하겠는가? 아니면 병원에서 할 수 있는 모든 의료 기술을 받으면서 지내기를 원하는가? 혹은 고통을 경감시켜 주고 가족관계를 강화하는 호스피스를 원하는가? 질병을 예측할 수 없는 상황에서 환자가 어디서 죽음을 맞이할지, 어떤 의료적 돌봄을 받으면서 생을 마감할지는 알 수 없다. 그렇다고 하더라도 환자의 고통을 최소한으로 줄여 주는 완화요법을 사용하는 데 집중해야 한다. 또한 죽음이 예상되었을 때 어디에서 죽음을 맞이할지 환자가 선택할 수 있게 도와야 한다. 이상을 종합한 결과 임종환자의 돌봄은 가정간호, 입원, 호스피스, 완화돌봄 등의 총합체로 생각될 수 있다.

1) 호스피스와 완화돌봄

호스피스의 목적과 방법은 완화요법이라는 용어에서 찾아볼 수 있다. 이 용어(palliative)는 숨긴다는 의미를 지닌 라틴어 palliatus에서 기원했으며, 그 뜻을 확대 해석하면 사건이나 상황의 격한 정도를 줄이거나 적당하게 한다는 의미를 가진다. 이 완화 치료요법은 남은 여생 동안 병원, 요양소에서 치료를 받는 환자들, 혹은 기존의 호스피스 프로그램에 따라 집에서 치료를 받는 환자들에게 제공되는 치료 기법 전반의 상황들을 포함한다. 완화요법은 또한 약물 전문가에게 받는 치료도 포함된다. 세계보건기구에서 정의된 완화요법은 기존의 방법, 수단으로 고쳐지지 않는 병을 가진 환자를 위한 능동적이며 총체적인 치료를 지칭한다.[29)]

(1) 호스피스와 완화돌봄의 원리

완화요법의 주된 목적은 죽어 가는 사람들이 공통적으로 경험하는 고통과 신체적인 증상들을 경감하는 것이다.[30)] 완화요법에서의 치료는 약물이 궁극적으로 질병을 낫게 하는 것보다는 상태를 조금씩 완화시켜 준다는 것을 의미한다. 치료를 한다는 것은 회복하는 것, 보존하는 것, 그리고 질병에 의해서 어쩔 수 없이 발생하는 다양한 합병증에 대한 개인의 의지와 감정 상태에 관련된다. 생애 마지막 순간의 환자의 개인적인 이야기들은 의학 지침에 쓰인 일반적인 글보다 더욱 중요한 의미를 지닌다. 그러므로 완화요법 치료는 신체적인 고통 혹은 의학적으로 불편한 상태를 완화시키는 것뿐만 아니라, 모든 방향에서 경험할 수 있는 고통을 완화하는 것에 중점을 두고 있다. 완화요법 치료의 특징 중 한 가지는 수동적이지 않다는 것이다. 환자는 세상과 이별할 때까지 고통과 불편함을 완화시키기 위해서 능동적으로 여러 가지 방법들을 생각한다. 완화요법의 중요한 기능은 죽어 가는 환자들과 그들의 가족들이 더 이상 할 수 있는 것이 없다고 말하는 점에 대해 무엇인가를 보여 줄 수 있다는 것이다. 즉, 고통의 경감을 이끌어 냄으로써 생각의 전환을 일으키는 것이다. 실제적으로 치료나 회복이 불가능 할 때에도 완화요법으로 많은 것들을 행할 수 있다.[31)]

호스피스와 완화요법의 주된 목적은 환자들의 삶을 마지막까지 편안하게 살 수 있도록 도와주는 것이고, 또한 고통을 줄여서 치유를 증진시키는 것이다. 환자들이 '좋은' 혹은 '평화로운' 죽음을 맞이하게 돕는다는 것뿐만 아니라 환자와 가족이 생의 마지막에 극히 개인적이고 영적인 유대관계를 통해서 얼마나 많은 상호 간의 공감대를 느낄 수 있는지 알게 해 주는 것이다.

(2) 호스피스와 완화돌봄의 기원

호스피스와 완화돌봄의 기원은 오래전부터 내려온 환영의 풍습과, 순례자와 여행가들을 돌보기 위해 초기 기독교에서 시작되고 실천되어 왔던 '환영하는(반기는) 장소'에서 찾을 수 있다.[32)] Hotel과 hospice 그리고 hospital이라는 단어는 라틴어 hospes에서 유래되었다. 어원은 hospitium이고, 입원장소라는 의미다. 여행자, 특히 순례자들을 맞이하는 장소인 hospoitia는 중세에 가난하고 죽어 가는 사람들을 위한 hospice와 아픈 사람을 위한 병원으로 발전됐다. 로마의 병원들이 군인 혹은 노예들의 빠른 회복을 위한 군대식 효율성에 기반을 둔 반면에, 기독교의 호스피스들은 부상당한 여행자들과 삶의 희망이 보이지 않는 사람들 그리고 재난의 피해

자들을 도왔다.

유대-기독교의 전통에서는 호스피스 치료가 diakonia(봉사 그리고 타인을 돌봄)의 개념과 metanoia(더 심오한 자아와 성스러운 힘으로 회귀하는 것) 그리고 kairos(충만한 독특한 순간)의 개념에서 시작된다.[33] 현대 호스피스 돌봄의 가장 영향력 있는 모델은 영국의 성 크리스토퍼(Christopher) 호스피스이며, 이것은 사운더스(C. Saunders) 의사에 의해서 1967년에 설립되었다. 1940년대에 의료 봉사자로서 근무하던 중 사운더스는 어디론가 도망쳐 가는 폴란드 출신의 유대인 타스마(D. Tasma)를 만난다. 그는 치료가 불가능한 암으로 죽어 가고 있었다. 그들은 사람들이 고통에서 구원을 얻고 존엄을 가지며 생을 마감할 수 있는 천국의 모습을 함께 만들어 나갔다. 타스마가 1948년에 사망할 당시 사운더스에게 "당신 집 창가에 있겠어요."라고 말하며 작은 유물을 남겨 주었다. 19년 후에 성 크리스토퍼 호스피스를 열면서 사운더스가 생각했던 천국의 모습은 현실화되었고, 그곳의 창문 하나는 타스마를 추모하기 위해서 만들어졌다.[34]

성 크리스토퍼 호스피스에 수용할 대부분의 환자는 인근의 마을에 사는 약 150만 명의 거주자들로 하였다. 성 크리스토퍼 호스피스에 있는 병실과 병동에는 꽃과 사진 그리고 개인적인 물품으로 가득 찼다. 환자와 가족 간의 상호작용을 위해서 수시로 방문시간이 허락되었으며, 아이들과 심지어는 가족이 기르는 애완동물도 환자의 곁에 머물 수 있게 하였다. 성 크리스토퍼 호스피스는 조용하고 평화로운 가운데에서 죽음을 받아들일 수 있는 분위기를 만들어 주었으며, 형식적인 기술이나 장치들을 배제한 의료 시스템을 추구해 나갔다. 환자가 죽어 갈 때 가족과 친구 그리고 직원들은 작별 인사를 위해서 침대 주위에 모였으며, 친지들은 원한다면 시신과 함께 시간을 보낼 수 있었다. 그 후 시신을 씻기고 작은 예배당으로 이송한다. 죽음은 성 크리스토퍼 호스피스에서 삶과 친숙하게 다뤄졌다.

자택 치료는 성 크리스토퍼 호스피스의 입원 치료와 함께 중요한 치료법으로 부상하였으며, 이로써 호스피스 치료의 장점들이 비입원환자들과 가족들에게도 확대될 수 있게 되었다. 자택 치료는 입원의 경험이 없는 환자들뿐만 아니라 이전에 입원했다가 집으로 퇴원한 사람들을 간호하는 것이다. 호스피스 직원들은 투약 계획을 세우고, 환자의 상태를 점검하기 위해서 정기적으로 방문했다. 간호사는 환자와 가족 구성원의 질문에 답하기 위해서 시간을 나누어 교대로 일하였다. 수년에 걸쳐 성 크리스토퍼 호스피스는 만족할 만한 고통 통제, 환자와 가족을 치료의 한 단위로서 간호하는 것 그리고 죽어 가는 환자에게 가능한 한 삶의 질을 최대한 얻을 수 있게 하는 것 등의 호스피스와 연관된 중요하고 바람직한 요소들을 입증할 수 있었다.

국내의 호스피스 활동을 살펴보면, 마리아의 작은 수녀회에 의해 1965년 강원도 강릉에 14개 병상으로 개원한 갈바리 의원에서 임종자들을 간호하기 시작한 것이 체계적으로 실시된 호스피스의 첫 관리였다고 할 수 있다. 1987년 연세대학교 간호대학에서 주최한 임종환자를 위한 워크숍에서 한국 최초로 호스피스 교육이 실시된 이후 1981년 가톨릭대학교 의과대학과 간호학과 학생들을 중심으로 호스피스 활동이 시작되어 1988년에 호스피스 병동이 설치되었으며, 1987년부터 암 센터에 가정 호스피스 프로그램이 시작되었고, 1992년에는 이화여자대학교 간호학과 대학 부설 가정 호스피스 간호 프로그램이 개설되었다. 그 후 여러 대학병원과 기관들이 호스피스과를 설치하고 호스피스 환자를 본격적으로 관리하기 시작하였다. 의료기관은 아니지만 충북 음성의 꽃동네에서는 무의탁 부랑인, 정신질환자, 장애자, 알코올중독자를 수용하는 시설과 함께 임종의 집을 마련하여 1976년부터 임종환자를 돌보고 있다. 그리고 여러 지역 교회 및 단체를 중심으로 사랑의 호스피스 운동이 활발히 전개되어 오고 있다. 대부분의 호스피스 기관에서 자원봉사자를 위한 정규적인 교육을 실시하고 있으며, 1991년에 한국호스피스협회가 창립되어 활발하게 전개되어 오고 있다.

(3) 호스피스 프로그램

호스피스돌봄 그리고 완화돌봄이라는 단어들이 상호 교환적으로 자주 사용되긴 하지만, 불치병에 걸린 환자들에게 특히 초점을 두는 것은 완화돌봄이다.[35] 비록 호스피스라는 단어가 불치병에 걸린 사람들이 입원할 수 있는 시설을 지칭할 수는 있지만, 대부분의 호스피스돌봄은 환자들의 집에서 주된 봉사자인 가족들과 함께 만들어 간다. 호스피스돌봄의 단계에 들어서는 것은 대개 호스피스 프로그램에서 해결책을 찾는 것으로서 지역의 호스피스 서비스를 제공받도록 신청하는 것이다. 호스피스 프로그램들은 대개 지역사회에 기반을 둔 광범위한 완화돌봄서비스들과 상호 연계되어 제공되고, 요양소, 입원 치료시설 그리고 병원에서 사용되며, 환자의 집에서도 사용된다. 호스피스는 불치병의 마지막 단계에 있는 사람들, 생명을 연장하려는 의도에서 의학적인 개입을 억제하는 것에 동의한 사람들을 위한 것이다.

호스피스는 불치병에 걸린 환자들을 위한 특별한 형태의 완화돌봄 치료다. 비록 호스피스 프로그램이 때때로 뜬구름같이 이상화된 '행복한 죽음'을 만들어 낸다는 비난을 받지만, 이것은 특정한 죽음의 과정을 미리 그려보는 것이 아니다. 오히려 혼란스러운 것처럼 보이는 죽음의 과정에서 죽어 가는 이의 요구와 신념에 적합한 방법으로 살아가는 환경을 만드는 것이다.[36]

① 호스피스 프로그램의 표준

국내에서는 아직 합의된 호스피스 프로그램의 표준이 없다. 하지만 미국병원합동평가위원회(JCAH, 1986)에서는 다음과 같이 호스피스의 원칙과 표준을 제시하고 있다.

- 환자와 가족은 호스피스간호의 한 단위다.
- 호스피스 활동은 전문직 팀에 의해 이루어진다.
- 호스피스는 지속적인 간호를 제공한다.

- 호스피스는 가정간호를 제공한다.
- 호스피스는 입원환자간호도 제공한다.
- 호스피스에서는 의무기록을 문서화하고 보관한다.
- 호스피스는 통제기관이 있어야 한다.
- 호스피스는 관리 및 행정적인 업무를 유지해야 한다.
- 호스피스는 자원 이용의 재검토를 해야 한다.
- 호스피스에 대한 질 보장(quality accountability) 제도가 확립되어 있어야 한다.

② 호스피스 대상자 선정 기준

호스피스 환자의 진단 분포를 보면 암환자가 60% 정도를 차지하고, 고령화를 특징으로 한다. 이러한 상황에서 대상자를 선정하는 기준을 보면 다음과 같다.

- 암으로 진단받은 후 수술이나 항암요법 등 의학적 치료를 시행하였으나 더 이상의 치료 효과를 기대하기 어려운 경우
- 의사에게서 6개월 내지 1년 정도 살 수 있다는 진단을 받은 자
- 의사의 동의나 의뢰가 있는 경우
- 환자나 가족이 적극적 치료가 아닌 증상 완화를 위한 관리를 받기로 결정하고 요청한 경우
- 가족이나 친지가 별로 없어 호스피스의 도움이 필요하다고 선정된 경우

③ 호스피스 유형

대표적으로 가정 호스피스(hospice home care)가 있다. 이것은 호스피스 요원이 환자의 가정을 방문하여 돌보는 형태로서 전 세계적으로 가장 널리 이용되고 있는 보편적인 유형이다. 국내에도 2005년 현재 약 40개의 기관에서 가정 호스피스 프로그램을 운영하는 것으로 보고되고 있다. 두

번째로 독립형 호스피스(free standing hospice)는 호스피스만 독립적으로 운영하는 형태로서 누구든지 환자를 의뢰할 수 있으며, 봉사자로 참여 가능하다. 우리나라에서는 1963년에 시작한 강원도 마리아 수녀회와 1983년에 시작된 가톨릭 대학생 모임이 대표적이다. 그리고 병원 내의 산재형 호스피스(inpatient scattered-bed consultative)는 1975년 성 누가루스벨트 병원에서 처음 시도된 종류이며, 병원 내의 호스피스 팀이 구성되어 간호하는 방식을 특징으로 한다. 그리고 병원 내의 병동 호스피스(hospice unit within a hospotal)가 있다. 이것은 병원 내에 확보된 병동에서 호스피스 활동을 하는 유형이다. 그 밖에도 양로원/시설호스피스(nursing home for hospice), 주간 보호 호스피스(day-care hospice), 혼합형이 있다.

(4) 병원에서의 완화돌봄

비록 병원이 주로 상해나 질병에 대해서 '단기적이고 집중적이며 강도 있는 치료'를 하기 위해 설립되지만, 점차 환자가 삶을 마감하기 직전까지 행할 수 있는 포괄적인 치료가 요구되는 완화돌봄이론을 채택하고 있다. 완화돌봄은 환자와 가족이 가능한 한 최상의 삶의 질을 얻는 것이다. 급성질병의 치료를 하는 의료기관에서도 병원의 전형적인 임무에 더하여 다양한 종류의 외부 환자들의 확장된 치료 그리고 자택 및 호스피스돌봄들을 제공한다.[37] 간호사들이 환자에게만 초점을 둘 수 있고, 의료 제공자들이 과다한 업무에 시달리지 않으며, 질병에 대한 진단과 예후에 관해 환자에게 숨기지 않고, 직원들에 대한 지원체계가 마련된 기관에서의 죽어 가는 이들에 대한 치료는 호스피스 원래의 신념과 목적을 실천할 수 있을 것이다.

(5) 호스피스와 완화돌봄의 도전과제

호스피스와 완화돌봄의 요구는 증가되고 있다. 그러나 생의 마지막에 행해지는 포괄적인 치료법이 더욱 널리 사용되기 위해서는 반드시 직면해야 하는 난제들이 있다. 첫째, 24시간 대기할 수 있는 돌봄 봉사자의 존재가 필수적이다. 돌봄 수행 문제에는 신체 증상들을 관찰하고, 환자가 얼마나 고통을 느끼는지 알아보며, 약물의 적절한 복용량을 측정하는 것이 포함된다.[38] 둘째, 호스피스 치료를 위한 비용 문제다. 미국에서는 호스피스서비스가 의료 보조 프로그램에 의해서 보장이 되고 대부분의 사설 건강보험 등이 보장하지만, 우리나라는 아직까지 호스피스 의료수가가 책정되어 있지 않아 앞으로 이 부분에 관한 노력이 필요하다. 셋째, 의료적 혜택을 받지 못한 사람들의 문화적, 개인적 가치를 존중해 주는 일은 호스피스와 완화돌봄에 앞서 우선과제가 되어야 할 것이다. 호스피스가 제한적인 산업이라고 볼 수 있기 때문에 돌봄을 일상적인 것으로 생각하는 올바르지 못한 관료적 사고에 직면할 수 있다.

지금은 호스피스돌봄을 위한 모든 프로그램들이 하나의 치료 모델로 표준화되는 것을 원하는 사회가 되었다. 만약 불치병에 대하여 호스피스가 단지 의학적 선택 사항으로 환자의 기호에 따라 사용된다면, 관료적인 장해물에 대항하여 호스피스돌봄이 올바르게 수행될 것인가가 의문이다. 호스피스와 완화돌봄요법이 마지막으로 풀어야 할 과제는 일반 대중들과 전문인 모두에게 임종 시기의 돌봄에 관한 명확한 교육이다. 불치병에 걸린 사람들에게 질적인 치료를 어떻게 제공할 것인지를 교육받을 때, 수십 년간 계속 노력해 왔는데도 임종의 효율적인 관리, 죽음 혹은 죽음에 임박한 돌봄 내용을 다루는 교재를 찾아볼 수 없었다. 죽어 가는 환자와 가족들에게 최선의 치료와 간호를 제공하려면 건강관리 전문가들은 필요한 기술들을 습득해야 하고, 죽음에 대한 자신들의 감정을 효과적으로 다루고 인식하는 법을 배워 가야 한다.[39]

호스피스의 선구자라 할 수 있는 호스피스 외과의 라머스(B. Lamers)는 호스피스의 미래를 예견하면서 약간의 도전을 극복하는 데 필요한 호스피스돌봄의 세 가지 유형을 제시했다.[40]

① 확진할 수 있는 단기간의 예후(예: 진행된 질병, 치료될 수 없는 암)를 보이는 환자들을 위한 전통적인 호스피스돌봄
② 확진받지 못한 환자들을 위한 장기적인 호스피스돌봄(삶을 연장하는 동안 삶의 질을 개선하기 위한 비싸고 집중적인 치료법들이 필요하지 않은 환자들)
③ 비록 확실하지 않은 예후를 가지고 있으나 자신에게 제한적인 면들을 개선해 나가고 증상을 집중적으로 완화시키기 위해서 값비싸고 집중적인 치료를 필요로 하는 사람들을 위한 하이테크(high-tech) 호스피스돌봄

2) 가정간호

많은 사람들이 삶의 마지막 단계에는 집에서 치료받고 싶어 한다. 가정에서 치료하는 것이 지니는 분명한 장점은 죽어 가는 환자가 익숙한 환경, 즉 가족들과 친구들의 품 안에서 편안함을 느낄 수 있다는 것이다. 그리고 의료기관의 일상적인 계획에 따르는 대신 자신만의 계획을 짜 더 많은 융통성과 효율성을 가진다. 하지만 가정간호가 선택 사항에 포함되기 위해서는 가족과 친구들에 의해서만 지지되는 것이 아니라 전문적인 돌봄 제공자의 지원이 필요하다. 비록 많은 가정간호사들이 호스피스를 제공하긴 하지만, 전문가들은 가정간호서비스와 호스피스 프로그램 간의 발전적인 관계가 필요하다고 말한다.[41]

성공적인 가정간호는 철저한 준비와 수행에 달려 있다. 집에서 완벽한 치료를 제공하는 것은 불가능하다. 하지만 가정간호가 적절할 때는 한 인생의 마무리를 위한 돌봄 치료로는 더할 나위 없는 최선의 방법이 될 수 있다. 가정간호는 병원이나 다른 의료기관에 입원하는 것을 대신할 수 있다. 요양의 성격을 지닌 치료가 필요할 때 병원, 요양소, 호스피스 시설, 집 어

느 곳에서나 치료를 받을 수는 있다. 하지만 집에서 간호를 받는 것을 긍정적으로 생각하는 사람들이 많아지고 있는 것은 사실이다. 비록 가정간호가 모든 이들이 다 선택할 수 있는 것은 아니지만, 심각하게 고통을 느끼며 죽어 가는 환자를 집에서 간호해 본 많은 사람들이 주로 가정간호를 선호하고 있는 것은 분명한 사실이다.

3) 죽어 가는 사람에 대한 사회적 지지

사회적인 지원은 죽어 가는 환자를 간호하는 데 중요한 요소로 작용할 수 있다. 암이나 심장병 같은 특정한 질병에 걸린 환자들을 위한 기관들, 병원들 그리고 다른 지역 사회의 기관들을 통해서 사회적 지원이 어떻게 작용하는지 쉽게 발견할 수 있다. 이러한 기관들은 질병이 어떤 영향을 주는지 환자들이 더 잘 이해하도록 돕고, 두려움을 완화시키는 방법을 토의하는 포럼 같은 모임을 제공하며, 신체적 그리고 정신적인 편안함을 강화할 수 있도록 돕는다.[42] 환자들과 가족의 교육 프로그램으로는 강의나 읽기 자료, 시청각 매체는 물론 참석자들에 의한 직접적인 대화의 장 등이 제공된다. 지원 프로그램들은 주로 환자들이 무력감을 배제할 수 있다는 자신감을 불어넣는 점에 초점을 맞추고 있다.

4) 죽어 가는 사람과 함께하기

불치병이라는 진단을 받은 환자와 함께하는 사람들은 어떻게 환자를 대해야 할지 불안해하고 당황한다. 그때는 어떻게 말해야 하는가? 어떻게 행동해야 잘하는 것인가? 잘못 느낌을 전달하면 아마도 진정한 의사소통을 저해할지도 모른다. 환자와 함께 있는 것에 관한 불편함 그리고 어떻게 대해야 할지 모를 불확실성은 과도한 동정 혹은 강박관념적 회피 중 하나로 나타날 것이다. 이러한 반응들을 해결하기 위하여 돌봄 제공자는 효율적인 계획을 세워 아픈 환자가 원하는 것을 해결해 주려는 자세를 취해야 할 것이다. 가필드(C. Garfield)는 "돌봄 제공자의 수준 높은 기술 중 하나가 삶을 위해서 투쟁하는 환자들이 언제 기분이 좋고 나쁘다는 것을 아는 것이고, 언제 그가 죽음의 문턱에 도달하리라는 것을 적절히 예상하는 것이다."[43]라고 말했다.

노인들에게 널리 사용되는 상담기법인 '생의 회고'는 죽음을 맞이한 사람의 근심거리들을 논의하기 위한 기회를 열어 준다. 개인의 삶을 되돌아보는 것은 개인이 생의 마지막 페이지를 마무리할 때 중대한 그 무엇을 선택할 수 있게 하는 힘을 준다. 과거의 추억과 사건들을 회상하면서 자신만의 끝나지 않은 일들을 마무리짓는 기회를 가진다.[44]

죽음을 맞이하는 사람들과 함께 있을 때 가장 중요한 것 중 한 가지는 가만히 앉아서 그들의 이야기를 들어 주는 것이다. 샌프란시스코의 젠 병원 프로젝트의 자원봉사자 앤더슨(T. R. Anderson)은 위의 이야기를 이런 식으로 묘사했다. "아무것도 하려 하지 말고 가까이 다가가 마음만 여세요."[45]

이것을 기억하자

- 현대 보건의료의 종류와 질은 환자, 의료진(의사/간호사), 시설 사이의 관계에 달려 있다.
- 호스피스돌봄은 말기환자의 병원비뿐만 아니라 말기환자들에 대한 염려에서 생겨났다.
- 보건의료 시설들은 점차로 '전체', '전인적'인 치료(신체적, 정서적, 영적)와 사회적 지지를 제공해 주는 방향으로 나아가고 있다.
- 보건의료 상황에서 계약관계에는 보건의료 제공자와 환자 사이의 상호 관심이 함축되어 있다는 것을 의미한다. 이것은 의사소통을 보다 명확하게 하도록 격려하고, 의사결정을 할 때 함께 참여할 수 있도록 격려한다.
- 호스피스돌봄은 말기환자들을 위한 특수화된 경감간호다.
- 죽어 가는 누군가와 함께한다는 것은 간호하는 사람 자신의 생명의 유한성을 일깨운다.

〈과제〉

1. TV에서 의료 관련 프로그램을 시청하고, 특히 말기환자, 가족, 친구나 친지들, 환자의 담당 의사, 간호사, 다른 돌봄 제공자들을 주의 깊게 살펴보라. 그러고 나서 다음의 물음에 대해 생각을 정리해 보라.
   1) 환자의 나이, 성별 그리고 사회 · 경제적 수준은?
   2) 환자의 성격은?
   3) 가족이나 의료진은 환자를 어떠한 방식으로 치료하는가?
   4) 실제 죽음이 가까이 있다는 것을 인식하고 있는가?
   5) 환자의 죽음의 원인은 무엇인가?
   6) 여태까지 당신이 본 죽음의 모습과 비슷한 점 혹은 다른 점은 무엇인가?
   7) 프로그램에서 죽음이 실감나게 그려졌었나?
   8) 죽음에서 표현한 생명관은 무엇이었나?
   9) 당신이 프로그램 작가에게 제안하고 싶은 말은 무엇인가?

2. 가장 가까운 사람이 말기 상태에 있어서 가정간호를 받으려고 한다고 가정해 보라. 당신이 환자에게 제공해 줄 수 있는 간호능력에 대해 점검해 보라.
   1) 당신의 현재 스케줄을 감안해서 하루에(혹은 일주일) 몇 시간 정도 그 사람을 위해 간호할 수 있나?
   2) 간호 제공자가 되기 위해 어떤 교육을 받았고, 또 무슨 준비를 하였다고 평가할 수 있는가?
   3) 만약 당신 가족을 돌보는 간호사가 다음의 임무를 수행하기 위해 당신의 도움이 필요하다면 다음 중 당신이 할 수 있는 일은 무엇인가?
      - ▣ 환자의 이야기를 주의 깊게 들어 주기
      - ▣ 쇼핑을 가거나 병원을 방문할 때 휠체어 밀어 주기
      - ▣ 밤에 함께 있기
      - ▣ 경구 투약
      - ▣ 직장 좌약 투약
      - ▣ 주사
      - ▣ 카테터(환자에게 음식을 주기 위해, 혹은 소변이나 분비물을 제거하기 위해 몸에 삽입한 튜브)를 깨끗하게 유지하기
      - ▣ 욕창 예방을 위해 1시간마다 돌려놓기
      - ▣ 대변 관리 및 청결
      - ▣ 구토물 처리 및 청결
      - ▣ 환자의 마지막 순간까지 같이 있어 주기

제 8 장

장례와 그 이후

모든 사회는 사회 내 구성원들의 죽음을 표시하기 위해 각각의 다양하고 일반화된 의식과 절차를 소유하고 있으며, 이러한 의식의 상징과 은유를 통해 그 사회가 어떻게 죽음을 인식하고 있는가를 표현한다. 또한 개인은 자신의 삶의 종료를 표시하는 마지막 의식에 대한 선택을 통해 자신이 가지고 있는 죽음에 대한 태도와 신념을 표현하기도 한다. 예를 들면 학교를 마치는 졸업을 또 다른 일의 시작으로 인식하듯 죽음을 또 다른 삶의 시작과 연관된 것으로 인식하는 것이다. 즉, 개인은 장례식을 슬픔보다는 또 다른 삶을 시작하는 기쁜 의식으로 표현하기를 원한 것이다. 이러한 측면에서 장례식은 죽은 사람과 살아 있는 사람 모두에게 깊은 의미를 지닌다. 이 장에서는 장례의 정의와 관련 요인, 일반적 장례 절차 및 장례 후의 법적 요소들에 관해 소개하고자 한다.

1. 장례의 정의와 관련 요인들

1) 장례의 정의

일반적으로 공식적인 장례는 '죽음을 지켜보며' 죽어 가는 이와 마지막 인사를 하기 위해 가까운 가족과 친구들이 모이는 것부터 사랑하는 이의 죽음과 임종을 함께 경험하면서 죽은 이의 시신을 처분하는 것까지다.[1] 이러한 장례가 지니는 의미는 매우 다양한 측면에서 제시될 수 있는데, 죽음의 개념과 태도에 영향을 미치는 문화적 맥락에 따라 차이가 있다. 예를 들면 사후세계에 대한 믿음이 강한 문화에서 장례는 죽은 이가 사후세계로 무사히 여행을 마칠 수 있도록 준비하는 것으로 인식된다. 반면, 사후세계보다 죽은 이의 삶을 기념하는 것에 중점을 두는 문화에서 장례는 사별한 생존자들의 상실을 위로하며 서로 지지하는 장이다. 역사적으로 모든 문화에서 삶의 마지막인 죽음을 의미하는 장례 의식의 출현은 타고난 인간의 본능적 욕구를 충족시키기 위한 사회적 차원의 답변이다. 따라서 탄생과 마찬가지로 죽음을 기념하기 위해 주변의 많은 사람들이 모여서 개인의 죽음을 인식하고, 그들의 슬픔을 표현하며, 동정하고, 지지하는 장을 제공한다. 파인(V. Pine)은 장례가 역사적으로 수행해 온 주요한 사회적 기능 네 가지를 제시하였는데, 이를 구체적으로 살펴보면 다음과 같다.[2]

① 서비스 기능: 개인의 죽음을 추모하고 인식하기 위한 서비스를 제공한다.
② 시신 처분을 위한 기능: 죽은 사람의 시신 처분을 위한 공식적인 장을 제공한다.
③ 적응을 원조하는 기능: 죽음에 의한 상실과 비탄에 둘러싸인 사별한 사람들이 스스로 삶을 재정립할 수 있도록 원조를 제공한다.

④ 사회적 의무 수행 기능: 사별한 이들이 외부 세계와의 관계에 부합되는 상호적인 경제적, 사회적 의무를 증명할 기회를 제공한다.

위에 제시된 장례의 기능을 근거로 하면, 장례가 진정 누구를 위한 것인가에 대한 의문을 제기할 수 있다. 실제로 장례 의식의 상업화 때문에 사랑하는 사람을 잃은 사람들이 비탄을 경험하는 것 외에 경제적, 사회적 부담에 시달리기까지 한 사례가 허다하였다. 장례의 이러한 측면에 관해 미트포드(Mitford)와 하머(Harmer)는 현대 장례 문화의 물질주의와 상업주의를 비판하며 변화를 요구하고 있다.[3] 시대적 흐름에 따라 장례 문화도 변화하고 있다. 그러나 모든 인간이 죽음을 피할 수 없다는 사실은 시대를 불문하고 장례 발생의 가장 근본적인 의미이므로 이를 잊어서는 안 될 것이다. 이러한 맥락에서 지역 사회 내 구성원의 죽음을 표시하는 가장 근본적이며 마지막 의식인 장례가 누구를 위한 것이며, 그 목적이 무엇인가를 재검토해 볼 필요가 있다.

장례에 대한 생각은 개인의 특성과 문화적 선호도에 따라 다르다. 그 가운데 주변인의 죽음에 대한 마지막 의식인 장례를 계획하는 데 당신이 가치가 있다고 생각하는 요인을 고려할 때, 기준이 될 수 있는 장례 관련 요소들로 데스펠더(DeSpelder)와 스트릭클랜드(Strickland)가 제시한 것을 살펴보겠다.[4]

장례에 관련된 요소들

1. 임종 감시(deathwatch): 임종이 가까워지면서 친척과 친구들이 모여 마지막 인사를 하며, 죽어 가는 사람에게 존경을 보일 뿐만 아니라, 그의 가족들에게 지지와 관심을 보여 준다. 역사적으로 보면 임종 감시는 얼마 동안 될지 모르며, 몇 분에서 몇 달까지 가능하다.
2. 죽은 이의 준비(preparation of the deceased): 죽음이 발생한 후 시신을 준비하는 것과 관련된 다양한 일들을 의미하는데, 궁극적으

로 시신 처분, 즉 주로 매장이나 화장까지를 포함한다.

3. 방문(wake 또는 visitation): 전통적으로 죽음이 발생한 날 밤에 일어나는 것으로, 이는 시신을 눕혀 놓고 혹시 다시 깨어날 경우를 대비하여 지켜보는 것을 의미한다. 역사적으로 보면 방문은 성급한 매장을 예방하며, 죽은 이에 대한 존경을 보이는 기회를 제공하는 것이다. 죽음 후 비탄에 관한 사회적 유형의 변화와 함께 전통적인 방문은 장례식 전 시신을 보는 시간으로 변형되었다. 현대의 '방문'은 종종 상실 후에 치유될 수 있는 사회적 상호작용을 위한 기회들을 제시한다.
4. 장례식(Funeral): 죽음 발생과 관련된 의식의 '중심'인 장례식은 죽은 이와 살아 있는 이 모두에게 통과의례다. 식은 주로 장례식장 또는 교회와 같은 다양한 종교기관에서 행해지며, 경우에 따라 집이나 묘소에서 행해지기도 한다. 장례식은 시신을 포함하기도 하고 그렇지 않기도 하며, 주로 음악, 기도하는 사람, 죽은 이의 삶을 기념하는 것 등을 포함한다. 현대 사회에서 장례식은 주로 사후 며칠 내에 실시되며, 관련된 참석자들이 장례식에 편하게 참여할 수 있도록 주로 밤 또는 주말에 하는 사례가 증가하는 실정이다.
5. 과정(procession): 전통적으로 장례식은 장례의 장소에서 매장의 장소로 시신을 이동하는 과정을 포함한다. 죽은 이의 시신을 마지막 쉬는 장소로 옮기기 위해 선택되는 친구들과 친척들은 이를 영광으로 생각한다.
6. 매장(committal): 무덤이나 납골당에서 열리는 의식으로, 주로 장례식을 대신하거나 장례식 후에 실시된다. 그것이 장례식 후에 실시될 때, 주로 죽은 이의 남은 것을 처분하는 데 초점을 둔 짧은 의식으로 구성된다.
7. 시신 처분(disposal of the corpse): 현대 사회의 시신 처분은 주로 매장이나 화장이다.

2) 부고

사람이 죽었을 때, 의료진을 제외하고 가장 먼저 알게 되는 사람은 주로 가족이다. 그 이후에 친척, 친구 그리고 죽은 이와 관련된 지인들에게로 알려지게 되면서 점차적으로 죽은 이와 관계된 모든 사람들이 이 소식을 듣게 된다. 죽음에 대한 사회적 과정에 관하여 연구한 서드노우(D. Sudnow)는 부고는 가장 가까운 관계에서 덜 친밀한 관계로 전파되어 가는 것이 일반적으로 목격할 수 있는 유형이라고 제시하면서, 주로 가족에게서 더 넓은 지역 사회로 전파되거나 또는 직장에 근거한 동료관계의 사이에서 발생하기도 한다고 하였다.[5]

현대 사회에서 주로 사용되는 죽음의 전달과정을 살펴보면, 주로 부고장을 통한 과정이 가장 일반적이다. [그림 8-1]에 제시한 바와 같이 가끔 신문의 부음란을 통해 죽음을 전하는 것을 목격할 수 있다. 부고장이나 신문 등과 같은 매체를 통한 부고는 소식 전달의 시기와 관계가 있는데, 이는 인간은 누구나가 가까운 이의 죽음에 반응하는 유전적 욕구를 가지고 있기 때문이다. 따라서 죽음의 전달이 즉각적으로 적절한 유형 속에서 행해지는 것은 죽은 이와 생존한 이들 모두에게 다음과 같은 중요한 의미를 지니게 된다.

부 음

▶ 홍길동	××××	주식회사 대표	모친상
이××	△△△△	초등학교 교사	장모상
홍콩쥐	△△△△	개인사업	조모상

2005년 7월 17일 8시
서울 ×××× 병원
발인 19일 10시
Tel. (02) ○○○-○○○○

[그림 8-1] 신문의 부음란의 예

첫째, 적절한 유형의 즉각적인 부고는 죽은 이에 대한 추모 및 존경과 관계가 있다. 부고의 전달 후에야 생전에 죽은 이와 관계를 한 모든 사람들이 함께 모여 죽은 이의 상실을 슬퍼하며, 그를 기억하고 애도할 수 있다는 측면에서 적절한 시기와 유형의 죽음 전달은 매우 중요한 가치를 지닌다고 할 수 있다.

둘째, 적절한 시기 내의 부고는 생존한 이들이 비탄의 시기에 상호 지지할 수 있는 기회를 제공한다는 측면에서 생존한 이들의 복지와 관계 있다고 할 수 있다.[6] 부고를 접한 많은 관련된 사람들은 사별한 가족을 지지하고 위로하기 위해 함께 모이게 되는데, 서로 위로하며 지지하는 과정을 장례 준비에서 마치는 순간까지 계속함으로써 죽음에 의한 상실감에 적응할 수 있도록 원조한다. 그러나 적절한 시기에 부고를 접하지 못하고, 최후의 시신 처분 이후에 죽음의 소식을 접하게 된 관련된 사람들은 아마도 장례식에 참석할 수 없어서 혼자 상실의 슬픔을 다루어야 한다는 생각에 더 큰 비탄과 좌절감을 경험할 수 있다.

결과적으로 죽음의 전달 과정은 죽은 이와 사별한 이 그리고 관련된 이들 모두에게 중요하다. 죽은 이에게는 그들을 추모하고 존경하는 표시로 작용할 수 있으며, 사별한 이들에게는 비탄의 시기 동안 그들의 상실을 다루는 데 도움이 되는 외부적 지지를 구할 수 있고, 또한 관련된 이들에게는 삶에서 이런 중요한 상실이 발생할 수 있다는 현실을 인지할 수 있는 원동력을 제공하기 때문이다.

3) 장례 의식에 대한 선택

개인의 삶과 죽음을 기념하고 추모하는 마지막 의식인 장례는 사회적 체계 내에서 주로 사별한 이들에 의해 수행되어야 하는 사회적, 종교적 요구에 의한 것이며, 이러한 장례 의식에 대한 선택은 사별한 이들이 대부분 결정한다. 그러므로 죽은 사람을 위한 마지막 의식에 대한 결정은 생존자들의 바람과 욕구에 근거하여 조직화되어야 하며, 이것이 가장 이상적이라고 할 수 있다. 현대 사회에서 개인의 삶과 죽음의 다양성은 그에 따른 의식의 다양성을 의미하기도 한다. 비록 대부분의 사회에서 죽은 사람을 위한 장례에 사별한 사람이 선호하는 마지막 의식이 보편화되어 있는 경향성이 있기는 하다. 사별한 가족과 친척들이 죽은 사람을 기리고 그들의 슬픔을 표현하기 위한 기회를 가지는 의식에 대한 선호는 다양한 유형으로 설계될 수 있다. 현대에는 장례 문화가 상업화 · 전문화되면서 다양한 장례 의식을 찾아볼 수 있다. 그러나 장례식과 관련된 구입은 다른 상품의 구입과는 확연히 구별되는 것이므로 유의할 필요가 있다. 장례식과 관련된 구매의 특성을 살펴보면 다음과 같다.[7)]

첫째, 구입 전 충분한 정보에 대한 부족으로 잘못된 선택의 가능성이 높다. 장례식과 관련된 상품을 구입하는 사람들은 주로 상실에 의한 정서적 위기 상황에 처한 상태이고, 구입하는 물품은 평소 생각조차 해 본 적 없는 것들이 대부분이다. 이러한 측면에서 사별한 이들의 대부분이 장례식에 대한 충분한 정보를 접하기 어려우며, 후회할 수 있는 결정을 내리게 될 가능성이 높다. 그렇기 때문에 다른 구입과 마찬가지로 장례 물품의 구입 후 가장 후회를 적게 하는 사람들은 미리 시간을 들여 충분한 정보를 수집한 후 결정한 이들이다. 즉, 죽은 이의 삶의 초기 단계에 미리 그러한 결정에 관해 고려해 두는 것이 후에 발생할 수 있는 불만족스러움을 예방할 수 있다.

둘째, 장례와 관련된 구입은 반품이 불가능하다. 장례와 관련된 구입의 대부분은 한 번의 구입으로 되돌릴 수 없이 종결되는 즉각적인 결정이다. 즉, 한 번 내려진 결정이 최종적이 되는 것이다. 예를 들면 사람들이 일반 물품을 구입할 때 흔히 접하는, '물건에 만족하지 않으시면 10일 내로 교환이나 반품하세요.'라는 일반적 내용을 장례와 관련된 관이나 수의를 파는 곳에서 제공할 수 없으며, 현실적으로 구입한 고객 또한 반품을 할 수 있는 상황은 아니다.

셋째, 가격 흥정이 어려우며, 구입에서 고객의 선택권이 제한될 가능성이 있다. 장례와 관련된 물품을 구입할 때, 사별한 사람들의 대부분은 자신이 선호하지 않는 유형의 물건이라고 해서 구입하지 않고 다시 다른 상품을 둘러보고 결정할 정서적 · 시간적 여유가 없는 경우가 대부분이다. 예를 들어 냉장고를 구입할 경우, 대부분의 사람들은 시장을 둘러보고 마음에 드는 유형을 살펴본 후 구입할지 안 할지를 결정한다. 그러나 장례와 관련된 구입은 선호하지 않는다고 매장을 쉽게 걸어 나올 수 없다. 시간이 제한되어 있으며, 정서적으로 객관적인 판단을 내리기 어려운 상황이기 때문이다. 따라서 대부분 주변에서 권하는 대로 구입을 하는 경우가 많다.

죽음이 발생한 후 장례 의식에 대한 후회 없는 선택을 위해 시장조사를 하기에는 시기적으로 이미 늦었다. 장례는 사별한 가족들이 '우리는 누군가를 잃었고, 그래서 우리는 슬프다.'는 것을 지역 사회를 포함한 다양한 사회체계에 알리는 하나의 방법으로, 사적인 슬픔과 공적 상실을 위한 장이다. 장례의 근본 목적은 장례에 모인 대다수의 사람들이 죽은 이의 생의 마감을 인정하면서 사별한 이들을 위로하기 위한 것으로, 장례식 자체의 사치스러운 장식이 초점이 되는 것은 불행이라고 여기기 때문이다.[8] 또한 생존자들이 스스로의 죄의식 또는 죽은 이와의 갈등을 보상하기 위해 장례식에 과다한 비용을 들이는 경우가 있는데, 이것은 장례의 근본 목적을 왜곡시킬 수 있는 민감한 문제이므로 신중을 기해야 한다. 다시 말해 어떤 장례 의식을 선택하든 간에, 장례의 근본 목적이 무엇이었나 하는 것을 잊지 말아야 할 것이다.

4) 시신 처분에 대한 이슈

가까운 이의 죽음이 발생하였을 때, 사별한 이들이 가지는 가장 큰 고민 중의 하나가 바로 시신 처분이다. 죽은 이의 시신 처분에 대한 과정은 우선 어떻게 시신을 처분할 것인가에 관한 인지적, 정신적 활동과 분석결과에 따라 행동으로 옮기는 신체적 활동 모두를 포함한다. 시신 처분에 대한 결정은 사회적, 문화적, 종교적, 심리적 또는 개인 선호에 의해 크게 영향을 받으며, 사별한 이들은 죽은 이의 시신 처분을 준비하는 과정에서 그들의 상실에 대한 현실감을 강하게 경험하게 된다.[9] 장례식과 마찬가지로 오늘날의 시신 처분 방법은 매우 다양하다. 그 대표적인 유형으로는 매장, 화장 또는 과학적 기증 등을 들 수 있다.

(1) 매장

매장은 넓은 범위로 정의될 수 있으나, 일반적으로 죽은 이의 전체 또는 부분의 시신을 토양을 파서 묻는 것으로 정의할 수 있다. 이러한 매장은 종교적 신념을 기준으로 그리스도교, 유대교, 이슬람교에서 실천되며, 이는 그 종교를 믿는 이들에게 중요한 상징적 의미를 지닌다.[10] 따라서 앞서 언급한 종교가 지배적인 대부분의 사회에서는 시신 처분에서 선호하는 유형이 땅에 묻는 매장이며, 그 밖에 바다나 물에 매장하는 경우도 있다. 최근에 와서야 화장 후 납골당에 보관하는 수가 증가하고 있는 실정이다. 매장과 관련된 장지의 구입이나 법률은 나라마다 다양하게 정하고 있는데, 어떤 나라에서는 장지를 바로 구입할 수 있는 반면, 다른 어떤 나라에서는 단지 몇 년간 빌릴 수만 있기도 하다.[11]

(2) 화장

화장은 매장과 마찬가지로 상당히 오래된 시신 처분 방법 중 하나이며,

일본을 포함한 많은 나라에서 실천하고 있는 방법이다. 특히 최근에는 인구 증가와 환경 및 경제적 문제 때문에 한때 매장이 시신 처분의 주류를 이루었던 사회에서도 화장이 크게 증가하고 있는 추세다. 그 예로 화장에 대한 그리스도교의 금기는 과거만큼 강하게 요구되지 않으며, 미국을 포함한 많은 나라에서도 화장의 선호도가 높아지고 있다.[12] 우리나라도 최근에 와서 화장 후 납골당에 보관하는 수가 점차 증가하고 있다.

화장은 시신에 극적인 열을 가하여 최소화된 뼈로 전환시키는 것을 의미하며, 일반적으로 장작과 전기, 가스 등을 사용하여 불을 만든다. 화장을 한 후 남은 부분은 매장되거나 유골 단지에 보관되며, 바다나 땅에 뿌려지기도 하는데, 최후 처분에 관한 것은 문화적 관습이나 법에 의해 영향을 받을 수 있다. 최후 처분 방법으로 일정한 장소에 뿌려지는 것은 보편적이며 동시에 가장 비용이 적게 드는 방법이나, 가끔 사별한 이들이 죽음에 의한 상실감을 극복하는 데 또 다른 어려움을 제공하기도 한다. 예를 들면 화장 후 시신의 남은 부분을 뿌린 어머니가 사랑하는 아들을 방문할 수 있는 특정한 곳이 더 이상 없다는 것을 깨닫고 또 다른 정서적 어려움을 경험하면서 후회하는 경우와 같은 것이다. 따라서 사별한 이들은 화장 후 죽은 이들의 최후 처분에 대한 선택을 신중히 할 필요가 있다.

(3) 시신 기증

시신을 과학계나 의학계에 기증하는 것 또한 시신 처분의 한 방법으로 자리 잡고 있다. 시신 기증이란 사망 후 본인의 유언이나 유가족의 뜻에 따라 의학 교육과 연구를 위하여 어떤 대가와 보수도 없이 시신을 기증하는 것을 말한다. 자신의 시신 처분에 대해 이런 선택을 한 대부분의 사람들은 자신이 의학 지식의 발달에 기여할 수 있다는 것에 가치를 두고 만족감을 얻을 수 있다. 이러한 선택에는 '나는 죽은 후에도 사회 발전을 위해 유용한 역할을 담당하고자 한다.'는 신념이 존재할 수 있다. 서구 유럽에서는

16세기부터 시신 해부가 급격히 발달하면서 국가적 차원에서 시신을 통한 연구가 가능하도록 원조되었으며, 미국은 주마다 관련 기관이 설치되어 기증된 시신을 대학에 연계 · 제공하는 역할을 담당하고 있다. 가까운 일본의 경우 한때 시신이 부족하여 어려움을 겪었으나, 현재는 시신 기증 운동을 통하여 의 · 과학 연구를 위한 시신을 확충하고 있다. 그러나 한국의 경우 대부분의 대학교들이 교육과 연구에 필요한 시신이 절대적으로 부족한 상황에 처해 있다. 따라서 시신 기증의 확산이 시급한 실정이다.

시신 기증은 본인의 유언과 가족의 동의만으로 가능하며, 기증된 시신은 교육과 연구를 위해 사용된다. 그 후 대학과 유가족이 모여 합동 추도식을 하며, 유가족들의 뜻에 따라 화장이나 매장을 하게 된다.[13] 연고가 없이 기증된 시신은 대부분 대학의 규칙에 근거하여 화장을 한 후 그 유골을 납골당에 모신다.

우리나라의 일반적 장례 절차[14]

1. 첫째 날
   (1) 초종: 상례의 시작으로서 죽음을 맞이하는 순간을 의미하며 임종, 종신과 같다.
   (2) 복: 초혼이라고도 하며, 허공에 떠 있는 망자의 혼을 불러 돌아오게 하여 살아나기를 기원하는 마음에서 행하는 절차다.
   (3) 수시: 상이 발생한 후 당일에 행하는 절차로서 시신이 굳어지기 전에 바르게 하는 것을 의미한다.
   (4) 발상 및 부고: 글이나 전화 또는 매체 등을 통해 상을 당했음을 알리는 것으로서 주로 사망 원인, 빈소가 차려진 장소, 발인 일시와 장소, 장지, 호상, 상주 등을 기입하며, 호상이나 상주가 낸다.

2. 둘째 날
   (1) 염습: 시신을 목욕시키고 수의를 입히는 절차를 의미하며, 소렴은

수의를 입힌 다음 매장포로 시신을 싸서 동여매는 절차이고, 대렴은 입관시키는 것을 말한다.

(2) 성복: 대렴이 끝난 후 바로 성복제를 지내고 상복을 입는다. 성복 전에는 조문을 하지 않았으나, 현대에는 장례 기간이 대부분 3일밖에 되지 않아 성복을 하기 전에 조문을 받기도 한다.

(3) 상 · 장례 예법: 상주가 조문을 받기 시작하며, 상주와 조문객 모두 죽은 사람에 대한 예를 갖추어야 한다.

3. 셋째 날

(1) 발인: 죽은 사람이 집을 떠날 때 관 앞에서 행하는 의식이며, 종교적인 장례의 형식으로 행하는 경우가 많다.

(2) 운구: 관을 들고 나가는 것으로서 관의 머리 쪽을 선두로 해서 운구해 나가지만, 종교에 따라 다리부터 나가기도 한다.

(3) 매장이나 화장: 시신 처분의 단계로서 일반적으로 장지에 도착하여 관을 묻는 것과 그에 따라 행해지는 의례를 의미하며, 현대에는 개인이나 사회적 여건상 화장이 행해지기도 한다.

(4) 반곡: 묘지나 납골당에 시신을 안치한 후 영정을 모시고 집으로 돌아오면서 곡을 하는 절차다.

4. 셋째 날 이후

(1) 삼우제: 초우, 재우, 삼우 등 세 번을 지내는 것이 전통이지만 현대에는 장례 당일 초우제를 올리고, 장례 3일째 날에 삼우제를 올려 재우가 생략되는 경향이 있다.

(2) 탈상: 현대에는 삼우제, 49일, 100일, 1년, 3년 등 개인의 형편에 따라 다양하게 탈상이 이루어지며, 탈상은 집에서 제를 지내면서 하기도 하고, 종교기관에서 행하기도 한다.

2. 장례 후 법적 절차

지금까지 소개된 장례에 관한 내용들이 사회 내 구성원의 죽음과 관련된 사회적 · 정서적 · 문화적 맥락을 대표하는 것이었다면, 여기에서는 죽음과 관련된 법적 측면을 소개하고자 한다. 인간은 태어나서 출생신고를 하는 순간부터 소속된 사회체계 내의 법에 의해 다양한 측면에서 통제를 받으며, 죽음 또한 법에 의해 영향을 받는다. 죽음과 관련된 법적 사항을 살펴보면, 죽음을 결정짓는 것에서부터 사망신고, 유서와 유언장, 상속 등을 들 수 있다.

1) 사망신고

개인의 죽음에 대한 공적인 신고를 의미하는 사망신고는 죽음 발생 후 가장 중요한 법적 절차라고 할 수 있다.[15] 사망신고는 개인의 죽음에 대해 법에서 요구하는 진단서와 검안서 또는 이를 대신하는 공식적 증거자료가 제시되었을 때 가능하다. 따라서 사망신고서는 개인의 죽음에 대한 사실을 제공하는 사적이며 공적인 서류로서 기능하게 된다. 즉 죽음 발생 후 보고적 신고인 사망신고에 의해 최종적으로 호적에서 제적되며, 사회적으로 더 이상 생존하지 않는 존재가 되는 것이다.

이러한 사망신고는 사망신고를 의무적으로 수행해야 하는 신고 의무자와 신고 적격자로 구분된다. 의무자는 죽은 이와 동거하는 가족 및 친족이며, 적격자는 사망을 신고하기에 적합한 사람들을 의미하는 것으로서 죽은 이의 호주, 가족, 친족, 동거인 또는 사망 장소를 관리하는 사람 등이 포함된다. 신고 의무자와 신고 적격자는 법적으로 차이가 있는데, 의무자는 신고를 하지 않을 경우 그에 따른 책임이 부과되지만, 적격자는 신고를 하지 않아도 그에 따른 책임이 부과되지 않는다. 또한 적격자의 동거인은 법적으로 동일한 호적 내에 있는 가족관계를 의미하는 것이 아니라 현실적으로 같이 사는 사람을 의미하기 때문에, 가족이 아니더라도 세대를 같이하는 사람은 사망신고를 할 수 있다. 사망신고는 보통 신고 의무자가 죽음 발생 사실을 알게 된 후 1개월 이내에 신고하여야 하나, 신고 기간이 경과한 후의 신고도 적법한 효력을 지닌다. 사망신고 장소는 주로 죽은 이의 본적지 또는 신고인의 주소지나 현주지의 시(구) · 읍 · 면의 사무소에서 할 수 있으며, 그 외 사망지나 매장지 또는 사망자의 주민등록 관할 동사무소에서도 가능하다.

다음의 사망신고서([그림 8-2])는 죽음의 원인에 관해 질병, 교통사고, 불의의 중독, 불의의 사고, 자살, 타살, 기타를 포함하는 7개의 종류만을 제공한다. 그러나 죽음의 원인은 신고서에서 제시하는 죽음의 종류와 꼭 같지는 않다.[16] 예를 들어 수면제를 과다 복용한 사람이 15층의 빌딩에서 뛰어내려 죽었다면, 그러한 죽음은 불의의 사고, 불의의 중독, 자살, 타살 중 어느 종류로 분류될 수 있는가 하는 문제가 발생한다. 이런 경우 신고서에서 제시하는 일곱 가지 죽음의 종류 중 어느 것에 정확하게 적용된다고 말하기 어렵다. 이와 같이 사망신고서에서 제시하는 죽음의 종류와 현실적으로 발생한 죽음의 원인 사이에는 차이가 발생한다. 근본적으로 죽음이 발생할 때는 그와 관련된 직접적 · 간접적 영향과 정서적 · 심리적, 행동적 요인을 포함하는 복잡한 논쟁들이 존재하고 있기 때문이다. 따라서 사망신고서에서 나열하고 있는 단순하고 인습적인 죽음의 분류는 현실적으로 일어나고 있는 죽음 발생의 원인을 표기하기에는 한계가 있다.

사 망(호주승계)신 고 서

년 월 일

<table>
<tr><td rowspan="5">① 사 망 자</td><td>본적</td><td colspan="3"></td><td>호주 및 관계</td><td>의</td></tr>
<tr><td>주소</td><td colspan="3"></td><td>세대주 및 관계</td><td>의</td></tr>
<tr><td>성명</td><td>한글</td><td></td><td>한자</td><td></td><td>주민등록번호</td><td></td></tr>
<tr><td>사망 일시</td><td colspan="6">년 월 일 시 분 ([1] 자택, [2] 병원, [3] 기타)에서 사망</td></tr>
<tr><td>사망 장소</td><td colspan="6"></td></tr>
<tr><td colspan="2">② 기타사항</td><td colspan="6"></td></tr>
<tr><td rowspan="2">③ 호주 승계인</td><td>본적</td><td colspan="6"></td></tr>
<tr><td>성명</td><td>한글</td><td></td><td>한자</td><td></td><td>전호주와의 관계</td><td></td></tr>
<tr><td rowspan="2">④ 신고인</td><td>성명</td><td>서명(인)</td><td colspan="2">주민등록번호</td><td></td><td>자격</td><td></td></tr>
<tr><td>주소</td><td colspan="4"></td><td>전화</td><td></td></tr>
</table>

※ 다음은 통계법 제13조에 의거 개인의 비밀사항이 철저히 보호되고 또한 국가의 인구정책 수립에 필요한 정보 수집이 목적이므로 사실대로 기재하여 주십시오.

<table>
<tr><td>⑤ 사망 당시 직업</td><td colspan="2"></td><td></td><td colspan="2"></td></tr>
<tr><td>⑥ 사망 원인 진단</td><td colspan="2">[1] 의사 [2] 한의사 [3] 기타</td><td>⑦ 혼인 상태</td><td colspan="2">[1] 미혼 [2] 배우자 있음
[3] 이혼 [4] 사별</td></tr>
<tr><td>⑧ 사망자의 교육 정도</td><td colspan="5"></td></tr>
<tr><td>⑨ 사 망 종 류</td><td colspan="5">[1] 질병 [2] 교통사고 [3] 불의의 중독 [4] 불의의 사고
[5] 자살 [6] 타살 [7] 기타</td></tr>
<tr><td rowspan="3">⑩ 사 망 원 인
※ 사 망 진 단 서
참 조</td><td>직 접 사 인</td><td></td><td rowspan="3">⑪
발 병 부 터
사망까지의
거 리</td><td colspan="2"></td></tr>
<tr><td>중간 선행 사인</td><td></td><td colspan="2"></td></tr>
<tr><td>선 행 사 인</td><td></td><td colspan="2"></td></tr>
</table>

[그림 8-2] 사망신고서

2) 유서 또는 유언장

유서는 죽음이 발생한 후 효력이 생기는 것을 목적으로 유언을 담은 내용을 의미하는 것으로, 보통 서면으로 쓰이지만, 녹음하는 경우도 있다. 내용은 일반적으로 유산(遺産)의 처분이나 유족(遺族)에 대한 훈계(訓戒) 등 여러 가지가 있을 수 있다. 유서가 법적 구속력을 가지기 위해서는 민법에서 규정하고 있는 내용에 관한 것이어야 하며, 법적 절차에 따른 일정한 방식에 따라 작성되어야 한다.[17] 따라서 법에서 규정하는 내용에 포함되지 않는 형제 간의 정서적 유대에 관한 사항은 유족에게 윤리적 영향력을 미칠 수는 있으나 법적인 효력은 없다.

유서나 유언장을 통해 법적 구속력을 가지는 대표적인 것은 죽은 이의 재산 처분에 관한 내용이다. 죽은 이는 생전에 자신이 죽은 후 어떻게 자산을 분배할 것인가에 대해 유언장을 통해 선언하며, 유언장은 자산 계획과 자신의 상속자들에게 자산을 법적 · 공식적으로 전달하기 위한 도구다.[18] 유언장의 내용은 이를 만드는 사람이 생존하는 동안 변화되거나 교체될 수 있으며, 이를 작성한 사람의 죽음을 근거로 그 이후 그의 재산 분배를 통제하는 법적 도구가 된다. 이러한 측면이 강조되다보니 흔히 유언장을 단순히 죽은 이의 자산 분배에 대한 계획을 담은 도구로만 생각하여 유언장이 지니는 정서적, 심리적 영향력에 대해서는 간과하는 경향이 있다. 유언장에 지시된 자산 분배 계획과 관련 법률은 사별한 이들에게 경제적 이익이나 손해를 가져다줄 수 있을 뿐만 아니라, 이들의 비탄 과정과 강도에 영향을 미친다. 또한 죽은 이의 자산 분배 계획은 사별한 이들을 향한 자신의 감정과 의도를 표시하는 것으로, 사별한 이들에게 강한 정서적 반응을 유발시킬 수 있다. 따라서 주의 깊게 준비된 유서나 유언장은 생전에 가까웠던 가족과 친족들에게 자신의 애정을 증명함과 동시에 이들의 슬픔을 위로할 뿐만 아니라 치료 효과까지도 지니게 된다. 그러나 사별한 이들이 기대한 것과 다른 유언장의 내용을 발견하였을 때, 그들의 슬픔과 비탄의 짐은 더하게 될 것이다.

이러한 맥락에서 유서나 유언장을 작성하는 사람은 유언장의 근본 목적과 그 영향력을 이해하고, 유언장의 법적 구속력과 그 결과를 이해할 수 있는 능력을 지니고 있어야 한다. 현재 우리나라는 개인이 법적 유언장을 작성할 수 있는 최소 나이를 만 17세로 규정하고 있으며, 법률이 인정하는 유언 방식으로는 자필증서 유언, 녹음에 의한 유언, 비밀증서 유언, 공정증서 유언, 구술증서 유언이 있다.[19)]

자필증서 유언: 가장 손쉽게 이용할 수 있지만, 전문을 자필로 써야 하며, 법률에 근거한 내용을 포함하기 위해 철저한 검토가 요구되고, 그렇지 않은 경우 무효화되기 쉽다.

녹음에 의한 유언: 유언을 말하고 이에 참여한 증인이 유언의 정확함과 성명을 말함으로써 성립되나, 자필증서 유언과 마찬가지로 법적 효력을 가지기 위해서는 작성 시 철저한 검토가 요구된다.

비밀증서 유언: 유언의 내용을 아무에게도 알리고 싶지 않을 때 선택하는 방식으로, 유언장을 봉투에 넣어 봉한 뒤 공증인이나 법원 서기에게 제출해 확정일자를 받는 방식이다.

공정증서 유언: 공증인이 작성하는 방식으로서 두 명 이상의 증인이 참석하여야 하며, 유언자가 유언의 취지를 공증인에게 자서 또는 구두로 알려준 뒤 이를 공증인이 작성하고 유언자와 증인이 내용을 확인, 서명 또는 날인하는 방식이다.

구술증서 유언: 질병이나 기타 급격한 이유로 상기 네 가지 방식이 불가능한 경우에만 유효하다. 두 명 이상의 증인이 참석한 상황에서 그중 한 명이 유언의 취지를 작성한 뒤 유언자와 증인 모두가 내용을 승인하고, 각자 서명하는 방식으로 7일 이내에 법원에 검인을 신청해야만 효력을 인정받

을 수 있다.

3) 상속

유언장을 작성하는 이유 중 하나는 개인의 자산이 자신이 원하는 대로 분배되는 것을 확정하는 방법이기 때문이다. 그리고 유언장 작성을 사회적으로 허가하는 것은 공적 소유권이 아닌 사적 재산에 대한 권리를 인정하는 것에 기인한다.[20] 대부분의 나라에서는 개인이 어떻게 자신의 재산을 분배할 것인가를 결정하는 데 상당한 자유를 가지며, 이러한 권리는 유언장을 통해서만 행사될 수 있다. 따라서 유언장이 없는 경우 유산은 관련 법률에서 정하는 지침에 따라 분배된다. 상속과 관련된 법은 사회적 공평성과 정의에 근거하여 죽은 이가 유언장을 만들었을 때 이와 같이 했을 것이라고 예상되는 방향으로 자산을 분배하고 해결하기 위한 일반적인 지침을 가지고 있다. 그러나 법률에 따른 개인의 자산 분배 결과는 사회적 가치에 근거한 것이지, 죽은 이의 개인적 가치나 희망을 반영한 것은 아니다. 유언장을 미리 만들지 않은 개인의 유산에 관하여 우리나라의 민법은 생존한 배우자가 1.5를 상속받으며, 자녀는 아들과 딸 그리고 장남과 차남에 상관없이 모두 균등하게 1을 상속받게 된다. 과거에는 장남과 차남 그리고 아들과 딸의 구분이 있었으나, 최근에는 모든 자녀가 동등한 법적 권한을 가진다.[21]

또한 유언장 작성을 통해 개인이 가지는 자신의 자산 분배에 대한 자유성은 유언장의 내용에 따라 달라질 수 있다. 죽은 이와 관련된 유족들 모두가 유언장 내용에 동의하는 경우에는 죽은 이의 유언장을 통한 자산 분배에 자유권이 보장되나, 그렇지 않은 경우에는 법적 개입이 발생하게 된다. 유산 및 상속과 관련된 법률은 사회적 행동과 가치에 근거한 것으로, 갈등을 유발하는 요인들이 개인의 유언장에 제시된 경우 그 내용은 무효화되거나 취소될 수 있다. 예를 들면 하나 있는 아들이 배우자의 노후를 책임질 것이라는 생각하에 배우자를 유산 상속인에서 제외시키고 아들에게 모두 유산을 증여하는 것으로 유언장이 작성되었을 때, 그것에 대해 생존하는 배우자가 이의를 신청하면 법은 생존하는 배우자가 상속받을 권리를 인정한다. 구체적으로 아들에게 주어진 유증액이 다른 법정 상속인인 배우자의 법정 상속분을 침해하였으므로, 배우자는 자신의 법정 상속분의 1/2을 아들에게 청구할 수 있게 된다. 즉 전체 상속분 2억 5천만 원이 전부 아들에게 유증되었을 때, 생존한 배우자인 어머니는 자신의 상속분인 1억 5천만 원에 대한 1/2인 7천5백만 원의 반환을 요구할 수 있도록 법적으로 보장하고 있는 것이다.

서구에서는 유언장을 작성하는 일이 흔한 일이지만, 우리나라에서는 민법상 정해진 유언 형식을 따라 유언을 하는 경우가 드물다. 심지어 유언장 작성이 흔한 미국에서도 10명 중 7명이 유언장을 남기지 않은 채 죽음을 맞이하는 것으로 나타났으며, 한국에서는 그 수가 더욱 적을 것으로 사료된다.[22] 죽음을 미리 계획하고 준비하는 과정인 유언장 작성은 누구도 죽음을 피할 수 없다는 사실을 인지하고, 죽음에 대한 공포를 어느 정도 극복하고 수용할 수 있을 때에 가능할 것이다. 이러한 측면에서 아직 때가 아니라고 생각하는 사람들이 자신의 사망 시기를 예측하고 사전에 유언을 준비한다는 것은 쉬운 일이 아니다. 그러나 어떤 이유가 존재하든 간에 유언장이 작성되지 않은 상태에서 죽음이 발생하는 것은 유족들을 불필요한 어려움과 복잡함에 처하게 할 수 있다는 것을 기억해야 할 것이다.

이것을 기억하자

- 장례 의식과 매장방식은 그 사람의 죽음에 대한 태도와 신념을 반영한다.
- 장례 의식의 정신적, 사회적 측면에는 지역 사회에 구성원의 사망 소식을 전하는 것뿐만 아니라, 사별한 가족들의 슬픔에 대처하는 상호 지지의 기반을 제공하는 근원이 되기도 한다.
- 장례 의식의 기능으로는 서비스 기능, 시신 처분을 위한 기능, 사별 가족들의 적응을 원조하는 기능, 사회적 의무 수행의 기능이 있다.
- 부고는 죽음 발생을 알리는 것으로, 즉각적으로 적절한 유형 속에서 행해지는 것이 죽은 이와 생존한 이들 모두에게 중요한 의미를 갖는다.
- 장례 의식에 대한 선택은 사별한 가족들이 대부분 선택하게 되며, 장례식과 관련된 구입은 다른 상품의 구입과 확연히 구별된다.
- 시신 처분에 대한 방법으로는 매장, 화장, 과학이나 의학계의 시신 기증 등이 있으며, 현재 우리나라에서는 매장이나 화장이 흔히 행해지는 반면, 시신 기증은 매우 드물다.
- 장례 후 법적 절차에는 사망신고, 유서 또는 유언장의 효력 발생과 상속 등이 있다. 법률이 인정하는 유언방식으로는 자필증서 유언, 녹음에 의한 유언, 비밀증서 유언, 공정증서 유언, 구술증서 유언이 있다.

〈과제〉

1. 자신의 장례 계획 세우기
   - 내 사체를 ____ 하고 싶다.
   - 내 장례식 때 ____ 입고 싶다.
   - 내 사체를 옮길 때 _______ 타고 싶다.
   - 영안실, 공동묘지, 추모단체 중에서 _____ 가 가장 좋다.
   - 내 장례 비용으로는 ______ 정도 사용했으면 좋겠다.
   - 내 사체가 마지막에 ______에 묻혔으면 한다.
   - 만약 화장한다면 내 화장재를 _____ 했으면 좋겠다.
   - 비석을 세우면 비문에 ______ 라고 적고 싶다.
   - 장례식에 꽃을 받고 싶다. / 받고 싶지 않다.
   - 장례식이 ____ 에 의해 ______ 같이 행해졌으면 좋겠다.
   - 장례식이 (종교적/비종교적)으로 행해졌으면 한다.
   - 내 장례식에 사람들이 (울었으면/웃으면) 좋겠다.

2. 유언장 작성하기

   내 삶을 내 가족들과 친구들이 잘 이해할 수 있게 하기 위해서 나에게 중요한 것은 무엇인지, 그리고 배운 것은 무엇인지를 적어라.

   내가 마지막으로 하고 싶은 말은 다음과 같다.

제 9 장 전문가의 역할

이 세상을 떠나는 이와 누군가를 떠나보내고 남은 이를 포함하여 죽음의 고통을 겪는 이들과 관계하여 일하는 사람들은 이들이 가지는 고통이 신체, 심리, 사회, 영적 측면에서 기인하는 총체적 고통임을 알 필요가 있다. 떠나는 이와 남은 이의 고통을 이해하고 적절한 도움을 주기 위해서는 전인적인 조력과 돌봄이 요구된다. 한 분야의 전문가가 대상자의 요구를 파악하고 필요한 중재와 평가 기술을 모두 갖출 수 있다고 기대하는 것은 비현실적이다. 그러므로 다학문적(multidisciplinary)인 팀 접근과 팀 활동, 즉 여러 전문가의 참여와 이들 간의 의사소통, 조직관리 그리고 체계적인 운영이 필요하다. 이러한 팀 접근과 활동은 호스피스 활동에서 가장 두드러지게 볼 수 있다. 호스피스 팀은 다양한 분야에서 교육을 받은 개인으로 구성되는 기능적 단위로서 떠나는 이와 그 가족에게 헌신할 수 있어야 한다. 따라서 이 장에서는 호스피스 활동과 관련된 여러 전문가의 역할과 조력방법들에 대해 다룬다.

1. 전문가의 역할

호스피스와 관련하여 전문적인 업무를 수행하는 사람들은 의사, 간호사, 사회복지사, 상담가, 성직자, 물리치료사, 약사, 영양사, 작업치료사 등의 전문적인 업무 수행을 하는 이들과 자원봉사자 그리고 가족, 친지들처럼 비교적 덜 전문적으로 업무를 수행하는 이들로 구성된다.[1] 여기에서는 환자와 환자 가족들을 대상자로 하는 가장 주된 전문가로서 보건의료 전문가, 상담 전문가 그리고 사회복지 전문가의 역할에 대해 설명하고자 한다.

1) 보건의료 전문가

보건의료 전문가는 병원이나 지역 사회, 호스피스 전문 기관에 종사하는 전문인들로 구성되며, 대상자에게 의료적인 측면뿐만 아니라 총체적인 도움을 줄 수 있는 사람을 말한다. 여기서는 일반적으로 호스피스 팀 구성원들 중 의사, 간호사, 영양사, 약사의 역할을 소개하고자 한다.

(1) 의사

의사는 환자의 신체적 상태를 정확하게 파악하여 증상의 변화에 따른 적절한 처방을 한다. 치료적인 면은 물론 지지적이고 완화를 위한 계획을 세우며, 증상 관리에 숙련가이어야 한다. 무엇보다 먼저 임상 증상(통증, 오심/구토, 수면장애, 식욕 부진, 호흡 곤란, 변비, 허약감, 배뇨 곤란, 복수, 발열, 빈혈, 부종)을 해결한다. 둘째, 환자 및 가족들과 면담한다. 궁금증을 풀어 주고, 앞으로 있을 상황에 대해 설명하며, 가정에서 할 수 있는 처치에 대해 교육한다. 셋째, 각기 다른 전문 분야의 치료 팀과의 의사소통을 원활히 한다. 호스피스 의사는 전문적인 지역 사회 교육을 담당하고, 다른 전문가들과 연락을 취하며, 프로그램을 계획하고 지지한다. 호스피스 의사는 적응이 된다면 집으로 방문할 수도 있다.

(2) 간호사

① 호스피스 간호사의 기능과 역할

호스피스 간호사의 기능은 대상자에게 직접 간호를 제공하며, 가족이 가정에서 환자를 돌볼 수 있도록 지도하고, 정보 제공과 상담을 한다. 타 전문직 종사자와 협조적 관계를 유지하며, 팀 구성원 사이의 중개 역할을 담당한다. 특히 간호조무사와 자원봉사자의 일을 조정하고 감독한다. 호스피스 간호사의 역할은 주로 신체적, 정신 · 사회적, 영적인 평가-분석, 계획, 계획의 실행, 환자와 가족의 요구와 문제에 맞는 중재에 대한 것들이다. 간호 계획은 일반적으로 증상 관리에 먼저 초점이 맞추어지고 환자와 가족의 개인적 · 정신적 · 감정적인 특성, 가족이나 사회의 지지체계, 사회 · 경제적 요인, 심리적인 것들, 슬픔과 상실의 문제, 환경적인 안정성 요소들을 고려하는 것이다. 간호의 조절이나 증례 관리, 상담, 교육 또한 포함된다.

미국의 호스피스 완화간호협회가 제시한 호스피스 간호의 전문적인 수행 기준은 다음과 같다.

- 간호의 질: 간호사는 체계적으로 간호 실무의 효율성과 질을 평가한다.
- 수행능력 평가: 간호사는 전문적 수행 기준에 맞춰 그 기준에 적절한지 평가하고, 그렇지 않으면 조절해 가면서 자신의 간호능력을 평가한다.
- 교육: 간호사는 호스피스 간호에서 최신의 지식을 얻고 계속 유지한다.
- 동료관계: 간호사는 동료, 협력자들과 함께 전문적인 일에 기여한다.
- 윤리: 환자와 가족 편에서의 간호사의 결정과 행동은 윤리적인 방법에 적합해야 한다.

- 협동: 간호사는 환자와 가족의 간호를 위해 협력 팀의 다른 구성원들과 함께 일할 수 있어야 한다.
- 연구: 간호사는 업무 수행 중 연구자료를 사용한다.
- 자원 이용: 간호사는 환자와 가족의 간호를 위한 계획과 수행 시 안전성과 효율성, 비용 등과 관련된 요인들을 고려해야 한다.

② 호스피스 간호의 내용

호스피스 간호의 내용은 신체적 돌봄, 사회 · 심리적 돌봄, 영적 돌봄의 세 가지 영역으로 나누어 볼 수 있다.

• 신체적 돌봄

말기암환자는 통증이 심하므로 약물 투여나 비침습적 방법을 이용한 통증 관리가 중요하다. 통증은 주관적인 경험인데 급성과 만성 통증으로 분류되며 사회 · 경제적, 정서적, 종교적 영향을 받을 수 있다.[2] 이 외에도 호흡과 환기 문제, 구강 문제, 식욕 부진, 실금, 수면장애, 수분 불균형, 피부장애, 체온 조절장애 및 신체 거동의 불편 등 여러 가지 장애와 증상에 대한 관리가 필요하다.

• 사회 · 심리적 돌봄

사회 · 심리적 돌봄은 말기환자와 그 가족이 임박한 죽음에 대한 고통스러운 현실에 대처하여 투쟁을 하고 있을 때, 그들이 경험하는 고통과 심리적 · 사회적 통증을 완화하는 데 초점을 둔다. 신체적 통증이 신경 압박 또는 골 침범과 같은 몇 가지 원인을 가지는 것과 같이 심리적 고통 또한 마찬가지다. 두려움, 슬픔, 고뇌, 미해결된 사업상의 문제, 가족 문제 등 여러 가지 어려운 문제들이 심리적 또는 정서적 아픔을 가져올 수 있다. 이와 같이 죽음에 직면한 환자와 가족의 심리 상태와 반응은 복잡하고 다양하며, 여러 가지 심리적 요구를 가진다. 이런 경우 간호사는 '총체적 간호(holistic care)' 의 차원에서 죽음을 앞둔 환자의 다양한 심리 변화 과정을 이해하는 것이 필요하며, 삶의 최종 단계인 죽음 과정을 돌보는 일에 최선을 다해야 한다. 말기환자의 정서적인 측면을 해결하기 위해서는 부정, 분노, 우울, 격리, 절망 등의 부정적인 감정을 희망, 의지, 수용의 감정으로 변화시킬 수 있도록 도와야 할 것이다. 또한 가족의 인생 주기에 따라 죽음을 맞이하게 되는 환자를 이해하는 감정에 큰 차이가 있으므로 인생의 주기에 맞는 돌봄 형태가 이루어져야 한다.[3)]

• 영적 돌봄

말기질환을 앓거나 사랑하는 사람을 잃어버렸을 때와 같은 사건이 일어나기 전까지 우리는 삶에서 영적 측면에 그다지 민감하지 않지만 이런 충격적인 경험을 하게 되면 인간의 나약함과 생명의 유한성을 직면하고 영적 위기를 맞게 된다. 이때 갑자기 영적 차원이 삶의 중심이 되고, 가장 근본적인 신념을 질문하게 된다. '나는 누구인가?' '내가 왜 여기 있는가?' '내 인생의 목적은 무엇인가?' '왜 선한 사람들에게 나쁜 일이 생기는가?' '죽음 뒤에는 무슨 일이 생길까?'

영적 고통은 신체적, 사회적, 정서적 고통을 더 크게 느끼게 한다. 그래서 영적 돌봄이 필요하다. 영적 돌봄의 핵심은 영적 고통과 무력감, 믿음의 상실, 절망, 실패, 포기, 배신 그리고 불의와 같은 것으로 발생되는 고통을 완화시키는 것이다. 간호사가 임종을 앞둔 사람과 함께 있으면서 고통을 바라보는 데는 인내가 필요하며, 종교적 지지를 필요로 한다.[4)] 대상자의 영적 욕구를 해결하기 위해서 간호사는 삶의 의미, 내세에 대한 희망, 영적 신념 혹은 신(神)과의 관련성, 자신과 타인에 대한 용서, 그리고 자신의 고통을 뛰어넘는 초월성을 염두에 두어야 할 것이다.[5)]

이러한 영적 돌봄은 임종환자의 남은 생애 동안 삶의 질을 높여 주며 하느님, 자신, 이웃, 환경과 올바른 관계를 유지함으로써 현재의 상황과 죽음

을 긍정적으로 수용하고 내세에 대한 희망 속에서 평온한 죽음을 맞도록 도와준다.[6)]

(3) 영양사

환자의 영양 공급과 수액 공급은 호스피스돌봄이 시작될 때 결정되어야 한다. 영양사는 환자의 증상에 따라 식품 선택의 다양성을 최대화하고, 각 환자의 상태 변화에 따라 여러 가지 방법으로 탄력성 있게 환자의 식사 섭취를 돕는다. 또한 환자의 섭취와 관련하여 영양 필요량을 계속 평가하고, 영양 공급의 방법이나 이전에 따르던 식사의 제한을 변경시킨다. 환자의 상태에 따라 영양 보충의 필요성, 방법 등을 결정하여 전반적인 환자 관리에 역점을 둔다.

(4) 약사

약사는 호스피스 환자가 사용하고 있는 약물을 살펴보며, 대상자의 주문제점을 해결할 수 있는 약물 사용 방안을 검토하고 제시한다. 암환자들이 주로 사용하는 약물들, 특히 항암제 이외에 통증을 조절하기 위한 마약성 진통제와 비스테로이드성 진통제, 항암제 사용에 따른 구토 방지를 위한 항구토제와 독성이 강한 약물 때문에 발생하는 위장관의 문제점을 완화시키는 약물 등 약물 사용으로 환자가 경험할 수 있는 부작용과 그 가능성을 예측하고, 이러한 문제점을 완화시킬 수 있는 방안을 모색한다.

2) 상담 전문가

떠나는 이를 돕는 방법에 대해서는 제5장에서 논의하였으므로 여기에서는 남은 이를 돕는 사별 상담 전문가의 역할에 더 초점을 맞추어 이야기하고자 한다.[7)] 사랑하는 사람을 떠나보낸 이들의 슬픔은 강하고 깊지만 '세월이 약'인 경우가 대부분이기 때문에 보통의 경우 전문가의 심리적 조력과 개입까지 필요하지는 않다. 그러나 그 상실 경험이 정상의 범위를 넘어 외상적 상실로 경험된다면 전문적인 상담 조력이 필요하다. 외상적인 상실로 경험될 수 있는 경우는 ① 갑작스러운 죽음(남은 이들이 그 상실을 예상할 기회를 갖지 못하였음), ② 절단, 폭력 등이 연관된 죽음, 살인과 같은 것들, ③ 죽음을 막을 수 있었거나 너무 불공평하고 납득되지 않는 죽음, ④ 자동차 사고, 폭탄 폭발 등의 사고사, ⑤ 남은 이가 혼자 맞닥뜨린 죽음(타인의 죽음을 발견하거나 자신의 생존조차도 심각하게 위협하는 상황) 등이 포함된다.

사별 상담자의 역할은 크게 세 가지로 볼 수 있다. 첫째 사별을 현실로 받아들이도록 온화하게 직면하기, 둘째 사별의 영향에 대처하도록 지지 · 조력하기, 셋째 사별 후의 생활에 적응하도록 지지 · 자문하기가 그것이다.[8)]

(1) 내담자에게 상실의 현실감(reality)을 갖게 하기

비탄에 빠진 사람은 그 죽음이 일어났다는 사실을 받아들여야만 한다. 사체를 보는 것이 도움이 되는 경우가 많다. 현대의 장례에서, 특히 사고로 신체가 훼손된 경우 시신을 보는 것은 쉽지 않다. 사체를 못 본 상태에서는 유족들이 고인의 죽음을 인정하기 어렵다. 인지적 수준에서는 받아들이고 있지만, 깊은 마음속의 정서적인 수준에서는 부정하게 되는 것이다.

어떤 상담자는 상담 회기 중에 사고사한 고인의 사체를 찍은 사진들을 가져와 내담자와 함께 보았다. 내담자는 사진을 보면서 한참 동안 눈물을 흘린 다음 마침내 마음 깊이 가족의 죽음을 확실히 인정한다는 말을 하였다. 이것은 내담자가 비탄의 터널을 지나 회복을 향해 갈 수 있게 하는 전환점이 되었다.

(2) 사별의 영향에 대처하도록 돕기

두 번째 역할은 내담자가 겉으로 드러난 영향과 잠재된 영향에 대처하도록 돕는 것이다. 대부분의 경우 슬픔이나 슬픔에 연관된 정서들을 표현하는 것은 어렵지 않다. 그렇지만 다른 느낌들을 인정하는 것도 똑같이 중요하다. 많은 죽음의 상황에는 화, 죄책감 그리고 다른 극심한 정서들이 있다. 상담자는 내담자들이 가치 판단 없이 그들의 느낌들을 표현하도록 격려할 필요가 있다. 외상적 상실에서 화와 죄책감은 매우 흔한 것일 수 있다. 예를 들어 자동차 사고의 경우, 사망자가 과속했거나 음주운전을 한 사실에 대해 화가 날 수 있다. 또한 그를 심부름 보낸 것에 대한 죄책감도 있을 수 있다. 남은 이들은 이러한 정서들 모두를 자유롭게 표현할 수 있다고 느끼는 허용적인 환경에 있어야만 한다.[9)]

여기서 남은 이가 떠난 이에게 편지를 쓰게 하는 것은 유용한 기법이 될 수 있다. 역할극과 빈 의자 접근법(empty chair approach)도 유용할 수 있다. 남은 이에게 빈 테이프를 주고 자신의 집에서 떠난 이에게 하고 싶은 마지막 이야기를 보내는 메시지를 녹음하게 하면, 상담자 앞에서는 차마 하기 어려운 느낌들을 더 잘 표현할 수 있게 된다. 그 다음의 상담 회기에 그 테이프를 함께 듣고 상담자와 내담자가 이야기를 나눌 수 있다. 남은 이들은 종종 그들이 테이프에 녹음할 수 있었던 일을 놀라워한다.

(3) 사별의 장벽 극복과 재정리

상담자의 세 번째 역할은 내담자가 장애를 극복하고 재정리하도록 돕는 것이다.[10)] 남은 이들은 종종 사별의 상실이 있기 전의 세상에서 계속 살려고 한다. 남은 이들은 새로운 역할들을 맡고 필요한 변화들을 시도하지 않는다. 상담자는 정서적인 측면들에서는 물론 실제적인 부분에서도 그들을 도울 수 있다. 재정을 관리하는 작은 과제에서부터 타인을 대하는 더 큰 문제에 이르기까지 다시 정리해야 하는 각 측면들을 직면하고 정리하게 해야 한다.

때때로 떠난 이를 기억나게 하는 물건들을 어떻게 처리할지가 중요한 문제가 된다. 옷가지들이나 다른 물건들을 언제 싸고 언제 다른 사람에게 줘버릴지의 문제는 상실을 겪는 많은 사람들이 어려워하는 것이다. 되돌릴 수 있는 변화의 방법을 남은 이가 찾도록 돕는 것이 중요하다. 예를 들어 물건들을 싸서 따로 두면, 만일 이후에 그 물건들을 다시 보고 싶을 때 여전히 사용할 수 있다.

남편과의 사별 후에 몇 년이 지나도록 극심한 비탄과 우울을 겪고 있는 한 여성 내담자의 경우, 그녀의 집은 남편이 죽었던 날과 조금도 다름없이 유지되고 있었다. 상담이 어느 정도 진행이 되고, 어느 정도의 시간과 노력을 들인 후에 그 여성은 자신의 집 물건들을 이동시킬 결심을 하게 되었다. 그러한 위치 변동만으로도 더 이상 같은 정도의 고통스러운 기억을 일으키지 않았다. 이 변화들에 의해 그녀는 남편 없는 세상에 적응하는 길로 계속 나아갔다. 중요한 것은 남은 이로 하여금 고인에게 안녕을 고하는 것은 고통을 포기하는 것이지 기억을 포기하는 것은 결코 아니라는 사실을 그들이 이해할 수 있게 상담자가 돕는 것이다.

(4) 기타 생각할 거리들

외상적 상실은 상담자에게 특별한 도전이 된다. 적절한 기법들과 시간이 주어지면 남은 이는 그들의 상실에서 회복되고, 그들의 삶으로 옮겨 갈 수 있다. 외상적 상실의 경우에도 위의 상담자의 역할들이 마찬가지로 적용될 수 있다. 그렇지만 외상적 상실에서는 남은 이가 자신의 느낌들을 해결하도록 돕는 일부 특정한 기법들이 필요할 수도 있다.[11] 외상적 죽음은 남은 이의 기억 속에 더 오랫동안 고통스럽게 남아 있는 경향이 있다. 남은 이들은 그 죽음이 한때 가졌던 강력한 영향력을 더 이상 가지지 않을 때까지 계속 반복해서 그 경험을 다시 생각하고 다시 겪으며, 그에 대한 도움을 필요로 한다. 이것은 그 죽음이 한때 가졌던 심각한 반응들이 더 이상 촉발되지 않을 때까지 남은 이가 그 이야기를 계속 반복해서 이야기하게 할 필요가 있다는 것을 의미한다.

남은 이는 공포와 무력감 같은 외상적 사건의 모든 정서들을 훈습할(work-through) 기회를 필요로 한다. 종종 남은 이는 그 정서들을 행동으로 옮길 방법을 찾을 필요가 있다. 음주운전으로 자식이 죽은 후에 남은 이가 음주운전에 대한 새로운 법과 처벌을 위해 싸워 나가는 데에 힘을 쏟는 것은 보기 드문 일이 아니다. 이것은 자신의 정서들을 건강하게 표출하는 것이며, 궁극적으로 죽음에 대해 의미를 부여한 것이다.

외상적 상실의 경우, 평생 동안 비탄과 고통스러운 기억 속에서 살아가게 될 것 같은 느낌을 갖기 쉽다. 그러한 상실에서 회복할 수 있다는 사실에 대해 남은 이에게 교육할 필요가 있다. 우리는 이 유형의 상실이 거의 모든 사람에게 극도의 반응을 하게 한다는 것을 남은 이가 이해할 수 있게 도와야만 한다. 이것은 그들에게 그들이 뭔가 다르거나 외롭지 않다는 것을 다시 확인시켜 준다.

상담자는 상담의 전 과정 중 최소한 한 번은 남은 이의 집에서 상담 회기를 가지는 것이 가치가 있다고 종종 믿고 있다. 이것은 남은 이와 상담자가 죽은 사람의 환경을 공유하고, 죽은 사람에게 생전에 중요했던 것들을 모두 볼 수 있는 기회를 준다. 나아가 상담자는 남은 이가 살아가는 방식, 그리고 그들의 환경에서 그들을 돕기 위해 취해야 할 단계에 대해 더 나은 그림을 그릴 수 있을 것이다. 사별 상담은 상실의 역동에 대해 잘 훈련받은 전문가에 의해 이루어진다. 그렇지만 전문 상담자의 수는 제한적일 수밖에 없으므로 훈련받은 자원봉사자가 남은 이를 상담하는 것도 바람직하다.

마지막으로 상담자들은 비탄 상담 상황(setting) 내에서 자신의 반응들을 인식해야만 한다. 모든 사별 상담에서, 특히 외상적 상실과 관련된 상담에서 상담자는 자신의 취약점을 발견할 가능성이 있다. 상담자들 역시 모두 남은 이들이며, 자신의 삶에서 죽음에 대처해야만 했던 경험이 있기 때문이다. 만일 상담 상황이 상담자에게 너무 과도한 역동을 불러일으킨다면,

그래서 상담 과정을 적절히 관리해 나가기 어렵다면, 다른 전문가가 상담하도록 의뢰할 필요가 있다. 중요한 점은 남은 이의 필요가 우선되어야만 한다는 것이다.

3) 사회복지 전문가

지금부터 약 35년 전만 해도 삶과 죽음의 사건은 침묵 속에서 누구와도 함께할 수 없이 혼자서 외로이 직면해야 하는 문화가 지배적이었다. 따라서 죽어 가는 사람 누구도 자신이 죽어 가고 있다는 사실을 밝히지 않았으며, 이러한 침묵 아래에는 고통과 혼란 및 죽음에 대한 공포가 존재하고 있었다. 1960년대가 되어서야 이러한 '침묵의 음모(conspiracy)' 가 깨어지기 시작하면서 죽음에 직면한 사람들의 감정과 욕구에 대한 사회적 이해의 필요성이 제기되었으며, 건강 분야의 전문가들은 죽음에 직면한 환자들에 대한 자신의 공포나 고통을 숨기는 노력을 점진적으로 멈추게 되었다.[12] 이러한 의식의 전환은 영국의 사운더스(D. C. Saunders)와 미국의 퀴블러-로스(E. Kübler-Ross)에 의해 죽어 가는 이들을 대상으로 한 전문가들의 역할, 환자의 권리, 정서적 노출과 감각 등이 재형성되었으며, 호스피스와 완화의학이 발전하게 되는 계기가 되었다.[13]

최근에는 호스피스와 완화의학의 효과성과 가치에 더욱 많은 관심이 쏠리고 죽음 과정에 요구되는 전체적 보호와 삶의 마지막 보호에서 결여된 것에 관한 인식이 확산되면서, 죽음 과정에 이용 가능한 보호의 질적 증진이 요구되고 있다.[14] 특히 죽어 가는 이들을 돌보는 방법에서의 변화에 대한 요구는 건강 전문가들의 육체적, 정서적 고통에 대한 회피 및 일상 환자들에게 주어지는 일상적 서비스의 결여, 환자와 전문가의 의사소통 부족 등을 현장에서 목격하고 있는 사회복지사에게는 전혀 새로운 이슈가 아니다. 개인의 죽음과 관련된 영역으로 사회복지사는 병원, 호스피스 프로그램, 가정에서의 돌봄(home-care)서비스를 제공한다. 서비스의 성격은 특정 상황에 따라 영향을 받지만, 사회복지사의 기본적 책임과 사명은 동일하다. 즉, 죽어 가는 환자와 그 가족들을 원조하기 위한 결정은 그들이 불확실하고 종종 무서운 미래에 적응하는 것을 원조하는 기술과 지식에 근거한 것이다. 개인의 죽음과 관련된 영역에서 서비스를 제공하는 사회복지사의 역할을 살펴보면 다음과 같다.

첫째, 심리사회적 상담자(psychosocial counselors) 역할을 수행한다. 병원이나 요양기관에 근무하는 사회복지사의 전통적 역할 중 하나로서, 사회복지사는 죽어 가는 환자에게 의미 있는 서비스를 제공함과 동시에 그 가족들이 직면하고 있는 상실의 위험과 삶의 전이에 잘 적응할 수 있게 지지하는 기능을 수행한다.

둘째, 조정자(mediator)의 역할을 수행한다. 서비스의 질과 경제적 측면을 모두 고려하면서 환자의 욕구와 병원 및 기관의 요구를 조정하는 역할을 수행한다.

셋째, 옹호자(advocacy)의 역할을 수행한다. 현실적으로 대부분의 국가의 의료정책은 환자들의 최소 입원을 주장하면서, 환자들의 대부분은 이러한 단기 보호정책에 대해 자신의 욕구를 표현할 수 없는 실정이다. 따라서 사회복지사는 환자의 욕구를 대변하고 지지하는 옹호자의 역할을 담당하며, 특히 퇴원 계획 과정에서 환자와 가족들에게 필수적인 사후 관리 계획 및 상담과 지지, 팀워크를 통한 결정에 대한 검토, 욕구 평가 등을 통해 환자의 요구를 충족시킬 수 있는 의료정책과 기관의 방침에 영향을 미칠 수 있다.

넷째, 관리자(manager)의 역할을 수행한다. 죽음에 직면한 환자를 원조하는 완화의학과 호스피스 영역에서 사회복지사는 질병의 초기에 환자와 가족들이 치료방법에 대한 선택을 검토하고 결정을 내리는 것부터 통증 완화와 완화 보호에 관련된 학제 간의 팀워크를 형성하기 위한 관계망을 설정하여 환자와 가족들이 질병에 적응하고 퇴원 후 사후 치료 계획을 설정

하는 것에 이르기까지의 모든 과정을 원조한다.[15]

다섯째, 협력자(coordinator)의 역할을 수행한다. 최근 환자나 클라이언트에 대한 전체적인 관점에서의 원조가 강조되면서 완화의학과 호스피스 영역에서는 학제 간의 팀 협력을 통한 서비스 제공이 실시되고 있는 실정이다. 이러한 측면에서 사회복지사는 환자가 경험하는 고통의 심리 · 사회적 측면을 평가하고, 개별화된 개입을 계획하는 것에 협력 · 원조함으로써 치료 팀의 효과성에 기여한다.[16]

2. 효율적인 호스피스 의사소통

호스피스 팀들은 서로 다른 전문분야에서 교육받아 환자의 문제를 해결하는 데 효과적일 수 있지만 서로 간의 의사소통이 잘 이루어지지 않으면 큰 실수를 할 수도 있다. 바람직한 의사소통을 위해서는 정기적 또는 비정기적 모임을 가져야 하며 기록을 정확히 하여 다른 사람이 환자를 돌보는 상황을 잘 이해할 수 있도록 하는 것이 필요하다.

의사소통이란 말과 글과 몸짓으로 남에게 의견과 생각과 감정과 정보를 전달하는 것으로 마음의 만남, 마음의 나눔이다. 들어주면서 속 내용을 파악하고 집중하는 것이며, 상호적인 관계이며 동등한 두 사람의 대화이다.

1) 효율적인 호스피스 대화의 원리

호스피스 활동에서 대화는 중요한 완화의 몫을 한다. 이를 위해 호스피스인은 자신의 돕고자 하는 마음을 효과적으로 표현하고, 상대가 원하는 것이 무엇인지를 이해하며, 이에 적절하게 반응할 필요가 있다. 호스피스 활동을 돕기 위한 대부분의 책에서는 효율적인 호스피스 의사소통을 위해서 다음과 같은 원리들이 실천될 필요가 있다고 본다.

첫째, 호스피스인의 자기 개방이 기본으로 전제되어야 한다. 호스피스인의 생각과 느낌, 체험에 대해 필요하다면 진실하고 진솔하게 개방하는 것이 호스피스인과 상대방의 관계를 적절히 형성하는 데 큰 도움을 준다. 사람에 따라 자신의 좋은 부분, 자랑스러운 부분은 내놓기 쉬워도 고통스러운 부분, 부정적인 경험을 내놓기란 쉽지 않을 수도 있다. 그러나 호스피스인이 나의 상처, 아픔들을 보여 주고 또 스스로 이를 치유해 온 경험을 개방해 놓으면 호스피스인은 피와 살이 따뜻한 또 하나의 인간으로 다가가게 되고, 실질적인 도움을 줄 기반이 마련된다.

둘째, 삶과 죽음에 대한 분명한 철학이 있어야 한다. 다른 대화관계와는 달리 호스피스 대화는 삶과 죽음에 대한 이야기를 나누게 되므로 이러한 부분에서의 철학이 잘 정리되어 있을 필요가 있다. 단, 이것은 자신의 굳은 철학과 신념이 있어서 이와 다른 의견과 관점은 받아들이지 않는다는 경직성을 의미하는 것이 아님을 기억해야 한다.

셋째, 자신의 역할과 수행에 대한 인식이 분명해야 한다. 호스피스 대화에서 자신의 이기적인 목적 때문이 아니라 상대방을 위한 선의에 기반을 두는 것은 무엇보다 중요하다. 그러나 좋은 마음만 있다고 해서 효율적인 대화가 가능한 것은 아니다. 호스피스인으로서 대화를 해 나갈 때 의도하지 않은 오류를 범하지 않기 위해서는 자신의 역할이 무엇이며, 현재 자신이 무슨 말을 어떤 의도로 하는지, 현재 하고 있는 행동이 무엇을 위한 것인지에 대한 명료한 인식이 필요하다.

마지막으로, 대화 기법 훈련이 필요하다. 대화의 기법은 주로 상담 영역에서 발전하였다. 상담자가 내담자와 효율적으로 의사소통하고 상담의 목표를 이루기 위해서 바람직한 의사소통 기법과 기술이 비교적 체계적으로 발전되어 왔다. 호스피스인이 상담 영역의 의사소통 기술을 익힐 경우 효율적인 대화자로서 실력을 향상시키게 될 것이다.

2) 완화돌봄을 위한 기본적인 주의집중 기술

상대를 이해하고 적절한 언어 반응과 자세로 '주의집중(attending)' 하면 주의집중은 많은 것을 일궈 낸다. 주의집중을 통해 호스피스인은 상대방에 대한 자신들의 느낌, 태도, 몰입이 진실한 것이라는 점을 보여 준다. 호스피스인은 경청하고 주의집중할 수 있는 물리적 여건을 만들고 성급한 가정과 판단을 유보하며, 상대의 말과 마음에 집중하는 훈련을 계속할 필요가 있다. 호스피스 대화가 한 번에 마쳐지는 것이 아니라 정기적으로 재개된다는 점에서 지난번까지의 중요한 세부 사항을 기억하며, 서로 동의한 계획에 따라 진행해 나감으로써 관심과 주의집중을 전달할 수 있다.

또한 관심과 주의집중을 전달하는 신체적, 언어적 표현이 있다. 머리 끄덕이기, 탐색 격려하기와 같은 언어적이고 비언어적인 행동들은 관심을 전달한다. 호스피스 대화를 따뜻한 분위기로 만들 필요가 있다. 이러한 따뜻함은 적절한 미소, 어조의 변화, 보살핌과 지지의 표현을 통해 전달된다. 다음은 상대방에게 주의집중하고 잘 듣고 있음을 전달하는 자세에 대해 소개한 것이다.

- 자세: 몸을 약간 앞으로 내밀고 어깨와 다리를 상대방을 향하게 한다.
- 머리: 환자 쪽으로 머리를 약간 기울인다. 가끔 머리를 끄덕이는 것도 주의집중의 신호를 전달한다.
- 얼굴 표정: 첫인상이 중요하다. 사람을 쳐다보았을 때 50초 안에 그 사람의 말을 들을 것인가 말 것인가를 생각하고, 5분 안에 결정을 내린다. 옷차림과 좋은 표정과 인상은 상대방의 마음을 열게 하는 중요한 열쇠다. 온화하고 부드럽고 공손해야 한다. 지루한 표정, 귀찮은 표정은 금물이다.
- 눈: 55%의 몸짓 중 눈빛이 35%다. 눈높이는 환자의 눈높이와 맞추는

것이 좋고, 서서 환자를 아래로 내려다보는 것보다 앉아서 이야기하면 눈높이를 일치시키고 안정감이 생긴다. 대화할 때는 눈을 맞추며 부드럽게 서로 일치시키고 미간을 본다. 눈 맞춤을 하고 응시하는 사람들은 눈 접촉을 하지 않는 사람들보다 더 많은 주의, 관심, 따뜻함, 공감, 친숙함, 정직, 성실, 신뢰를 드러낸다.

- 거리: 팔이 미칠 수 있는 거리로서 심리적 거리를 나타낸다. 친밀한 거리는 50cm다.

3) 침묵 다루기[17)]

많은 사람들이 그렇듯이 호스피스인 역시 상대방의 침묵을 불편해할 것이다. 먼저 호스피스인은 침묵에서 편안해지도록 스스로를 개발해야 하며, 또한 침묵을 적절하게 중재할 시기에 대한 지식도 갖추어야 한다. 또한 말할 시기와 침묵하도록 두는 것이 바람직한 시기를 알기 위해서는 침묵의 다양한 의미에 대해 어느 정도 이해할 필요가 있다.

침묵에는 일반적으로 여섯 가지의 의미가 있다. 첫째, 생각하고 있는 것이다. 환자들은 누구나 정보를 처리하고 자신들의 반응을 구상하는 데 시간이 필요하지만, 어떤 환자들은 다른 환자들보다 더 많은 시간을 필요로 한다. 환자가 생각할 시간이 필요할 때, 호스피스인은 계속 주의집중하면서 눈 접촉, 개방적인 자세 등을 통해 자신들의 관심과 참여를 비언어적으로 보여 줄 수 있다. 또한 그들은 “나는 당신이 생각할 시간이 필요하다고 느낍니다. 괜찮습니다. 기다리겠습니다.” “당신이 말을 멈추고 생각할 필요가 있다면, 저는 괜찮습니다.”와 같이 말함으로써 경청하고 있다는 자신의 의지를 언어적으로 나타낼 수 있다. 둘째, 혼란스럽고 무엇을 말할지 혹은 무엇을 해야 할지를 확신하지 못하는 것이다. 때때로 질문들이 불명확하고, 대화의 초점이 모호하며, 내담자들이 자신들에게 기대되는 것을 알지 못하는 경우가 있다. 내담자들은 불편하게 움직이면서 다음에 무엇을 해야 할지를 마음속으로 정리하며, 입을 다물고 앉아 있을지도 모른다. 이 경우 침묵이 계속되도록 허용하는 것은 환자의 불안을 더 강화할 위험이 있으므로 침묵을 중단시키고 의미나 방향, 기대를 명확히 하는 것이 좋다. "혼란스러워 보입니다."라고 느낀 바를 표현하고 환자가 그렇다고 할 경우 "불명확하거나 혼란스러운 것이 무엇인지 내가 알 수 있도록 도와주세요." 라고 요청해서 혼란스러운 부분을 명료하게 해 나갈 수 있다. 셋째, 환자가 고통스러운 느낌을 겪고 있는 것이다. 죽음을 앞둔 대화는 강렬한 느낌과 기억들을 자극할 수 있다. 환자가 강렬한 느낌과 싸우고 있을 때, 그냥 가만히 옆에 있을 수도 있다. 이것은 "내가 여기에 있습니다. 나는 이해합니다. 나는 당신이 당신의 고통을 처리할 때 당신과 함께 있을 용기를 가지고 있습니다."라고 말하는 것이다. 또한 공감해 줄 수도 있다. 공감은 환자가 그 고통스러운 감정에서 놓여나도록 도울 수 있다. 네 번째 의미는 환자가 호스피스인에 대한 신뢰감에 대해 다루고 있는 것이다. 관계에서 신뢰가 덜 발전되었다면 환자는 사적인 정보를 공유하는 것에 대해 꺼릴 것이다. 그들은 침묵을 통해 자신들의 망설임을 전달할 것이다. 이것은 정상적인 일이며, 사람들이 거부를 피하고 사적인 문제를 통제하고 있다는 느낌을 유지하는 자기 보호방법이다. 이를 해결하는 가장 좋은 방법은 솔직하게 신뢰 문제를 다루는 것이다. 다음과 같은 언급이 좋은 출발점이 될 수도 있을 것이다. "낯선 사람과 마음을 나누기가 쉽지 않다는 것을 나는 압니다. ○○씨는 아직 나를 모르고, 내가 어떻게 반응할 것인지에 대해 확신하는 바가 없을 것입니다." 또 다른 방법은 환자의 신뢰감 정도의 보조를 맞추어 더 믿을 만한 관계로 발전할 때까지 환자에게 덜 위협적인 내용만 이야기하는 것이다. 다섯 번째 의미로는 환자가 대화의 종결에 이르렀다고 생각하는 것이다. 침묵은 "나는 끝냈어요. 다른 것들에 관해 이야기합시다."라고 말하는 한 가지 방법이다. 이럴 경우 환자를 존중하되 새로운 논의 영역으로 이동하기 전에 잠시 요약하고 넘어가는 것이 한 방법이 된다.

4) 환자와의 대화법

호스피스인이 환자를 방문해서 처음에 무슨 말로 입을 떼기 시작할까 하는 불안감은 초심 호스피스인에게는 공통적으로 있는 것이라 할 수 있다. 맨 처음에 하게 되는 첫 말은 긍정적인 답을 구할 수 있는 단어를 사용하고 부정적인 반응을 유발시킬 수 있는 말은 피하는 것이 좋다. 예를 들면 "안녕하세요. 병원으로 오면서 ○○님을 생각했습니다."라고 시작하는 것이다. "어떻게 주무셨습니까?"라고 시작했을 때 환자가 "너무 힘들었어요. 차라리 죽는 게 낫겠다 싶었어요."라고 한다면 초심 호스피스인은 압도당해서 뒷말을 잇기 어려울 수도 있다. 말기환자의 경우 힘겨운 투병 중이라 힘든 고통, 부정적 경험을 이야기하기가 쉽다. 이럴 때 "아, 밤새 많이 괴로우셨나 봐요."라고 마음을 알아주는 공감으로 대화를 이어 가는 것이 바람직하다.

환자가 지나치게 실의에 빠져서 식음을 폐한다든지 우울에 빠져 있을 때 대화를 나누는 것 역시 몹시 어려워진다. 이럴 때는 마음에서 우러나오는 인사가 정공법이자 모범답안이 된다. 예를 들면 "○○씨, 안녕하세요? 모두들 걱정하고 있어요." "○○씨, 안녕하셨어요? 지난 주 동안 ○○씨 생각을 많이 했어요. 그만 왔으면 좋겠다고 하셔서 얼마나 힘드셨으면 그러셨을까 생각도 했고요. 그런데 안 올 수가 없었어요." 하고 자신의 마음속에 있는 긍정적이고 따뜻한 마음을 담아 인사하는 것이다. 이럴 경우 환자는 표현하든 표현하지 않든 마음속에서는 자신의 마음을 알아주는 것에 대한 감동과 위로받은 느낌이 올라오게 된다.

경청의 진정한 의미

1. 상대방의 느낌이 소중하고 독특한 것임을 전달함.
2. 상대방이 말하기 전에 당신이 말하려고 하는 것을 이미 내가 알고 있다고 가정함으로써 상대를 모욕하지 않을 것임을 전달함.
3. 상대방이 말하는 것을 판단하거나 혹은 비웃지 않을 것임을 전달함.
4. 내 생각과 비슷하게 상대방이 말하도록 상대를 바꾸려고 하지 않을 것임을 전달함.
5. 수용과 보살핌의 행동을 함.
6. 말하는 이에게 듣는 사람이 말하는 이와 함께하면서 말하는 이의 세계, 지각, 느낌을 이해한다고 믿게 함.

경청 받지 못한다는 느낌을 주는 행동

1. 관심을 가지지 않음.
2. 충분히 알기도 전에 이해한다고 말함.
3. 환자의 문제에 대한 환자 자신의 설명을 다 듣기도 전에 해답을 찾아 답변해 버림.
4. 환자의 말을 중단시킴.
5. 환자를 대신해서 말끝을 완성해 버림.
6. 환자가 지루해하는 것을 알면서도 그대로 놔둠.
7. 환자가 말하는 어휘, 억양, 문법적인 점에 대해 비평함.
8. 환자에게 아주 나쁜 화제에 대해 이야기함.
9. 환자 자신은 관심이 없는 호스피스인 자신의 경험을 이야기함.
10. 같은 공간에서 환자가 아닌 제삼자와 대화함.
11. 환자가 고맙다고 말할 때 아무것도 한 일이 없다며 환자의 감사를 거부함.
12. 다른 환자의 경우와 비슷하게 생각하면서 환자를 위로하려고 함.

경청의 느낌을 주는 행동

1. 환자에게 아무런 지장을 주지 않으면서 환자와 조용히 함께 머무름.
2. 환자 자신이 잘 모르는 것조차도 이해하려고 애씀.
3. 내 자신의 것과 환자의 견해가 다르지만 이해하려고 노력함.
4. 시간과 노력을 들여서 환자의 말에 귀를 기울임.
5. 환자 자신이 내린 결정에 동의하지 않지만 그 결정을 존중함.
6. 환자가 자신의 방식대로 문제를 다루도록 허용함.
7. 요청받지 않는다면 환자에게 충고나 조언을 하지 않음.

(4) 호스피스 팀원 간의 의사소통방법

먼저 팀원들은 정기적인 팀 회의를 할 필요가 있다. 1주일 혹은 2주일에 한 번 정도의 모임을 정례화하는 것이 좋다. 이때 호스피스 활동에 대한 정보를 교환하고, 더 나은 활동을 위해 필요한 조치와 지원 및 협력을 요청하며, 이에 관해 구체적으로 논의할 수 있다. 둘째, 정기적인 자원봉사자 모임도 필요하다. 전문가 팀 외에 자원봉사자들의 도움은 호스피스 활동을 위해 필수적인 부분이다. 따라서 대개 2~4주에 한 번 정도 모임을 가지면서 이때 호스피스 봉사를 하며 느낀 점과 어려운 점, 보람, 새롭게 배운 것 등에 대해 이야기를 나눌 수 있다. 이러한 모임을 통해 자원봉사자들 간 노하우를 공유하여 전체적인 서비스 수준이 상향되도록 이끌고, 적절한 재교육 경험을 갖는 모임이 될 수 있게 하는 노력이 반드시 필요하다. 셋째, 실무 팀은 실무 책임자를 중심으로, 자원봉사자는 자원봉사자 팀장과 실무 책임자를 중심으로 솔직하고 개방적인 의견 교환을 필요할 때마다 수시로 한다. 그리고 넷째, 모든 호스피스 종사자는 자신이 관여한 호스피스 활동을 서식에 따라 기록으로 남겨야 한다. 이러한 기록은 서로 간에 행해지는 중요한 의사소통의 한 방법이며, 또한 이러한 기록을 통해 팀원 중 일부가 교체되더라도 활동이 지장 없이 이어질 수 있게 된다.

이것을 기억하자

- 말기 임종환자와의 대화에서 가장 힘든 일은 해결책이 없는 의사소통이다.
- 임종환자의 이야기를 경청하는 것은 많은 이해심과 인내심이 필요하다.
- 대부분의 가족은 죽음에 직면하여 있는 사랑하는 사람과 이야기하는 것을 두려워한다. 그러나 환자는 공포, 희망, 걱정을 이야기하고 말하기를 원한다.
- 임종환자를 돌보는 호스피스인은 대화를 할 때 가끔 시간 죽이기식으로 빈말로 위로하기 혹은 잡담하는 대화를 할 수 있다.
- 호스피스 전문가는 임종환자와의 대화에서 환자의 감정을 공유하고 치유자 역할을 하는 것이므로 치료적 의사소통 기법의 기본을 습득하는 것이 중요하다.

〈과제〉

1. 자신이 현재 보건의료 전문가나 상담 전문가 혹은 사회복지 전문가라고 가정하라. 죽어 가는 사람이나 사별한 이들을 도울 때 어떤 점이 어려울지, 어떤 점에서 유능할 수 있을 것 같은지 자신의 내 · 외적 특성에 근거하여 예상해 보라.

2. 전문가로서 떠나는 이 혹은 남은 이와 의사소통할 때 전문성과 신뢰성을 보여 줄 수 있는 가상적인 대화 한 토막을 설정해 보라. 또한 최악의 의사소통이라 할 수 있는 대화 한 토막도 설정해 보라. 그리고 그것이 왜 그런지 분석도 곁들여 보라.

3. 누군가 상실의 경험이 있는 사람을 찾아서 과제에 대해 설명하고, 녹음 혹은 녹화에 대해서도 동의를 구하라. 그리고 5~10분 정도 상실의 경험에 대해 경청하고, 그 사람의 마음을 알아주고 지지해 주는 대화를 하라. 상대방의 소감이 어땠는지도 물어보라. 이 전체 과정을 녹음 혹은 녹화하고, 그 내용을 한 글자도 빠뜨리지 않고 기록하고, 각각의 반응에서 자신의 의도가 무엇이었으며 그것이 말하는 이에게 작용하고 전달이 되었는지 분석하

고 자가 평가하라.

4. 호스피스와 완화의학의 영역에서 현재 보건의료 전문가, 상담 전문가, 사회복지 전문가의 역할을 규명하고, 그들이 현재 제공하고 있는 서비스를 파악하며, 이러한 서비스의 전문성을 증진시키기 위한 방안을 제시하라.

제10장 생애주기별 죽음

인간의 일생은 고정되어 있지 않다. 초기 경험은 잘 기억이 나지는 않지만 인간이라면 누구나 갓난아기로 이 세상에 와서 끊임없는 변화와 성장을 거쳐 현재의 자신이 되어 있다. 현재의 나는 계속 변화해 나갈 것이며, 이러한 변화는 죽음의 순간까지 끊이지 않을 것이다. 이 장에서는 아동기와 청소년기의 발달 단계별 특성과 죽음에 대한 관점의 특징, 아동·청소년기에 겪는 여러 모습의 죽음들에 대해 살펴보고, 성인기 발달 단계상의 특징과 죽음 관점의 특징, 그리고 성인기에 만나는 사별을 자식, 부모, 배우자의 사별로 나누어 살펴본다.

1. 아동 · 청소년기의 죽음

1) 발달 단계와 죽음의 이해

(1) 영 · 유아기

영 · 유아기는 에릭슨(Erikson)이 제시한 심리 · 사회적 발달 단계 모형에 따르면 주된 발달과업이 무엇이냐에 따라 두 개의 단계로 나뉜다. 신뢰감 대 불신감(sense of trust vs. distrust) 단계와 자율성 대 수치 및 의심(sense of autonomy vs. shame and doubt) 단계가 그것이다. 첫 번째 단계인 영아기에 보통 엄마로 대표되는 주양육자가 영아의 요구를 적절하게 충족시켜 주면 영아는 자기 자신과 세상에 대한 기본적인 신뢰감을 발전시켜 나가게 되고, 반대의 환경을 지속적으로 경험한다면 그 결과는 불신감을 발달시키게 된다. 두 번째 단계인 유아기(대략 만 3세) 동안에 유아는 환경을 탐색하고 더욱 독립적으로 발달하면서, 또 배변 훈련 과정을 만족스럽게 겪어 내면서 자율성이 발달하며, 반대의 경우 부끄러움과 의심이 발달하게 된다.

피아제(Piaget)의 인지발달이론에서 영 · 유아기는 감각운동기(sensori-motor period)에 해당된다. 이들은 감각기관과 동작능력을 발달시키고 강화시키며, 감각기관을 통해 환경과 접촉하고 환경에 대해 배우게 된다. 이 시기 초반부의 아동들은 눈앞에서 대상이 사라지면 그 대상 자체가 사라진 것으로 생각하지만, 이 시기의 후반부에 이르러 단순히 시야에서 사라진 것이지 그 자체가 없어진 것은 아니라는 개념인 '대상 항상성 혹은 영속성'을 갖게 된다. 이 단계의 아동들은 보통 언어로 반영되는 사고의 발달이 미숙하여 죽음에 대한 인식과 태도 역시 발달해 있지 않다.

(2) 아동기

초등학교에 들어가기 전까지의 시기 동안 아동이 성취해야 할 주된 심리 · 사회적 발달과업은 주도성 대 죄책감(sense of initiative vs. guilt)이다. 아동은 점점 더 그 자신의 목적과 방향을 탐색하는데, 한편으로는 아직 주도권과 개별성을 표현하는 이 시험적인 노력들에 대해 부모 또는 아동에게 영향을 끼치는 다른 성인들이 어떻게 생각할까에 주목하게 된다. 이러한 염려는 죄의식의 발달과 연결된다. 아이들이 종종 하는 "아빠가 죽었으면 좋겠어!" 같은 소리는 좌절감에서 기인하는 것인데, 인지와 도덕성의 발달과 함께 죄책감도 발달하게 되는 것이다. 인지의 발달과 함께 의사소통 기술이 발전함에 따라 죽음 개념이 상당히 확장된다. 이 시기 아동들은 흔히 신체적 훼손에 대한 공포를 갖는다. 이 나이의 아동들은 대근육 발달에 이어 소근육이 발달하면서 세발자전거를 타고 달리며, 종이를 작은 조각들로 찢을 줄 알고, 근육을 자기 뜻대로 움직이며, 자기 신체에 대한 조절능력이 높아진다. 따라서 신체는 이 시기 아동의 자기상(self image)에서 중요하다. 신체의 외관상 손상에 대한 아동들의 관심은 이 시기의 심리 · 사회적 발달 단계의 특징이다.

피아제의 인지발달 모형에서 초기 아동기는 전 조작기(preoperational period)로, 사물을 나타내는 언어와 상징들의 사용법에서 크게 발달하는 시기다. 조작적 사고의 대표적 특징인 인과적 사고가 거친 수준에서나마 발달하기 시작한다. 이 시기의 아동들에게 '사람이 무엇 때문에 죽는지' 를 물으면 아이들은 주로 '나쁜 것, 독이 든 음식물을 먹어서' 혹은 '어른 없이 혼자서 위험한 행동을 하다가' 라고 답을 한다.[1)] 다른 연구에 의하면 이 시기 대부분의 아동들에게 죽음은 자신이나 자신의 가족과는 거리가 먼 것이며, 의사나 병원, 하느님 같은 존재가 되살릴 수 있는 것으로 생각한다.[2)]

심리 · 사회적 발달이론에 따르면 초등학교에 다닐 시기, 즉 만 6세에서 11세의 시기는 근면 대 열등감(sense of industry vs. inferiority)이 주된 발달과업이 된다. 학교 생활에 바쁘며 동료들과 다양한 방식으로 상호작용하는 등 아동의 노력들이 인정을 받고 만족감을 가져다주면 근면성이 발달하게 되고, 반대의 경우는 불안과 열등감의 근원이 된다. 피아제의 인지발달 모형에서는 이 시기를 '구체적 조작기(concrete operational period)'라 부른다. 이 시기의 아동은 논리를 사용하여 문제를 해결하기 시작하며, 비록 추상적 사고를 할 수는 없지만 개념을 논리적 방식으로 다룰 수 있다. 이 시기의 아동들은 시간적 전후를 생각할 수 있으며, 또한 시간을 '지나가는 것' 이라고 정확히 이해한다. 이 시기의 아동들은 사람의 사망 원인에 대해 '독' 과 '엄마 없이 혼자 물에서 놀아서'의 이유 외에도 '칼, 총, 폭탄, 암, 심장마비, 교통사고, 물에 빠져서' 등 좀 더 확장되고 다양한 반응들을 한다.

(3) 청소년기

에릭슨의 모형에서는 청소년기의 심리 · 사회적 발달과업은 '정체성의 형성' 이다. 인성 발달에서 중요한 시기이며, 타인에의 심리 · 사회적 의존에서 분리되어야 하는 시기이면서, 자기 안에서 정체성으로 여러 가지 측면들을 통합해야 하는 시기다. 피아제의 인지발달이론에서 청소년기는 '형식적 조작기' 에 해당된다. 피아제의 이론에서 이 단계는 마지막 단계로, 대략 만 11~12세(formal operational period)에 시작되어 성인기까지 이어진다. 이 시기의 청소년들은 추상적이거나 상징적인 개념들을 다룰 수 있게 되어 일련의 복잡한 진술들 간에 서로 대응하거나 함축되는 관계들을 인식할 수 있으며, 비유를 이해할 수 있고, 가정들과 추론들을 만들 수 있다. '죽음의 원인' 을 묻는 질문에 대한 답에서 청소년들은 이러한 인지발달 특성을 잘 보여 준다. 청소년들은 '우리 안에 있는 생명을 유지하는 기관 또는 생명력의 정지', '나이가 들어 신체 기관들이 모두 닳아서 예전과는 달리 잘 작동하지 않는', '심장이 멈추면 피가 더 이상 돌지 않고, 숨을 멈추게 되고' 와 같은 대답을 한다.

형식적 조작기에 이르는 인지발달에 의해 청소년들은 죽음에 대한 성숙한 이해를 하지만, 성인기의 이해와 완전히 같은 것은 아니다. 죽음에 대해 정확히 이해는 하지만, 청소년기의 자아 중심성 때문에 그러한 죽음이 자신에게도 일어날 수 있다고는 생각하지 않는다.

2) 아동 · 청소년이 만나는 죽음

만 3세가 안 되는 아주 어린아이들도 죽음에 대한 나름의 이해와 태도를 갖는다. 한 연구(Speece, 1983)에 의하면 만 3세 이하의 아동들도 50% 이상 할머니나 이웃의 죽음, 애완동물의 죽음 등 생명체의 죽음을 경험하고, 이를 통한 어떤 인상을 갖는 것으로 나타났다.[3] 이 연구에서 의하면 아동들은 죽은 애완동물이 다시 살아 돌아올 수 없다는 점에 화를 냈고, 어떤 아동들은 죽은 애완동물이나 사람을 자세히 들여다보거나 어른들에게 '죽으면 되살릴 수 없는지', '죽음 뒤에는 무엇이 있는지'를 물었다. 다음의 사례를 보자.

> 30개월 된 아이가 어느 날부터인가 잠이 쏟아지는데도 잠을 자지 않으려 했고, 재우려고 하면 악을 쓰며 울어 댔다. 열흘이 넘게 이런 일이 반복되자 상담을 공부하는 엄마는 아이에게 "잠자는 게 그렇게 싫어? 잠이 와 죽겠는데도 안 자려고 해? 우리 딸 잠들면 왜 안 되지?"라고 달래며 물었다. 아이는 "잠들면 숨을 쉴 수가 없어요. 잠은 죽는 거예요."라며 울먹였다. 엄마는 "잠들면 숨을 못 쉰다고 누가 그래?"라고 물었고, 아이는 "예지(얼마 전 죽은 강아지)가 숨을 안 쉬었어요."라며 눈물을 글썽거렸다. 엄마는 얼마 전 딸 아이가 "강아지가 가만히 있어! 움직이지 않아."라고 소리를 질렀을 때 강아지 곁에 가서 숨을 쉬는지 안 쉬는지 확인하고 나서, 아이가 놀라지 않게 달래려는 목적으로 "예지는 있지, 이제 영원히 잠들었어."라고 했던 기억이 났다. 또 어른들이 의식하든 안 하든, 얼마나 자주 '죽었다'를 '잠들다'란 말로 표현해 왔는가 하는 생각이 들었다.

이 사례는 만 3세도 안 된 아이가 어른들은 인식하지 못하는 사이에 어른들의 말로 접한 몇 가지의 상황을 연결하여 죽음에 대한 자신만의 이해를 형성할 수 있음을 보여 준다.

(1) 심각한 질환을 가진 아이들

백혈병동의 아동들에 대한 한 연구[4)]에 따르면, 심각한 질병을 앓는 아동들은 어른들이 그들에게 병에 관해 정확한 이야기를 하지 않아도 어른들의 행동방식을 해석하여 자신의 병의 심각성을 상당히 정확하게 짐작할 수 있다고 한다. 3~9세가 대부분인 백혈병동의 아동들은 또래들과는 때때로 자신의 병에 대해 이야기하지만, 그런 대화들이 성인들을 불편하게 한다는 것을 인식하고 있기 때문에 성인들과는 그런 이야기를 하지 않으려고 했다.

아동기 발달 단계상의 특징에 따라 심각한 질병을 앓는 아동이 경험하는 주된 걱정거리도 다르다. 예를 들어 분리불안을 특징적으로 보이는 단계, 즉 5세 이하의 아동들은 죽음으로 해서 엄마와 떨어지는 것을 가장 괴로워한다. 구체적이고 실제적인 면에 관심을 갖는 시기에 해당되는 대략 5~9세의 아동들은 병이 주는 고통들, 질병 때문에 외관이 변하는 것, 병과 관련된 의료 절차들에 대해 가장 걱정했다. 그 이후 단계는 대인관계, 다른 사람의 눈이 중요한 시기로서 이 시기, 즉 더 나이 든 아동들은 다른 아동들의 죽음을 보고 불안해하는 경향을 보였다. 결론적으로 말해 아동이 질병을 인식하는 방식과 질병에 반응하는 태도는 아동의 발달 단계상의 특징, 질병과 그 치료방식, 가족관계의 특징, 아동 자신의 개인적인 역사에 따라 다르다.

심각한 또는 생명을 위협하는 질병에 뒤따라오는 불안과 혼란에 대처하기 위해 아동들은 다양한 대처 기제를 사용한다. 비록 아동의 발달 단계가 내적·외적 자원들을 끌어오는 아동의 역량에 영향을 주긴 하지만, 아주 어린 아동들도 폭넓은 대처 기제를 보여 준다. 어떤 아동들은 가까운 관계를 갖는 사람의 수를 제한함으로써 괴로운 상호작용의 수를 줄이는 '거리두기 전략(distancing strategy)'을 사용하여 주어진 상황에서 가능한 한 안전한 환경을 구축하고자 한다. 아동들은 고통을 한 번 받고 나면 자신의 바람 하나가 이루어지도록 일종의 '거래'를 함으로써 고통스러운 의료 절차에 대처하기도 한다("그 주사 맞고 나면 인형 가지고 놀아도 되죠?"). 압도적인 상황에 대처하기 위해 아동들은 과거의 좀 더 자유롭고 편안했던 때를 회상하거나 실제 그 시기의 행동패턴으로 복귀할 수도 있다. 사람이 어떤 장애를 만나게 되면 욕구불만에 빠지게 된다. 따라서 어떻게든 이를 충족시키려는 목적에 의해 자신의 과거 삶 중 좀 더 안전하고 편안했던 발달 단계로 돌아가 그 시기의 행동패턴을 보이는데, 이것을 '퇴행'이라 부른다. 예를 들면 원래 자신의 생활 연령에 상응하는 발육 · 성장을 하던 아이에게 동생이 태어나서 어머니를 비롯한 가족의 애정이나 관심을 충분히 받지 못하게 되면 어린애처럼 서툰 말을 쓰거나, 젖병을 다시 물겠다고 떼를 쓰고, 손가락을 빨거나, 오줌을 싸는 등의 행동을 하기도 하는 경우가 이에 해당된다.

심각한 질병을 앓는 아동들은 스스로 자신들의 생각과 느낌들에 대처하도록 도울 필요가 있다. 이런 도움은 단순히 아동을 안심시키거나 길고 고통스러운 절차들을 겪을 동안 심리적으로 지지하는 것이 될 수도 있고, 불안, 죄의식, 화, 기타 상호 갈등하는 정서들이나 해결되지 않는 정서들에 대처하도록 더 깊은 개입을 하는 것이 될 수도 있다. 아동이 지지받지 못한다는 느낌, 무슨 일이 일어나는지 확실히 알 수 없다는 느낌을 가지게 되면 실제보다도 더 무서운 상상이나 짐작을 하게 될 수도 있다.

성인에게도 마찬가지이지만, 심각한 질병 때문에 아동이 그들의 가족이나 사랑하는 사람들에게서 격리되는 것은 그들에게 가장 고통스러운 일이 된다. 아프기 때문에 익숙하고 좋아하는 사람들과 대상, 활동들에서 떨어져 낯설고 두려운 병원에서 지내야만 한다. 간병인과 부모들은 아동이 가능한 한 편안해지게 노력해야 한다. 간병의 특정 부분들에 가족이 함께하는 것은 아동에게 편안함을 줄 수 있다. 통상적으로 전문가들은 아동에게 의료적으로 필요한 사항들을 돌보는 것에 더 잘 준비되어 있지만, 부모는 목욕 시키기, 식사 돕기, 밤에 재우기 그리고 아동에게 정서적인 지원을 보내기 같은 일반적인 활동들을 잘할 수 있다. 부모들은 부모 역할에 해당되는 전반적인 일들을 잘할 수 있으며, 또한 간호 역할보다는 부모 역할에 충실한 것이 아동을 심리적으로, 실제적으로 더 잘 돕는 길이 된다. '아동 자신에게 무엇이 가장 바람직한 것인지, 아동 자신이 원하는 것이 무엇인지에 가장 초점을 맞춘다면' 호스피스와 재가(home-based) 통증 완화 치료 프로그램도 고려할 필요가 있다.

(2) 남은 사람으로서의 아동

아동기에 경험될 수 있는 모든 죽음들 중에서 가장 아동에게 영향을 많이 주는 것은 부모의 죽음일 것이다. 부모의 죽음은 아동이 의존해 왔던 가장 중요한 것들, 즉 안전, 양육, 애정의 상실로 인식된다. 일반적으로 아동들 역시 남은 이가 사별의 비탄과 고통을 극복해 나가는 전형적인 과정을 거친다.

아동이 아주 어릴 때 부모가 죽었을 경우, 죽은 부모를 '전혀 알지 못했다는' 느낌이 아쉽게 남아 있을 수 있다. 또한 아동들은 자신이 부모의 죽음에 어느 정도 관련이 있다고 생각할 경우, 죄책감을 느낄 수도 있다. 많은 아동들은 가까운 사람의 죽음을 이해하는 과정에서 죄책감을 갖게 되곤 한다. 그 죄책감은 전혀 근거 없는 이유일 수도 있으며, 어느 정도 합리적인 생각일 수도 있으나, 부모가 죽었을 때 대부분의 아이들은 어느 정도의 죄책감을 갖는 것 같다. 예를 들어 불치병으로 엄마를 잃은 어떤 아동은 자신이 시끄럽게 떠들어서 부모들이 괴로워했던 순간들을 떠올리며 '내가 덜 시끄럽게 했더라면 엄마가 나았을지도 몰라.'라고 생각한다.

형제자매의 죽음은 아동에게 안전의 상실을 가져오지는 않지만 좀 더 복잡한 어려움을 가져온다. 핵가족 사회에서 형제자매의 죽음은 아동을 외동아이로 만든다. 형제자매는 놀이친구이자 보호자 또는 돌봐주는 사람이었을 수 있다. 남은 아동은 이 독특한 관계를 잃은 비탄과 또 이제 부모의 관심과 애정을 독차지하게 된 기쁨을 함께 느낄 수도 있고, 동시에 이러한 감정을 느끼는 자신에 대한 미움과 죄책감을 함께 가질 수도 있다. 또 아동들은 형제자매를 잃은 비탄과 고통을 극복하기 위해 부모에게 의지하고 싶지만, 부모는 자식을 잃은 비탄에 휩싸여 남은 자식에 대한 심리적 · 실제적인 도움과 돌봄을 평상시만큼도 주지 못하기가 쉽다. 남은 아동은 이에 대해 화를 내거나 관심을 끌기 위한 무의식적 시도로서 여러 가지 돌출 행동을 하는 것에서부터 죽은 형제자매의 일부 특징들을 재현하려는 시도에 이르기까지 여러 가지 대처 행동을 보인다. 그러나 대처 행동이 어떤 종류이건 아동들의 마음 안에는 형제자매의 죽음과 부모의 반응에 관련된 여러 가지 복합된 감정들이 움직이고 있다.

아이들에게서 이러한 종류의 감정들을 듣는 것은 쉬운 일은 아니다. 자연스럽게 기회가 왔을 때 놓치지 않고 더 표현할 수 있게 격려하고, 적절하게 설명해 주는 기회를 갖는 것이 필요할 것이다. 언어 표현이 서툰 아동들에게 그들의 무의식적인 측면이나 언어화되지 못한 내용들이 반영될 수 있는 그림 작업은 아동들이 자신의 관심과 느낌들을 표현할 수 있는 안전하고 집중된 환경을 제공하므로 의미 있는 도움이 될 수 있다.

(3) 애완동물의 죽음

애완동물의 죽음은 침묵과 불신, 상실에 대한 몰두, 애완동물을 기억나게 하는 것들로 이끌리는 것, 화, 우울, 중요한 상실에 뒤따르는 비탄과 관련된 모든 범위의 정신적 · 정서적 특성들을 촉발시킬 수 있다. 많은 사람들은 애완동물을 어떤 소유물로 여기기보다는 일종의 '동반자'로, 또는 '가족의 일부'로 느낀다.

인간과 애완동물 사이의 애착은 매우 강할 수 있다. 그러나 애완동물의 상실을 애도하는 것은 때때로 우스꽝스럽게 보인다. 어떤 사람들은 애완동물과 사별한 사람이 과잉 반응하고 있다고 말할 수도 있다. 결국 '그것은 단지 동물이고, 단순히 애완용이다.' 그렇지만 켈레어(A. Kellehear)와 푸크(J. Fook)가 지적한 바와 같이, 그러한 상실을 시시한 것으로 여기는 대중적인 경향 속에서도 애완동물과 인간의 관계에 대한 일반적인 연구결과들은 애완동물을 사별한 사람이 다른 종류의 인간 상실에서 체험할 수 있는 정도와 유사한 정서를 경험하는 것으로 나타났다.[5] 성인에 비해 아동들에게 애완동물의 죽음은 더 강한 영향을 가져오는 것이 일반적이다.

애완동물의 죽음은 아동들을 깊은 비탄에 빠뜨리는 동시에 죽음의 의미와 자신의 죽음, 주변의 사랑하는 이들의 죽음 등에 대해서 많은 의문과 생각을 갖게 한다. 따라서 이 상실 경험은 아동이 이 죽음의 의미를 고민하고, 이 상실에 대한 자신의 느낌들을 진지하게 탐색할 수 있는 교육적 기회로 활용할 수 있다.

애완동물의 상실에 비탄해하는 사람들을 상담하는 사람들은 아동뿐만 아니라 성인의 경우에도 그러한 느낌들을 표현해야만 한다고 강조한다. 새로운 동물을 데려와서 대체시키기 이전에 상실을 애도할 충분한 시간이 주어져야만 한다. 이것은 아마도 몇 주 또는 한 달, 어쩌면 더 오랜 시간이 걸릴 것이다. 만일 비탄의 자연적 과정이 때 이르게 단축되거나 무시될 경우, 죽은 애완동물에 대한 애착의 묶임이 다른 동물에 대한 애정으로 건강하게 전환하는 것을 힘들게 할 수도 있다.

사별한 아동을 돕는 일

- 가능한 평소대로 행동하기
- 고인의 이름을 말하기
- 고인에 대해 이야기하기: 사진을 보며 공휴일, 기념일과 그에 대한 기념적인 것들을 상기하기
- 느낌을 표현할 기회 제공하기: 죄책감, 화, 슬픔, 혼란, 불안과 같은 감정들이 포함되도록 표현하는 감정들을 수용한다는 생각으로 지지하며 듣기
- 인내심을 가지고 아동들의 욕구에 맞추어 행동하기
- 아동이 공격적이 되면 그의 행동에 초점을 맞추고, 어떤 행동을 수용할 수 있으며, 어떤 행동에 제한이 있고, 그가 돌봄을 받고 있으며, 안전하다는 것을 알게 해 주기
- 아동과 자신의 감정을 공유하기: 당신이 울고 싶으면 아동에게 당신의 슬픔을 표현하라.
- 적절한 슬픈 행동의 본보기 보이기: 건강한 방법으로 당신 고유의 감정을 표현하라.

2. 성인기의 죽음

1) 성인기 발달과 죽음 경험

인간 발달이 아동기가 끝나면서 멈추지 않는 것처럼, 상실에 대처하는 패턴도 개인의 일생을 통해 계속 발전한다. 다양한 연령의 아동들에게 서로 구별되는 발달과제들을 연합시킬 수 있는 것처럼, 성인의 삶에도 서로 다른 국면과 변환들을 구분할 수 있다. 에릭슨의 심리 · 사회적 발달의 6단계부터는 성인기의 발달과업을 다룬다. 젊은 성인기(young adulthood)의

발달은 친밀감과 고립감(sense of intimacy vs. isolation) 사이의 갈등으로 대표된다. 이 단계는 사랑과 우정, 기타 여러 가지 형태의 연결과 가입을 포함하는 여러 형태의 헌신(commitment)과 상호작용을 수반한다. 따라서 이 발달 단계에서 경험하는 사랑하는 사람의 죽음은 그 어떤 단계에서보다 그 영향력이 더 클 가능성이 있다.

그 다음의 심리 · 사회적 발달 단계인 성인 중기의 발달과업은 생산성 대 침체(sense of generativity vs. stagnation)와 관련된다. 이 발달 단계에 있는 보통의 성인들은 자신이 보살펴야 하는 사람, 사물, 생각들을 돌보기 위해 헌신하는 특징을 보이는데, 이러한 특징은 자녀의 죽음이 얼마나 큰 고통이 되는지를 이해하게 해 준다. 상징적으로, 그리고 실제적으로 아이의 죽음은 양육에 대한 성인기의 심리 · 사회적 과제에 상반되는 것이다.

생애주기의 마지막 단계인 여덟 번째 단계에서 도달해야 할 발달과업 및 위기는 통합 대 절망(sense of integrity vs. despair)이라 불린다. 이 단계는 삶에서 도달하는 마지막 단계로서 이 단계에서 경험하는 상실은 각 개인에게 특별히 강렬하고 깊은 의미가 있다. 살아온 날을 돌아보고 그것들에 의미를 부여하며 긍정적으로 자신의 한 인생 안으로 모아들일 수 있을 때, 그 개인은 '죽음 그 자체와 직면하여 삶에 대한 애착에서 벗어나서 삶 그 자체에 몰두할 수 있는 지혜'를 갖게 된다.

2) 자녀의 죽음

(1) 영향과 의미

자식을 잃은 부모의 비탄을 이해하기 위해서는 부모-자식 관계가 어떤 독특한 특성을 갖는지를 이해하는 것이 첫걸음이 될 것이다. 부모-자식 관계의 특성 속에서 볼 때, 자식의 죽음은 부모에게 어떤 의미와 영향을 주는 것인가? 첫째, 자식의 죽음으로 아이의 존재가 주는 영속성이 깨어져 버린다. 부모들은 그들의 아이들이 학교를 졸업하고, 직장도 갖고, 결혼해서 자신들의 아이를 기르는 것 등을 마음에 그린다. 자식의 죽음은 아이의 미래에 대한 계획과 희망들을 송두리째 앗아간다. 그리고 그와 함께 자신의 사후에도 자식의 삶 속으로 이어질 자신의 한 부분 역시 마침표를 찍는다. 둘째, 부모에게 깊은 상실감을 가져온다. 부모와 자식 관계란 얼마나 깊고 강한 상호 의존관계인가. 자식의 죽음은 깊은 상실의 경험이다. 과거와 현재의 상실뿐만 아니라 자식이 자란 후에 자신과 자식에게 올 미래까지 붕괴되는 상실인 것이다. 셋째, 자식을 잃은 비탄은 부모의 책임을 다하지 못했다는 자책감과 실패감을 준다. 부모로서의 책임은 아이가 세상에서 독립적으로 살 수 있을 때까지 아이를 보호하고 양육하는 것이다. 따라서 자식의 죽음은 보호와 양육의 궁극적인 결핍, 즉 '좋은 부모'가 되는 것에서 근본적으로 실패한 것이다. 자식과 사별한 부모들은 종종 추억들과 종교적 신념들을 통해 유지되는 죽은 아이에 대한 내적인 표현을 계속한다.

자식을 잃은 부부는 엄청난 외상 사건 앞에서 서로 지지해 주기를 바라는 기대를 주고받는다. 그러나 각자 자신의 큰 비탄에 빠져 허우적거리는 데만 해도 엄청난 에너지가 소모되다 보니 상대에 대한 지지나 돌봄에 들일 에너지가 남아 있지 못하게 되어서 서로 더 도움이 되어야 할 시기에 서로를 더 힘들게 하는 결과를 가져오기도 한다. 여러 연구들 역시 아이의 죽음이 결혼관계를 개선하거나 악화시키는 잠재력을 가지고 있다는 점을 지적하고 있다. 아이의 죽음은 부모들 사이의 소원한 느낌과 강한 묶임의 느낌을 동시에 만들어 내는 역설적인 효과를 가질 수도 있다.

두 사람의 차이는 비탄의 방식에서도 차이를 가져온다. 예를 들어 아내는 남편의 애도에 대해 '냉정하다'고 하고, 반대편에서는 아내의 애도 반응에 대해 '너무 미성숙하다'고 비난할 수 있다. 비탄에 빠진 배우자 사이에 갈등을 줄이고 긍정적인 상호작용을 촉진시키기 위해서는 서로 열린 마음으로 정직하게 의사소통하는 것이 필요하다. 이 방법에서의 상실에 대한 배우자의 정서적 표현은 실제로 서로가 인식하고 있는 것을 확인할 수 있도록 돕는다. 단순히 함께 우는 것만으로도 갈등을 해소하고, 상실을 통해 작업하는 것을 도울 수 있다. 차이점을 수용하고 역할들에 대해 융통성 있는 자세를 가지는 것도 비탄을 함께 나누는 것에 도움이 된다.

(2) 불임, 유산, 영아 사망

가졌던 것을 상실하는 것보다 갈망하던 것을 가질 수 없을 때의 상실감이 더 클 수 있으므로 불임은 자식을 잃는 것에 비해 더 큰 비탄과 절망을 가져올 수 있다. 상실의 비탄은 낙태를 통해 아이를 포기하는 경우에도 발생할 수 있다. 낙태는 보통 선택의 결과이기 때문에 출산의 상실로 여겨지지 않을 수도 있지만, 부모에게 깊은 정서적 영향을 주게 된다. 다른 아이가 노는 모습을 보면서 '내 아이가 살아 있었다면 저 나이에 어떤 모습일까…….' 하고 생각하는 반응이 일어날 수 있다. 특히 또 다른 자식을 낳아 기르면서 오래전 그 일에 대한 강렬한 죄책감과 상실의 비통함이 새삼 시작될 수 있다. 사산이나 신생아 사망 역시 또 다른 의미에서 큰 비통함을 가져온다. 사산을 경험한 부모의 대부분이 사산한 아기에게 이름을 지어 주었으며, 그럼으로써 아무리 짧았다 하더라도 그 아기가 진정으로 가족의 일부분이라고 인식하였다. 사산한 아기에게 이름을 지어 주는 것은 그 아기가 단지 버려지고 잊혀진 어떤 존재가 아니라 실제로 존재했고 중요한 사람이었다는 것을 부모 자신과 다른 사람들에게 보여 주는 상징적 의미를 가질 것이다.[6] 상처는 시간이 지남에 따라 점차 사라질 수 있지만, 추억들은 그렇지 않다.

어린 자식의 죽음을 만난 부모를 이해하고 돕는 데에서 주목할 만한 것으로 '영아 돌연사 증후군(SIDS, Sudden Infant Death Syndrome)'[7]은 생후 2주에서부터 1년 사이에 있는 영아의 죽음에서 가장 흔한 원인이다. 영아 돌연사는 이 시기의 전체 죽음에서 대략 30%를 차지한다는 점, 예기치 못한 죽음이라는 특성, 아이와 부모의 나이가 젊어서 대체로 처음 겪는 가까운 이의 죽음이 된다는 점, 그리고 죽음 원인이 불확실하다는 점 등이 얽혀서 사별한 가족들이 복잡하고 힘든 비탄을 경험하게 한다. 죽음의 원인이 불확실하기 때문에 부모들은 범죄 조사를 받기가 쉽다. 이런 조사가 없다 하더라도 부모들은 '내가 한 어떤 짓, 아니면 하지 않은 어떤 것 때문에 죽은 것은 아닌가? 왜 미리 막을 수 없었을까?' 등의 질문으로 스스로를 추궁할 것이다. 영아 돌연사 증후군(SIDS) 선경험자 집단의 지지는 비탄에 대해 정서적인 위안뿐만 아니라 신뢰할 만한 정보를 제공할 수 있다.

(3) 아동 · 청소년기 자식의 죽음

자녀의 죽음에 의한 부모의 사별 경험은 자녀의 나이에 관계없이 유사하다고 할 수 있다. 그렇지만 유산 또는 영아의 사별에 비해 좀 더 나이가 든 아동 및 청소년기 자식의 죽음은 부모-자녀 관계가 상대적으로 오랜 시간 동안 지속되었고, 이에 따라 더 많은 추억들이 있기 때문에 보통 그 의미가 더 복잡하다.

질병으로 아이가 죽을 것이라는 진단을 받은 후의 투병 기간 동안 '내 아이가 불치병'이라는 현실을 완전히 열린 마음으로 계속 견지해 나갈 수 있는 정도로 마음이 단단한 가족들은 거의 없다. 어떤 때는 아픈 아이가 꽤 정상적인 역할을 하기도 하고, 의학적 치료가 자꾸 반복되다 보면 일상화되어 치료받는 과정 자체가 가족들의 삶에서 또 다른 한 부분이 된다. 또 어떤 때는 질병은 부모들과 다른 가족 구성원들에게 아이의 상태 변화에 격렬하게 대처하지 않을 수 없게 만든다. 아무리 치명적인 질병이라 해도 우리나라 겨울의 삼한사온 같은 회복과 악화의 주기를 반복하는 것이 보통이기 때문에 부모는 가능한 한 최선을 다해 아이를 지원하려고 노력하면서 동시에 회복에 대한 희망과 종말의 수용 사이에서 반복적인 변화를 경험하는 것이 보통이다. 이러한 상황에서 아이의 질병을 돌보고 양육하는 과정에 기대되는 부모로서의 역할을 성공적으로 수행하기에는 어려움이 있다.

이러한 시기에 부모들이 자신의 정체성을 단지 부모로서의 역할에만 국한시키지 않을 때 좀 더 상황에 적응하기가 용이할 수 있다. 다시 말해서 비록 부모 역할이 매우 중요한 한 부분이기는 하지만, 부모로서의 정체감이 그들 정체감의 전체는 아니며 다른 성취들(accomplishments)과 가치들이 함께 그 자아상에 포함되는 경우 그 부모는 이러한 상황을 더 잘 견뎌 내고 이겨 낼 수 있다. 어떤 부모들은 아이의 상실이라는 파괴적인 사건에 잘 대처하고 겪어 나갈 뿐만 아니라, 그 경험을 통해서 성장한다. 건강하게 견뎌 내고 적응하는 부모는 그 경험을 통해 그들의 삶이 더 중요하고, 더 근본적이며, 더 의미 있게 되는 경험을 한다. 그들은 한 번에 하루를 살아가므로 매일의 새로운 하루를 더 풍부하게 하는 법을 안다.

(4) 성인 자식의 죽음

이런 유형의 사별이 전체 사별의 경우에서는 비교적 예외적이기 때문에 그다지 연구된 바가 없다. 그러나 자식의 죽음은 어떤 단계에서든 부모에게 비탄과 고통을 가져온다. 특히 아직 부모님이 살아 계신 상태에서 젊은 성인 시절이나 중년의 나이에 죽는 것은 부자연스러울 것이다. 그것은 일반적으로도 그렇지만 부모가 보기에는 전혀 '순서에 맞지 않는' 죽음이다. 자식이 성인이 되는 과정에서 부모 자식 간에 어느 정도 실질적, 심리적 분리가 이루어졌을 것으로 생각할 수 있다. 그러나 그렇다고 해서 자식의 죽음에 대한 비탄이 줄어드는 것은 아니다. 성인 자식의 죽음에 의한 '부모로서의 상실'은 자식의 죽음이 가지는 의미를 이해하려는 싸움으로 평생 지속되는 경우도 많다.

중년의 나이가 된 자식의 죽음은 연로한 부모에게 자신들을 돌봐주는 사람을 잃은 것일 수도 있다. 성인 자식은 현재 제공되고 있는 위안과 안전의 근원일 수 있다. 성인 자식을 잃은 부모는 죽은 자식의 배우자 또는 그 자식들과 비탄을 함께한다는 점에서 복잡해질 수도 있다. 예를 들면 이와 같은 문제가 제기될 수 있다. '보살핌과 위안을 가장 우선적으로 받을 사람은 누구인가?' 부모? 배우자? 자녀? 때때로 성인 자식의 죽음은 조부모가 사별한 자식의 아이들을 양육하는 상황으로 이어질 수도 있으며, 이는 결과적으로 조부모의 삶을 경제적, 정서적으로 더욱 어렵게 만들 수 있다.

이미 성인이 된 자식의 죽음으로 고통 받고 있는 부모들은 홀로 자신의 비탄에 대처해야만 할 수도 있다. 더 어린 자식을 잃은 부모들 또는 배우자의 죽음을 견뎌 내야 하는 사람들과는 대조적으로, 성인 자식의 죽음에 대처하는 연로한 부모들에게는 사회적 지원이 제공될 수 있는 자원들이 상대적으로 적다. 현실적으로, 이미 성인이 된 자식의 죽음으로 고통 받고 있는 노부모들의 대부분은 적절한 사회적 지원을 제공받지 못하며, 스스로 자신의 비탄에 대처해야 하는 어려운 실정에 놓여 있다. 이러한 상황에 있는 사별한 노부모들에게 친구들과 친척들은 노인들의 비탄에 대해 경청하기, 위로 카드나 편지 보내기, 음식 만들어 주기, 가사나 기타 잡일들 해 주기, 그 가족의 다른 아이들 돌봐주기, 상실에 대한 비탄을 함께 나누기, 부모들이 혼자 있는 시간을 가질 수 있게 해 주기 등을 포함하여 사별한 부모에 대한 지원을 제공하는 다양한 방법들을 찾을 수 있다. 자식의 죽음에 따른 비탄에 관해 다른 사람들과 경험을 나누려는 사람들은 사별한 노부모들에게 훌륭한 지원자가 될 수 있다. 이러한 도움은 어떤 연령의 자식을 잃은 부모에 대해서든 마찬가지가 될 것이다.

3) 부모의 죽음

성인이 된 자식에게 부모의 죽음은 양육과 무조건적 지원의 특징을 가지는 장기간의 관계 전체가 없어졌다는 것을 의미한다. 부모의 죽음은 일반적으로 격변과 전환의 시기를 가져온다. 부모의 죽음은 중년의 성인에게 하나의 중요한 상징적인 사건이다. 대부분의 사람들은 부모의 죽음이 '자신의 인생관을 바꾸었거나 종종 자신의 인생을 더 깊이 검토해 보게 하였으며, 자신이 좋아하지 않는 것을 바꾸기 시작하게 했으며, 현재의 관계들을 더 충분히 고마워할 수 있게 하였다.'고 한다.

부모의 죽음은 사람들에게 아마도 처음으로 자신이 성인이 되었다는 것을 느끼게 만든다. 이제는 더 이상 상상으로라도 '기댈' 부모가 없는 것이다. 심지어 부모가 죽기 전에 상당한 기간 동안 요양원에서 살았던 경우에도 많은 성인 자식들은 부모를 잃는 것이 그들이 살아오면서 가장 대처하기 힘들었던 일 중의 하나라고 말한다. 부모의 죽음에 따른 비탄은 상실에 대한 슬픔, 부모의 고통이 끝난 것에 대한 안도감, 이전에 부모가 제공하였던 '죽음에 대한 방어'가 끝났다는 것에 대한 화뿐만 아니라 한편으로는 위로가 되고, 한편으로는 고통스러운, 죽은 부모에 대한 지속적인 추억들을 포함한다.

많은 사람들은 어머니의 죽음이 아버지의 죽음보다 더 견디기 어려운 상실이라고 생각한다. 왜냐하면 어머니는 나를 양육하고 보살피는 주인물이었고, 따라서 정서적 유대가 더 끈끈하기 때문이다. 또 다른 이유로는 통계적으로 아버지가 어머니보다 먼저 사망하는 경향이 있다는 사실에서일 수 있다. 아버지가 사망하고 이제 어머니의 사망을 접한 경우에 어머니의 죽음은 '양쪽 부모님'의 상실을 나타내며, 사별한 성인 자식은 앞서 떠난 다른 부모의 죽음에 대해서도 또다시 비탄을 경험한다.

성인에게 부모의 죽음은 아이의 죽음보다 덜 격렬한 비탄을 불러일으킬 것이라는 점은 우리가 쉽게 생각할 수 있는 일종의 기정사실 같은 것일 수 있다. 이 현상은 아마도 성인 자식이 자신의 생활을 가지고 있다는 사실과 관련될 것이다. 그렇지만 부모를 잃은 성인이 지각[8]하기에 따라서 자신의 배우자가 필요한, 또는 예상되는 정도의 정서적 지지를 주지 못하거나 자신의 상실감의 의미를 이해하지 못한다면, 결혼 생활에 긴장이 생길 수 있다. 부모와의 관계는 성인 자식에게 독특한 상징적 중요성을 가지고 있으며, 사별한 자식이 죽은 부모와의 사이에 있었던 특별한 관계의 상실을 애도할 경우에 부모의 죽음은 장기간의 영향을 가져올 수 있다.

4) 배우자의 죽음

우리는 '부부 중 대부분의 경우에 한 쪽이 다른 쪽보다 먼저 죽을 것이며, 그래서 한 사람은 홀로 남겨진 세월을 보내야 할 것'이라는 사실을 인식은 하지만, 그 생각이 진짜의 현실로 다가오기 전까지는 시간을 다투는 다른 수많은 일상사의 뒤편으로 넘긴다. 배우자의 죽음은 생전에는 마치 공기처럼 의식하지도 못했던 일상들, 즉 아침에 식탁에 앉을 때, 우편물을 열 때, 배우자와 관련된 어떤 노래가 들려올 때, 밤에 잠자리에 들 때 등과 그 밖에 배우자와의 관계에 얽힌 다양한 냄새와 촉각과 소리 등의 감각들에서 상기된다. 작지만 깊은 고통이다. 보살펴야 할 아이들이 있다면 독신 부모로서 져야 할 무거운 짐이 여기에 추가된다.

배우자의 상실은 성인기의 모든 상실들 중에서 가장 많이 연구되었지만, 대부분의 연구자들은 사별 직후의 비교적 짧은 기간에 초점을 맞추고 있다. 배우자 상실의 지속적인 영향에 대한 연구는 거의 없다. 또 우리 사회의 경우, 사실혼 관계의 사별에 대해서는 특히나 무관심한 경향이 있다. 배우자 사별 후 남은 이가 경험하는 상실의 방식과 특성은 생전의 배우자들 사이의 친밀성과 상호작용의 패턴에 따라 다르다. 함께한 시간이 짧은 젊은 부부와 오랜 기간을 함께 한 노부부 역시 상실 경험에서 큰 차이가 있을 것으로 짐작할 수 있다. 배우자가 죽으면 남은 사람은 홀로 남겨져 이전에 공유했던 목표들을 재구성해야 한다. 전형적으로 나이 든 부부는 일생 동안의 상호 헌신과 공유된 경험, 함께 만들어 온 세상이 있게 되지만, 젊은 부부는 이제 막 함께 세상을 만들기 시작했다는 점에서 적응 정도의 차이를 짐작해 볼 수 있을 것이다.

모든 연령대에서 남은 배우자는 사별 후 1년 동안 우울증 증상을 보이는 것으로 보고되지만, 오랜 기간 앓아 온 배우자와 사별한 사람은 '안도감'과 '해방감'을 갖는 것이 일반적이다. 죽음으로써 환자도 간호하던 사람도 이제 더 이상 고통 받지 않아도 되는 것이다. 배우자의 죽음이 생전의 불만족스러운 관계를 끝내는 것으로 받아들여져서 경험되는 안도감은 사회적으로 받아들여지기 어려우나, 이 또한 정상적인 것이다.

전통적인 성 역할에 따라 살아온 사람들은 배우자 없이 혼자서 살아가는 삶에 더욱 적응하기 어렵다. 본인 명의로 신용카드를 만들어 본 적이 없는 전업 주부나 자기 손으로 저녁 식사를 준비해 본 적이 없는 직장 남성은 사랑하는 사람을 잃은 비탄뿐만 아니라 주요 역할의 재적응에도 직면한다. 종합적으로 볼 때, 배우자의 죽음이 가져오는 부정적인 영향은 홀아비에게 더 심한 것으로 보인다. 보통 남자들은 죽은 배우자가 맡아 왔던 가사 일을 해 나가는 것에 더 어려움을 가지며, 또한 홀아비들은 과부들에 비해 타인에게 도움을 덜 구하는 경향이 있고, 사별의 일반적인 신체적 · 심리적 문제점들이 일어나는 것에 대처하는 데 불리한 위치에 있다. 또한 평균 수명의 차이로 과부보다 훨씬 적은 숫자의 홀아비들은 자신을 지지해 줄 같은 처지의 사람을 주변에서 찾기도 더 어렵다.

배우자를 사별한 남은 이는 가장 중요한 대인관계를 잃었으며, 따라서 안정적인 사회적 지원망을 이용할 수 있는지 여부가 이들이 변화된 삶에 어떻게 적응할지를 결정하는 주요한 요인이 된다. 좋은 사회적 지원망은 상실에 적응하고 배우자의 죽음 후 역할 변화로 야기되는 혼란을 완화시키는 데 매우 중요하다. 가족이나 친척보다 친구관계가 더 결정적인 요인이라 할 수 있다. 왜냐하면 우정관계는 공통의 관심사들과 생활양식에 기반을 두고 있으며, 가족관계에 수반되는 복잡하고 어려운 문제들에서 자유로운 관계이기 때문이다. 실제로 친구와 함께 여가 활동들에 참여하는 것은 혼자된 사람들이 사별 후 겪는 역할 전환에 대처하고, 어려운 생활상의 변화 속에서도 쾌활함과 적극적인 의욕을 유지하게 하는 데에 도움이 될 것이다.

그렇다면 사별한 배우자를 어떻게 효율적으로 도울 것인가? 이 물음에 대한 답에 '과부 사정은 홀아비가 안다.'는 우리 속담은 중요한 힌트를 준다. 배우자와 사별한 경험이 있으며 조력 훈련 프로그램을 이수한 사람을 새로운 사별 배우자에게 보내 심리적, 실질적 조력을 제공하게 하는 것이 사별한 배우자를 돕는 매우 효율적인 프로그램일 수 있다. 물론 배우자의 상실이 아니더라도 개인이 경험한 사별과 상실의 경험은 어떤 것이든 사별한 사람들을 돕는 데 귀중한 거름이 될 것이다.

사별한 노인에게 특별히 필요한 도움

- 대상자에게 중요할 것 같은 특별한 날들(생일, 기념일, 기일과 같은)을 기록해 두고, 이 날들에 방문하거나, 전화를 걸어 주거나, 메시지를 보내기
- 음식 만들어 드리기(대상자가 나가는 것을 원하면 외식하기)
- 심부름 가기
- 운전이 필요할 때 운전해 주기
- 고인의 책임이었던 일들을 할 때 필요한 기술, 방법 가르치기
- 가정에서 대상자가 안전할 수 있게 하기
- 도움이 되는 지역 사회서비스와 연결해 주기(도시락 배달 등의 재가복지서비스)
- (필요하다면) 재정적 지원 제공하기
- 재산 처분 과정에 조력하기
- 감정, 재정적, 법적 문제를 가진 대상자를 위해 적절한 전문가를 주선하기

〈과제〉

1. 상실 경험에 대한 반응과 학습 회상하기
자신이 살아온 삶을 발달 단계별로 구분하여 각 단계별로 자신의 상실 경험을 회상하고, 그 경험 속에서 무슨 생각을 하고 어떤 감정 속에 있었는지, 그 속에서 무엇을 배웠는지 적어 보라.

2. 자식과의 사별을 준비하거나 사별한 부모나 사별을 경험한 아동 및 청소년을 돕는 단체의 인터넷 사이트 조사하기
자식과의 사별을 준비하거나 사별한 부모를 지지하고 돕는 인터넷 사이트 혹은 그러한 일을 하는 단체, 기관의 홈페이지와, 사별을 경험한 아동 및 청소년을 지지하고 돕는 인터넷 사이트 혹은 그러한 일을 하는 단체, 기관의 홈페이지를 각각 3~5곳 정도 조사하라. 사이트 주소와 이름, 초기 화면의 메뉴와 하위 메뉴, 운영 주체와 방법 등에 대해 간략히 조사하고 평가 기준 몇 가지를 설정하여 기준별로 그 사이트를 1(매우 좋음) ~ 5(쓸모없음)까지 순위를 매기고, 그 사이트에서 발견한 의미 있는 정보에 대해 간단하게 정리하라.

3. 사별을 경험한 아동 혹은 청소년에게 죽음에 대한 이해를 성숙시키는 기회 제공하기
자신이 사별을 경험한 아동 및 청소년에게 죽음에 대해 설명하고, 이들이 사별 경험을 통해 죽음에 대한 이해와 관점을 성숙시키는 기회가 되도록 돕기 위해 뭐라고 설명을 하면 좋을지 생각을 정리하고 적어 보라. 발달 단계별로 죽음에 대해 아이들이 할 만한 질문을 생각해서 Q&A를 작성해 보는 것도 권장한다.

제11장

죽음의 유형

이 세상에 태어난 모든 이는 죽기 위해서 산다고 할 수 있을 만큼 어느 누구도 피해 갈 수 없는 것이 죽음이다. 오랜 역사 동안 과학과 문명의 발달은 인간에게 다양한 삶의 유형을 제시하고, 인간 삶의 질적 수준을 높이는 데 기여하였다. 뿐만 아니라 인간이 경험하게 되는 죽음의 유형과 죽음을 맞이하는 태도에서의 변화를 가져오게 하였다. 예를 들면 자동차의 개발은 예전에는 생각할 수 없었던 교통사고에 의한 죽음의 위기를 가져온 것이다. 이와 같이 산업화와 현대화로 오늘날 인간의 삶의 양적 · 질적 부분 모두에서 증진된 것은 사실이나, 반면 그에 따른 부작용으로 예전에 비해 모든 측면에서 죽음의 위기에 직면할 가능성이 높아지고 있는 실정이다. 이 장에서는 현대인의 삶에서 죽음의 위기를 불러올 가능성이 있는 죽음의 유형을 비자발적인 죽음과 자발적인 죽음으로 구분하여 이해하고, 이러한 이해를 근거로 개인의 삶의 태도와 다양한 죽음 위기와의 관계를 생각해 볼 수 있는 기회를 갖고자 한다.

1. 비자발적인 죽음

1) 사고사

현대 사회에서 흔히 경험할 수 있는 죽음의 유형 중 하나가 사고사라고 할 수 있다. 그렇다면 이렇게 죽음의 위기를 가져오는 사고는 언제 어떻게 발생하는가? 이러한 의문에 대한 답변에 따라 사고에 대한 우리의 태도는 달라질 수 있다. 만약 사고가 우연히 '운명' 또는 '나쁜 운' 때문에 일어나는 것이라고 생각한다면, 사고를 예방할 수 있는 것은 거의 없다. 이때 개인이 할 수 있는 일이란 오직 사고가 발생하면 그에 따른 결과를 수용하는 것뿐이다.

그러나 사고가 비록 우연히 또는 알 수 없는 원인에 의해 발생할지라도 그것에 개인의 '부주의나 인지하지 못함 또는 무지' 등의 이유가 덧붙여진다고 생각한다면, 어느 정도 사고의 가능성과 위기의 정도에 개인의 개입이 가능한 것으로 인식될 수 있다.[1)] 예를 들어 교통사고사에서 음주운전자가 음주를 하지 않은 운전자에 비해 더 많은 사고의 위험성을 지닌다는 것은 기정사실이다. 즉, 운전자의 판단과 수행능력이 알코올을 섭취한 양에 반비례한다는 것은 누구나가 인식하고 있는 사실이므로 사고의 가능성에 개인의 개입이 충분히 가능하다는 것이다. 이러한 맥락에서 사고를 이해할 경우 사고는 다양한 측면에서 재조명될 수 있으며, 사고 발생에 영향을 미치는 요인도 크게 내적 요인과 외적 요인으로 구별할 수 있다.

(1) 사고에 영향을 미치는 내적 요인

내적 요인은 주로 사고에 영향을 미치는 개인적 차원의 요인을 의미하는 것으로, 흔히 사고 발생 가능성에 대해 개인이 어느 정도 통제권을 행사한다는 것을 전제로 설명하고 있다. 현대 사회에서 사고 발생 가능성에 대해 개인이 어느 정도 통제력을 가진다는 사실을 완전히 무시할 수는 없다. 사고 발생에 대한 이러한 기본 바탕하에서 사고에 영향을 미치는 내적 요인은 주로 개인의 기질 및 성격, 성별, 발달 단계상의 차이 등으로, 이러한 요인은 주로 개인의 육체적, 정신적 특성과 관련된 요인들이다.[2] 사고에 영향을 미치는 내적 요인에 관한 연구는 다른 사람들에 비해 사고가 많이 발생하는 사람들의 특성을 조사하고, 그러한 특성을 일반화하는 것이었다. 사실 상대적으로 사고에 많이 연루되는 사람들의 성격 유형을 찾기 위한 과학적 방법은 없었으나, 개인이 사고에 직면할 위험성의 정도에 영향을 미치는 특정 요인은 찾을 수 있었다.

대표적인 특정 요인으로 연령과 성별 등을 들 수 있다. 연령의 경우 물론 개인적인 차이는 존재하지만, 다른 세대에 비해 상대적으로 청소년기와 초기 성인기가 발달 단계의 특성상 사고의 위험에 노출될 경향이 가장 높은 것으로 밝혀지고 있다. 이 시기는 인간의 생애에서 신체적, 지적, 정서적, 사회적 발달이 최고점에 달하는 시기라고 할 수 있으며, 동시에 자신에 대한 정체성을 확립하기 위해 다양한 모험과 위험을 많이 시도하는 때이기도 하다. 또 다른 요인인 성별의 경우 대부분의 문화에서는 남성이 여성에 비해 사고의 위험에 노출될 가능성이 높다는 점이 통계적으로 입증되었으며, 이러한 원인에 대한 설명은 다양했다.[3] 생물학과 유전학적 이론에 의하면 남성이 여성에 비해 위험을 시도하려는 경향이 더 많은데, 이는 선천적인 원인에 의한 것이라 설명한다. 반면, 사회학습과 여성학 이론에서는 남성이 여성에 비해 위험한 활동에 더 참여해야 한다고 고무하는 사회 · 문화적 태도를 통해 학습된 것이라고 설명한다. 또한 아동을 대상으로 여아와 남아가 위험에 직면하는 방법을 연구한 결과, 여아와 남아가 위험을 인식하고 평가하는 것이 다르다는 것을 발견하였다. 남아의 경우 위험을 인식하면서 동시에 그 위험한 행동의 결과 가지게 되는 이익의 가치가 어느 정도

인지를 평가한 후 행동을 결정하는 경향이 있는 반면, 여아는 위험한 행동의 이해와 함께 위험 때문에 상처를 입을 가능성의 정도를 평가하는 것으로 나타났다. 즉 남아는 상처를 입을 가능성이 어느 정도 존재하더라도 행동의 결과에 따른 이익이 크면 위험 상황을 피하는 것을 고려하지 않을 것이나, 여아는 조금이라도 상처를 입을 가능성이 있다면 위험을 피하는 것을 먼저 고려한다는 것이다.

연령과 성별 외에도 사고 발생에 영향을 미치는 내적 요인으로는 위험 상황에 대한 태도, 인식 유형, 행동 유형 등 다양한 요인들이 있다. 이러한 내적 요인에 대한 이해는 우리 생활에서 사고를 예방하기 위한 예방 프로그램을 개발하는 데 필요한 기초 자료로 활용될 수 있음은 물론, 궁극적으로 사고 발생을 줄이는 데에도 도움을 줄 것이다.

(2) 사고에 영향을 미치는 외적 요인

사고 발생에 영향을 미치는 외적 요인을 강조하는 입장에서는 '사고는 우연히 또는 운명에 의해 발생하는 것'이라는 정의를 어느 정도 수용한다. 따라서 사고 발생은 개인적 차원에서 통제할 수 없다는 한계성을 받아들인다. 즉 사고가 우연성과 개인의 통제 및 그 외의 알 수 없는 부분에 의해서 발생하는 것으로 인식될 때, 외적 요인은 개인적 차원에서 통제할 수 없는 부분들과 관련된 요인이라고 할 수 있다. 이러한 외적 요인은 주로 사고가 발생하는 환경체계 내에 존재하는 상황들과 관련된 요인들을 의미하는 것으로, 종종 위험과 안전에 관련된 사회 · 문화적 가치체계 및 태도 등이 포함될 수 있다. 이러한 측면에서 사고에 영향을 미치는 내적 요인이 개인적 차원의 통제력과 관련된 미시적 차원의 요인들을 의미한다면, 외적 요인은 사고가 발생하는 환경체계의 원인과 관련된 것으로서 상대적으로 거시적 차원의 요인들이라고 할 수 있다.

사고 발생에 영향을 미치는 외적 요인은 주로 환경 속에 존재하는 안전하지 않은 상황과 밀접한 관계가 있으며, 이러한 상황들은 종종 "사고가 일어나길 기다리는군." 또는 "언젠가 큰 사고가 일어날걸." 등으로 표현되기도 한다. 즉 외적 요인은 사회적, 환경적 차원에서의 사고 발생의 가능성과 위험에 대하여 안전하게 적절히 대처하는 것에 관한 소홀함이나 무시에 기인한다고 할 수 있다.[4] 예를 들면 아파트 단지 내 놀이터에서 아동이 교통사고를 당한 경우, 아동의 보호자와 운전자의 소홀 또는 방임이 원인인 것으로 판단될 수 있으나, 궁극적으로는 놀이터가 있는 곳에 차가 진입할 수 있게 허락한 환경체계인 아파트, 지역 사회, 전체 사회도 어느 정도 책임이 있다는 것이다. 이와 같이 외적 요인에 의한 사고 발생은 전체 사회의 가치체계 및 태도와 관련되어 있다. 우리나라의 경우 현실적으로 환경적, 사회적 소홀함에 기인한 사고를 지속적으로 경험하였으며, 따라서 국민 스스로 '안전 불감증'이라고 일컬을 만큼 사회 전체의 사고 위험에 대한 불안전한 태도를 인식하고 있는 실정이다.

사고에 의한 생명과 건강에 대한 위협은 위에서 살펴본 바와 같이 개인뿐만 아니라 환경적, 사회적 차원에서 전체적으로 문제들을 경감시키기 위한 적절한 대책을 필요로 한다.[5] 현실적으로 인간의 삶에서 발생할 수 있는 모든 사고의 위험을 완전히 제거할 수는 없다. 그러나 어느 정도의 노력에 의해 적어도 무관심이나 부주의, 안전 부족 등에 의한 사고 발생 위험은 최소화할 수는 있을 것으로 사료된다.

2) 폭력

현대 사회에서 죽음을 야기하는 잠재적 유형 중 하나가 폭력이다. 이것은 인간의 생각과 행동에 영향을 주며, 심지어 직접적인 희생자가 되지 않았을 때조차 영향을 미친다. 특히 산업화와 현대화에 의한 사회·문화적 생활방식과 가치관의 변화는 폭력 발생과 그 특성의 변화도 야기하였다.

여기에서는 현대 사회에서 발생하는 죽음과 관련된 폭력의 특성을 살펴보고, 이러한 폭력을 줄일 수 있는 요인에 관해 소개하겠다.

(1) 현대 사회의 폭력

죽음과 관련된 개인 간의 폭력은 살인이다. 폭력에 의한 살인이 발발하는 그 원인을 살펴보면 과거와는 명백한 차이가 존재하는데, 대표적인 특성으로 폭력 대상의 무작위화와 폭력 행위자의 저연령화를 들 수 있다.[6] 먼저 폭력 대상의 무작위화 현상은 다음과 같이 나타난다. 과거에 발생한 대부분의 폭력 사건은 주로 금전 문제와 애정 문제 또는 다른 이슈나 사기 행위에 등에 기인한 것으로, 주로 폭력 행위에 대한 명백한 원인이나 근거가 존재했다. 그러나 최근에는 아무런 이유도 없이 발생하는 폭력이 증가하고 있는 실정이다. 이는 폭력과 관련된 가장 큰 위협으로 대두되고 있다. 이러한 폭력의 증가는 누구나 폭력의 희생자가 될 수 있다는 것을 의미하는 것이다. 이와 같이 어떤 뚜렷한 근거나 이유 없이 발생하는 폭력은 무작위로 희생자를 선택하기 때문에 폭력의 발생은 더 이상 특정한 삶과 관련된 사람들만의 전유물이 아니다. 폭력 대상의 무작위성은 누구나 예상치 못한 상황에서 폭력에 직면할 수 있다는 사실을 보여 줌으로써 사고 발생의 우연성과 유사한 수준의 위험을 제공한다.

폭력의 또 다른 특성인 폭력 행위자의 저연령화 현상은 주로 현대 사회에 사는 사람 누구나가 쉽게 다양한 채널을 통해 폭력을 접할 수 있다는 사실에 기인하여 설명된다. 폭력이 가지는 잠재적인 위협 중 하나가 바로 직접 경험하지 않았을 때조차 개인의 생각과 행동에 영향을 미친다는 것이다. 폭력이 가지는 이러한 특성은 가정폭력을 목격한 아동들을 대상으로 한 연구들에서 입증되었다.[7] 흔히 폭력을 목격한 아동을 '조용한 희생자' 라고 부르며, 비록 이들은 신체적으로 손상을 입지는 않았으나 삶 속에서 높은 수준의 폭력에 노출되어 폭력에 노출되지 않았던 아동에 비해 상대적으로 쉽게 폭력을 문제 해결의 한 방법으로서 수용하는 것으로 나타났다.[8) 또한 미디어의 발달은 과거 인구밀도가 높고 폭력 발생률이 높은 지역에 살고 있는 아동과 청소년들뿐만이 아니라 모든 아동과 청소년들에게 폭력을 노출시키고 있다. 따라서 모든 아동과 청소년들은 폭력의 '조용한 희생자'라고 할 수 있다. 결과적으로 현대 사회는 다양한 폭력 현장을 아동과 청소년들에게 쉽게 노출시킴으로써 폭력 발생의 저연령화와 폭력 행위의 잔인화, 비인간화를 유발하고 있는 실정이다.

(2) 폭력을 경감시키는 요인들

폭력에 의한 죽음에서 가장 큰 피해자는 희생자다. 그러나 대부분의 희생자들은 죽었기 때문에 개인 간의 폭력 발생 경위와 책임 소재에 대해 자신을 방어할 기회를 가지지 못한다. 따라서 폭력을 행사한 살인자들에게 어떤 처벌을 내리는 것이 가장 정당한 것인가에 관한 논쟁보다는 어떻게 살인을 예방함으로써 누구라도 희생자가 될 기회를 경감시킬 것인가 하는 논의가 훨씬 의미 있다고 할 수 있다. 특히 희생자가 생존하지 않은 상황에서 희생자에게 '나쁜 사람', '부주의한 사람' 또는 '살인자와 엮인 그렇고 그런 사람'이라는 낙인을 찍으면서 마치 희생자에게 잘못이 있었던 것처럼 해석하는 상황도 있음을 생각해 볼 때, 폭력에 의한 살인이 발생할 가능성을 경감시키기 위한 방법을 고려하는 것은 의의가 있다.[9)] 특히 폭력 행위와 관련된 사항들에 대한 이해는 전체 사회에서 그리고 우리 자신의 삶에서 폭력이 발생할 수 있는 가능성을 줄이기 위한 행동을 취하는 것이다. 이러한 취지에서 카스텐바움과 에이젠버그(Kastenbaum & Aisenberg, 1976)는 폭력 유발의 잠재력을 줄이기 위한 지침을 제시하였는데, 이를 구체적으로 살펴보면 다음과 같다.[10)]

① 자신이나 타인에게 편견적이고 비인간적이거나 무시하는 호칭을 사

용하는 것을 피한다.

② 자신이나 타인들의 비인간화된 인식들을 지지하는 상황을 제거하거나 피한다.

③ 잠재적인 폭력 행위자들에게 차이점이 아닌 유사점과 공통점을 강조하면서 의사소통과 접촉의 기회를 증진시킨다.

④ 교육과 훈련의 주요한 방법으로서 체벌과 신체적 벌을 사용하는 것을 자제한다.

⑤ 좋고 선한 사람들의 행동을 거침없이 칭찬한다.

⑥ 아동들에게 폭력은 재미있는 것도, 멋진 것도, 그리고 똑똑한 행위도 아니라는 것을 가르친다. 그리고 자신의 행동에 대한 책임감을 강조한다.

⑦ 폭력에 대한 대안을 제공할 수 있는 인간 자원을 양육하고 동일시한다. 예를 들면 아동들 사이의 나눔을 강조하고, 그들이 다른 아동에게 가능한 한 충동적이고 무서운 행동을 취하기 전에 스스로 생각하도록 유도한다.

⑧ 매스 미디어(mass media)에서 폭력의 매력을 제거한다.

3) 질병

의학 기술의 역사에서 페니실린이 출현한 이래, 감염 가능성이 매우 높은 질병에 의한 죽음은 대부분의 사람들에게 더 이상 위협적인 것이 아니었다. 그러나 1981년 감염에 대항하는 신체의 자연적인 방어력을 파괴하는 전염성을 가진 AIDS 질병의 출현은 감염성 있는 질병에 대한 위협을 다시금 높였다. 처음 AIDS가 출현하였을 때 의존할 만한 정보가 거의 없는 상황에서 대부분의 사람들은 불안해하고 공포에 질렸으며, 심지어 일부의 경우이기는 하나 의료진들조차도 AIDS 바이러스를 가진 환자들의 치료를 거부한 것으로 나타났다. 잘 알려지지 않은 전이를 가진 새로운 전염병에 대한 과거의 사회적 반응 유형과 유사한 경향이었다.

그 후 AIDS에 관한 지식과 정보가 밝혀지기 시작하면서 AIDS 감염 경로는 다음의 세 가지에 국한된다는 것이 밝혀졌다. (1) 감염된 사람과의 성관계, (2) 감염된 피 또는 피 생산물에 노출, (3) AIDS에 감염된 엄마에게서 출생 전의 전이. 이 모든 것이 신체적 체액과 접촉을 요구하는 것이라는 정보가 축척되었다.[11] 그 외에도 신체적 면역을 손상시키는 AIDS와 AIDS를 야기하는 HIV를 구분하여, HIV에 감염된 사람들이 주로 세 단계의 과정을 경험하면서 AIDS로 진행되는 것인데 그것은 몇 달에서 몇 년 과정에 걸쳐 발생하며, 그 기간이 사람에 따라 다르다는 것이 증명되었다. 이와 같이 AIDS와 관련된 많은 사실들이 제공되고 있으나, AIDS에 대한 사회 전체적인 반응은 여전히 불확실하며 혼란스러운 상황이다. 또한 개인 차원에서도 AIDS는 개인적으로 친분이 있는 사람이 이러한 전염성 질병에 걸린 경우에 어떻게 반응해야 하는지에 관해 갈등 상황을 야기한다.

AIDS 발생 이전의 전염병에 의한 대량 살생 중 가장 최근에 일어난 것으로는 1918년 세계적으로 2,000만 이상을 죽인 인플루엔자 바이러스에 의한 전염병을 들 수 있다. 미국의 경우 인구의 1/4이 이 바이러스 때문에 감기를 앓았으며, 50만 명 이상의 사람들이 죽었다.[12] 이같이 대량 살생을 유발한 바이러스의 감염경로를 살펴보면, 처음에는 새에게 해를 끼치지 않은 채 증상 없이 잠복한 것으로 시작하여, 그 후 돼지에게 감염이 되어서 이를 통해 인간에게 영향을 미칠 수 있는 바이러스의 유형으로 변환된 것이다. 따라서 '다른 종 간의 전이'를 통한 감염이라는 측면에서 최근 발생한 조류독감이나 AIDS와 유사한 메커니즘을 가지고 있으며, 이러한 특성은 바로 대량 살상을 야기하는 전염성 강한 질병의 특성 중 하나라고 할 수 있다.[13]

이처럼 죽음을 동반한 감염성 있는 질병의 위험이 사회나 개인에게 미치는 영향은 매우 크다. 우선 개인적 차원에서의 전염성이 높은 질병이나 AIDS를 생각해 보자. 당신이 느끼는 이미지나 감정은 어떠한가. 그리고 만약 가족 중 한 사람이 이러한 질병을 가지고 있다면, 당신은 어떻게 반응할 것이라 생각하는가. AIDS를 가진 사람의 경험을 살펴보면, 대부분은 가족에 대한 새로운 정의를 경험하는 것으로 나타났다.[14] 현실적으로 AIDS에 부여된 잘못된 인식 때문에 이들을 돌보고 이들 곁에서 중요한 역할을 담당하는 사람들이 혈연이나 법적 관계에 있는 가족이나 친척이라기보다는 타인으로 확인되었다. 다시 말해 AIDS의 발병은 기존의 혈연이나 법적인 관계에 기반을 둔 가족의 개념에 도전하게 만드는 계기가 되기도 한다는 것이다. 또 사회적 반응 또한 혼란스럽기는 개인적 차원과 마찬가지다. 물론 사회의 한 부분에서는 AIDS에서 개인과 사회를 보호하기 위해 다양한 건강 관련 공적 서비스 프로그램을 마련하고, 사회적 자원을 어떻게 배분하고 활용할 것인가를 적극적으로 논의한다. 반면, 사회의 또 다른 부분에서는 사회를 보호하기 위한 것이라는 미명하에 AIDS에 감염된 개인을 원조하는 노력을 방해하는 것으로 나타났다. 이러한 태도는 궁극적으로 감염되는 질병의 위협에 대한 개인적, 사회적 차원의 갈등과 복잡한 반응을 상징적으로 보여 준다고 할 수 있다.

4) 재난

재난은 갑작스럽게 짧은 시간 내에 많은 사람들의 생명을 위협하는 불행을 가져오는 사건으로 정의된다. 이러한 재난은 홍수와 지진 등 자연재해 현상뿐만 아니라 화재, 대형 사고, 핵 오염 등 산업화에 의한 인간 행동의 결과에 기인한 현상들도 포함한다. 자연재해의 대표적 예로는 최근 2005년 미국 루이지애나를 강타한 허리케인 카트리나에 의한 피해를 들 수 있다. 그리고 인간 행동의 결과로 나타난 재난으로는 1986년 우크라이나의 체르

노빌에 핵 원자력 설치의 실패로 동부와 북부 유럽 전 지역의 방사선 오염을 들 수 있다.[15] 이러한 재난의 발생은 과학과 기술이 발전하는데도 점차 증가하고 있는 추세다. 특히 복잡한 현대 기술체계는 예상하지 못한 상호작용을 통해 인간에 의한 새로운 재난 사건을 유발하는 결과를 낳았다. 물론 높은 기술 수준은 과거에 비해 재난에 의한 피해를 경감시키는 데 기여하였다. 그런데도 재난에 의한 희생은 여전히 존재하고 있는 것이 현실이다.

(1) 재난에 대한 태도

잠재적인 재난의 영향력을 경감시키기 위해 다양한 방법들이 고안되었으며, 이러한 방법을 수행함으로써 재난에 의한 상해와 위험은 줄일 수 있었다. 특히 기술의 발달은 잠재적인 재난의 영향에 관한 예견을 가능하게 함으로써 재난에 의한 상해와 죽음의 위기를 경감시키는 것에 중요한 역할을 담당하였다. 그러나 여전히 잠재적인 재난의 영향력에 대해 모든 것을 예견하는 것은 불가능하다. 따라서 대부분의 지역 사회에는 재난을 대비한 다양한 긴급체계가 설치되어 있으며, 그에 따른 인적 · 물적 자원들을 확보하기 위해 노력하고 있다. 그러나 이러한 여건이 갖추어졌어도 최근 발생한 다양한 재난들, 앞서 말한 미국 루이지애나 주의 카트리나 등의 결과를 고려할 때 그 피해는 매우 크다고 할 수 있다. 따라서 재난의 대처방법에 대한 연구에 앞서, 이러한 결과를 가져온 중요한 요인으로 재난에 대한 개인과 사회의 태도를 생각해 볼 필요가 있다.

사람들은 종종 어느 범위 내의 위험은 무조건 수용해야 한다는 생각을 가지고 있다. 이는 때때로 개인의 삶에 성공을 가져오기도 하지만, 동시에 스스로를 사고나 재난을 경험할 수 있는 가능성에 노출시키기도 한다. 이러한 예로서, 재난 발생이 상대적으로 빈번한 지역에 거주하는 경우를 들 수 있다. 미국의 경우 많은 인구가 해안선을 따라 50마일 이내에 살고 있다. 서부 해안선의 경우 홍수, 화재, 지진이 일어나기 쉬운 지역이며, 남동부 해안선의 경우 폭풍의 영향을 받기 쉬운 지역인데도 이런 지역에 사람들이 거주하는 이유는 전망, 경제적 여건, 직장 등 매우 다양하다. 비록 상대적으로 타 지역에 비해 재난 발생률이 높다 할지라도 전체적인 확률에 근거한다면 그 정도의 재난 발생률에 대한 위험은 수용할 수 있다는 것이 그들의 생각이다. 그 외에도 사람들이 위험의 수용을 합리화할 수 있게 하는 또 다른 요인으로 재난 피해와 관련된 개인적 차원의 보험이 있다. 이것에 가입함으로써 잠재적인 재난 피해의 위험을 수용하는 것을 더욱 용이하게 만드는 것이다.

재난에 대한 또 다른 태도는 잠재적인 재난 발생에 대한 적합한 경고체계와 믿을 만한 정보망이 있어도 사람들이 항상 재난 위협에 현명하게 대처하는 것은 아니라는 점이다.[16] 그러한 예로 최근 미국에서 발생한 허리케인 카트리나에 의한 피해를 들 수 있다. 주정부가 재난 경고를 계속했는데도 재난에 피해를 입은 대부분의 사람들은 흡연이나 알코올남용과 마찬가지로 그 경고를 무시하였다. 또한 일부 사람들은 스스로 재난에 대한 면역력이 있다고 느끼고, 자신은 피해를 받지 않을 것이라 생각하여 적절한 행동을 취하지 않은 것으로 나타났다. 재난 발생의 위험성에 대한 적절한 경고와 단시간 내 관련 지역을 제한구역으로 설치하는 등의 적절한 조치가 재난에 의한 피해를 경감시키는 데 크게 기여할 수 있는데도 말이다. 그러나 다양한 물리적 대처방법이 갖추어진다고 해도 재난에 대한 이와 같은 고의적 과소평가는 사람들 스스로가 자신을 위험에 노출시키는 원인이 된다 하겠다.

(2) 재난 후의 적응

재난을 경험한 사람들이 필요로 하는 것은 무엇이며, 어떤 유형의 도움이 필요할 것인가? 이런 의문에 대한 반응은 스스로가 재난의 피해를 입은 생존자라고 상상하는 것이 도움이 될 수 있다. 재난을 경험한 많은 생존자들은 사건에 대한 쇼크 상태에 있으며, 사랑하는 이들을 잃고 혼자 생존한 것에 대한 죄책감 및 공허감 등을 경험한다. 또한 미래에 대한 불안과 더불어 존재적 위기를 경험할 수도 있다. 재난 생존자들을 위한 대부분의 사회적 서비스는 주로 긴급 기간이라는 짧은 시간 내에 생존자들이 재난에서 회복할 수 있도록 원조하는 것을 주기능으로 하는 것으로, 기본적으로 생존자들의 즉각적인 욕구에 부합하는 서비스를 제공하는 데 초점을 둔다. 따라서 제공하는 대부분의 원조는 음식과 쉼터 및 의학적 보호이며, 때에 따라 생존자들의 신체적 욕구뿐만 아니라 정서적 욕구도 관리하기 위한 상담 등의 원조가 제공되기도 한다. 그러나 현실적으로 재난이 이들 생존자에게 미치는 영향은 매우 다양한 것으로 확인되었다.[17] 예를 들면 어떤 이들은 사랑하는 사람을 잃고 상실과 비탄을 경험하며, 어떤 이들은 죄책감을, 다른 이들은 소외와 고립감을 느낀다. 또 다른 이들은 분노와 좌절감을 경험하기도 하고, 우울감에 빠지거나, 예전의 개인적인 관계의 문제가 되풀이되는 경우도 있는 것으로 나타났다. 이러한 다양성은 재난 후 생존자들의 회복을 위한 원조 프로그램이 즉각적인 요구에 부응하는 재난 직후의 일반화된 원조에서 점진적으로 구체화된 원조로 연결되어야 할 필요성을 제시하고 있다.[18] 그 외에도 재난과 관련된 대부분의 원조들이 재난 직후 단시간에 중점을 두고 행해지고 있는 현재 상황에서 인간의 고통과 비극에 강하게 직면한 재난의 생존자들이 신체적, 경제적 그리고 정서적 안정을 회복하기 위해 걸리는 시간은 아마도 몇 년이 될 수 있다는 사실을 함께 고려할 필요가 있다.

2. 자발적인 죽음: 자살

1) 자살의 이해

자살은 시대를 막론하고 대부분의 인간 사회에서 발생하는 현상으로, 인간이 스스로의 의지와 힘으로 자신을 죽이는 행위를 의미한다. 이러한 자살은 현재 다양한 형태로 나타나고 있다. 일반적으로 그 주변 여건과 환경이 명백하게 자살의 원인을 제공하고 있을 때 이를 자살이라고 표현하는데, 따라서 어떤 죽음은 자살이라고 명확하게 분류하기 힘든 경우도 있다. 여기에서는 자살 행동에 관한 이론을 제시하는 사회학적 모델과 정신 · 심리학적 모델을 바탕으로 자살의 원인을 살펴봄으로써 자기 파괴적인 행동의 결과인 자살에 대한 이해를 돕고자 한다.

(1) 사회학적 모델

자살 행동에 대한 사회학적 모델은 자살의 원인을 개인과 사회 사이의 관계에 두고 자살이 발생하게 된 사회적 맥락을 강조하고 있다. 즉, 개인의 자살은 그 개인이 속한 사회체계의 사회적 규제와 통합의 정도에 따라서 예방될 수 있다고 설명한다. 자살에 대한 사회학적 관점을 처음으로 제시한 뒤르켐(Durkheim, 1897)은 『자살론』이라는 저서를 통해 자살 가능성이 높은 사람이 누구인가를 연구한 결과를 세 가지 유형으로 분류하여 발표하였다.[19)]

첫째, 자기 본위적 자살(egoistic suicide)이다. 이는 사회적 자아에 거역하고 개인적인 자아가 과도하게 주장된 상태로서 사회적 규제를 일탈한 과도한 개인화의 결과로 발생한 자살이다. 예를 들면 사회적 규칙에 따르는 일반적인 사람들보다 사회에 적응하지 못하는 고립된 사람들이 자살할 가능성이 훨씬 높다는 사실이다.

둘째, 무규제적 자살(anomic suicide)이다. 이는 인간이 사회적 혼란이나 그 밖의 사회적 무질서 상태에 노출되거나, 개인이 지위나 권위를 상실하거나 상실할 위기에 직면하였을 때 발생하는 자살 유형을 의미한다.

셋째, 이타적 자살(altruistic suicide)이다. 이는 타인을 위한 자살이라 할 수 있으며, 집단 본위적인 자살이라고 할 수 있다. 자기 본위적 자살과 반대로 개인이 집단 속에 완전히 매몰되어 사회적 자아가 개인적 자아를 과도하게 지배하는 상태에서 발생하는 자살 유형을 의미한다.

사회학적 모델에서는 이와 같이 자살을 인간의 개인적 행동에 근거한 것으로 해석하기보다는 사회의 한 현상으로 간주하면서, 인간과 사회와의 관계의 결과로서 자살을 이해하고 있다.

(2) 정신 · 심리학적 모델

자살에 대한 정신 · 심리학적 모델은 개인의 의식과 무의식적 동기에 초점을 두고 자살의 발생을 설명하고 있다. 프로이트(Freud)는 자살의 원인을 자아 방어의 붕괴와 무의식 속에 항상 존재하고 있는 죽음의 본능과 관계가 있는 것으로 설명하고 있다. 그리고 아들러(Adler)는 의존성, 자기중심성, 충동성, 공격성 등을 자살의 원인으로 제시하였다.[20] 그 밖에 자살 연구에 공헌한 링겔(Ringel)은 자살이란 타자에 대한 장기간에 걸친 억압된 공격성이 자기 공격으로 전환된 것이라고 설명하면서, 자살에 이르기까지의 심리 과정을 3단계로 제시하여 자살 전 증후군에 관한 이론을 주장하였다. 첫째 단계는 자아의 협소화 단계로, 이 단계에서는 개인적 가능성의 협소화, 감정세계의 협소화, 대인관계의 협소화, 가치세계의 협소화를 경험하게 된다. 둘째 단계는 자기에로 향한 공격성의 단계로, 인간이 본래 지니고 있는 공격성이 자아의 협소화에 의해 비정상적으로 강화되어 자신에게로 향하게 되는 것을 경험하는 단계다. 마지막 단계는 자살의 환상 단계인

데 죽어 있는 자기를 자주 상상하고, 이것이 강화되어 자살하는 것을 자주 생각하며, 결국 이러한 환상을 구체화시켜 자살 시기와 방법을 심각하게 생각하게 되는 과정이다.

2) 자살 유형

자기 파괴적인 행동인 자살을 데스펠더와 스트릭클랜드는 크게 네 가지 유형으로 구분하였다. 도피처로서의 자살, 우울과 정신장애에 의한 자살, 반의도적 · 만성적 자살, 구원 요청으로서의 자살이 그 유형이다.[21)]

(1) 도피처로서의 자살

자살은 종종 도피처, 즉 육체적 고통 또는 정신적 고뇌에서 해방되기 위한 수단으로 생각되기도 한다.[22)] 예를 들면 말기질환으로 고통을 받고 있는 환자가 자살을 고통에서 벗어나는 방법으로 선택하는 안락사를 들 수 있다. 이러한 유형의 자살은 일반적인 논리로 이해가 가능한 것으로서 합리화된 자살이라고 할 수 있다.

도피처로서 자살을 선택하는 또 다른 예는 잘못된 개인의 논리에 의해서 발생하기도 한다. 이러한 경우 자살 행동을 시도한 대다수 사람들의 자아 개념이나 자기 정체성은 혼란스러우며, 스스로를 실패자로 인식하기도 한다.[23)] 이러한 유형의 자살은 객관적으로 불만족스러운 상황에 근거한 것이 아니라, 개인이 주관적으로 경험하는 과다한 고뇌감과 혼란에 의한 것이다. 즉 부정적 자아 개념과 혼란스러운 자기 정체성은 삶의 의미를 상실하게 하며, 궁극적으로 상황에서 벗어나 도망가고자 하는 감정을 유발할 수 있는 것이다.

(2) 우울과 정신장애에 의한 자살

자살은 우울과 정신장애와 밀접한 연관성을 가지고 있으며, 이는 자살자의 정신 부검 연구를 통해 입증되었다.[24] 기존 연구에 의하면 자살자의 90% 이상이 하나 이상의 정신장애 진단의 범주에 속하는 것으로 나타났으며, 정신과 환자의 자살 위험은 일반인에 비해 3~12배 높다고 제시되었다. 정신장애와 관련된 자살은 죽으려는 의식적인 의도보다는 자신을 해침으로써 자신의 정신 속에 존재하는 악을 없애거나 벌을 주려는 것이다.[25] 따라서 이런 경우 자살 충동에 정신 치료가 먼저 요구된다.

자살 발생의 또 다른 주요 위험 요인으로 우울을 들 수 있다. 우울한 사람들은 알코올이나 약물중독을 포함한 해로운 행동으로 자신의 무력감과 고립감을 표현하기도 한다. 우울은 매우 중요한 자살 경고 표시인데도 가족이나 주위 사람들은 개인이 경험하는 우울의 심각성을 인식하지 못하고 간과하는 경우가 많다.[26] 따라서 개인의 우울이 자살 행동으로 연결되는데, 가족과 주변인들의 반응은 중요한 역할을 담당하게 된다.

(3) 반의도적 · 만성적 자살

완전히 의도적인 자살은 아니지만, 자기 파괴적인 위험성이 높은 행동을 계속적으로 이행함으로써 그 결과 자살이 발생한 경우다.[27] 예를 들면 개인이 부주의하거나 불필요하고 현명하지 않은 위험을 감수함으로써 자살이 발생한 경우로서 흔히 마약, 알코올, 흡연 등과 같은 생활습관으로 자신을 파괴하는 행동을 말한다. 이런 유형은 또한 '성격학적 자살'이라고 불리기도 하는데, 이들의 대부분은 의식적으로는 자살에 대하여 부정적이고 자살을 수용하지 않지만, 그들의 생활방식은 전형적으로 '죽음에 대한 동경'을 드러내고 있다.[28]

(4) 구원 요청으로서의 자살

이러한 유형의 자살은 그 목적이 죽는 것이 아니라 문제 해결에 있다. 즉, 주된 목적은 현재 개인이 처한 상황을 바꾸려는 것이며, 그 목적 달성을 위한 방법으로 자살을 선택한 것이다. 따라서 이러한 유형의 자살 행동은 '나는 더 이상 이러한 삶을 살 수 없다. 나의 생활은 변해야만 한다.'라는 메시지를 표현하고 있다. 흔히 청소년기나 초기 성인기의 개인이 손목을 칼로 긋거나 수면제를 과다 복용하는 등의 자살 행동하는 경우에 해당되는데, 그 행동 결과 죽을 수 있다는 사실에 대한 완전한 이해 없이 자신들의 좌절감을 표현하고 관심을 끌기 위해 행해지는 것이다. 이런 경우 대부분 자살 시도 경험이 과거에는 거의 없으며, 또한 치사율도 매우 낮다.

3) 자살에 영향을 미치는 요인

개인이 자살을 선택하는 데 영향을 미치는 요인으로는 개인의 성격, 해로운 외부 환경, 사회적 관계 등이 있다. 또한 데스펠더와 스트릭클랜드는 자살에 영향을 미치는 위험 요인으로서 문화, 인성, 개인적 상황, 생물학적 요인을 제시하였다.[29)]

(1) 문화(culture)

문화는 개인이 자살을 이해하고 인식하는 관점에 영향을 미치는 요인으로, 개인의 자살에 대한 수용과 자살 행동을 시도하는 데 중요한 역할을 담당한다. 예를 들면 미국의 경우 흑인 젊은이들의 자살률이 백인에 비해 훨씬 낮은 것으로 확인되었는데, 그 이유 중 하나가 흑인 사회에서는 자살을 비겁하게 문제를 해결하는 방법으로 이해하는 문화적 특성이 있기 때문이다.[30)] 자살과 관련된 문화적 특성으로 자살 발생에 대한 사회적 전염성과 삶과 죽음 사이의 균형을 들 수 있다. 자살의 전염성은 괴테의 작품 『젊은

베르테르의 슬픔』에서 주인공의 자살이 그 당시 젊은이들 사이에 모방 되면서 한때 급속도로 퍼졌던 경우를 들 수 있는데, 이런 자살 행동의 모방은 후에 '베르테르 효과'라고까지 불렸다.[31] 실제로 그런 모방 효과가 자살 행동에 존재하는가는 여전히 논의의 여지가 있지만, 어쨌든 사회적 환경과 문화가 자살 사건에 중요한 역할을 담당한다는 것만은 명백하다.

(2) 인성(personality)

인간의 특성은 타고난 생김새만큼이나 다양하다. 따라서 같은 상황에 노출되어서도 사람들의 반응은 각기 다르다. 어떤 사람은 타고난 낙천주의자이며, 반면 어떤 사람은 타고난 염세주의자다. 개인의 이러한 특성은 삶에서 타인과 관계를 맺고 문제에 대처하는 방식을 결정하게 되며, 그것이 또한 자살 생각과 자살 행동을 결정하는 데도 영향을 미치는 요인이 될 수 있다.[32] 특히 개인의 성격과 관련된 죽음 태도는 자살 행동을 결정하는 중요한 요인으로, 이는 죽음에 대한 공포를 가진 사람보다 죽음을 삶의 연장선상에 있는 매력적인 한 부분으로 인식하는 사람이 자살을 시도할 가능성이 더 높기 때문이다.

(3) 개인적 상황(the individual situation)

문화와 인격의 상호작용은 각 개인을 자신만의 유일한 상황에 노출시킨다. 모든 사람들은 생활 속에서 자살 위험을 유발하는 다양한 정도의 스트레스를 경험하며, 이러한 사건들은 후에 자살 행동과 연관될 수 있다. 구체적인 예로, 우리나라 청소년들의 자살은 대부분 입시에 의한 학문적 스트레스에 기인한 것을 들 수 있다. 사회 내에 존재하는 모든 사회적 요인과 가족, 친구, 경제적 여건, 성격 등의 개인적 요건은 개인의 자살 행동에 영향을 미치는 중요한 요인이다.

(4) 생물학적 요인들(biological factors)

최근 자살을 행하거나 시도한 사람들을 대상으로 한 생화학적 연구에서 자살 행동이 신경전달 대사 수치의 수준과 관계가 있는 것으로 나타남으로써 유전적 요인도 자살 행동에 영향을 미치는 한 요인이 되었다.[33] 이러한 생물학적 요인은 자살 위험을 평가하는 중요한 지표가 될 수 있다. 이런 생물학적 요인에 의한 자살 행동은 그 원인이 명백하므로 적절한 약물 치료를 통해 자살 위험과 자살 행동을 감소시킬 수 있다는 측면에서 다른 원인에 비해 예방 가능성이 높다고 할 수 있다. 그러나 현재까지의 연구 결과는 생물학적 요인이 자살 행동과 관련되었다는 생각만 지지할 뿐, 이러한 요인들과 관련된 자살 행동에 관한 충분한 정보를 제공하지 못하고 있다. 따라서 자살 행동 예방과 개입의 중요한 요인에 대한 향후 연구가 활발히 전개될 필요가 있다.

4) 자살 예방과 개입

자살 예방에 관련된 공식적 기관으로는 1958년 미국 로스앤젤레스에서 파베로(Farberow)와 슈니드만(Shneidman)에 의해 설립된 '로스앤젤레스 자살 예방 센터'가 있다. 이를 시작으로 미국뿐만 아니라 전 세계적으로 자살 예방 기관이 확산되기 시작하였다.[34] 이를 근거로 하여 자살 행동에 관련된 사회적 관심이 증가하기 시작하였으며, 점진적으로 자살 예방뿐만 아니라 자살 개입 및 사후 개입까지 전개되었다.

(1) 자살 예방

다른 사회적 문제와 마찬가지로 자살 또한 예방을 하는 것에 대한 효과는 매우 모호하다. 대부분의 자살 행동이 개인의 삶 속에 존재하는 다양한 요인들과 연관되어 있으며, 이러한 요인들을 모두 제거할 수 있는 예방책은 현 세상에 존재하지 않기 때문이다. 따라서 자살 위험이나 자살 행동에 대한 예방이란 매우 제한적일 수밖에 없다. 그런데도 증가하고 있는 자살 인구를 고려할 때, 자살 위험과 행동을 감소시키기 위한 예방의 필요성이 간과되어서는 안 된다.

자살 예방과 관련된 프로그램의 대부분은 교육에 근거하며, 교육의 초점은 다음과 같다.[35] 첫째, 현실의 삶은 매우 복잡하며 누구나가 실망, 실패, 상실 등을 삶에서 경험한다는 것을 인식시키는 것이다. 둘째, 이러한 삶의 경험에 잘 대처할 수 있는 적절한 기술을 발달시킨다. 셋째, 적절하고 도달 가능한 목적과 목표를 어떻게 세우는가를 배운다. 이러한 교육 프로그램의 목표는 궁극적으로 현실의 삶을 잘 대처하면서 살아갈 수 있도록 원조하는 것이다. 그리고 이러한 교육은 전 생애를 통해 적용되어야 한다.

자살 위험이나 행동에 직면한 경우를 원조하기 위한 캐나다 온타리오 Muskrat Dam Community의 Helping Hands Project의 주요한 목적은 다음과 같다.[36]

① 지역민들 사이에 가치감을 심어 주는 것
② 특히 문제 청소년들의 삶을 재확립하여 그들이 스스로 목적을 세우도록 원조하는 것
③ 지역 사회의 성원들에게 만족감과 자존감을 재획득하도록 원조하는 것
④ 젊은이들이 건설적이고 생산적인 삶을 살도록 고무시키는 것
⑤ 가족과 지역 사회에 적용될 수 있는 생활 기술 훈련을 제공하는 것
⑥ 정신건강 문제에 대처하기 위해 개인이 적절한 기제를 발달시키도록 원조하는 것

(2) 자살 개입

자살 개입 프로그램은 자살 위험과 자살 행동에 개입된 사람들의 생명의 위기를 감소시키는 것에 목적을 두고 있으며, 대부분이 단기간의 보호와 치료에 중점을 둔다. 대부분의 자살 개입 프로그램은 현실적으로 자살 예방센터에서 제공하거나 또는 연계되어서 제공하고 있으며, 주로 위기를 해결하는 긍정적 방향에 중점을 둠으로써 위기 개입과 관련된 이론과 기술에 근거하고 있다. 자살 개입의 중요한 원칙은 다음과 같다.[37] 첫째 위협을 심각하게 수용하고, 둘째 자살 목적과 행동에 관한 실마리를 찾으며, 셋째 지지와 이해를 통해 원조 요청의 소리에 답하고, 넷째 위기에 있는 사람과 자살을 의논하는 것을 두려워하지 말고 질문을 통해 문제에 직면하도록 원조하며, 다섯째 위기를 잘 원조할 수 있는 전문가의 도움을 구한다. 마지막으로 자살에 대한 건설적인 대안들을 제시하는 것을 원칙으로 하여야 한다.

이것을 기억하자

- 위험스러운 상황의 증가, 직업적 스트레스, 피할 수 있는 사고, 폭력, 전쟁, 환경오염, AIDS, 그 외 질병, 자살 등으로 현대를 사는 사람들은 죽음과 마주하는 기회가 예전에 비해 점차 증가하고 있다.
- 피할 수 없는 위험도 있지만, 살아가면서 인간의 선택과 사회적 환경으로 치명적인 위험 가능성이 높은 상황에 노출되는 기회가 더욱 많아지고 있다.
- 죽음의 유형을 비자발적 죽음과 자발적 죽음으로 구분할 수 있는데, 비자발적 죽음 유형으로는 사고사, 폭력, 질병, 재난이 포함되며, 자발적 죽음 유형으로는 자살이 있다.
- 사고에는 개인이 주의를 기울임으로써 방지하는 것도 있고, 그 반대의 경우도 생길 수 있다. 그래서 우리가 결정한 선택이 사고 가능성에 영향을 미치기도 한다. 부주의, 무시와 같은 요인들을 고려하는 것은 왜, 어떻게 사고가 일어나는지를 좀 더 잘 이해하도록 돕는다.

- 개인과 개인 사이의 폭력은 죽음에 이를 수 있으며, 여러 형태의 다양한 폭력은 비록 우리가 직접 희생당하는 피해자는 아닐지라도 모두의 안녕에 영향을 미친다. 이러한 폭력의 확대는 전쟁까지 연결될 수 있으며, 전쟁은 살인에 대한 일반적이고 관습적인 상황을 폐기해 버리고 도덕적 행위와 관련해서 그 기준을 변화시킨다.
- 역사적으로 AIDS와 같이 전염성이 강하며 치명적인 질병은 전 세계적으로 인간의 건강을 위협하는 것으로, 오늘날 이런 질병에 대한 위협은 점점 커져가고 있다.
- 재난은 자연적 또는 인위적으로 발생하며, 비교적 짧은 시간 동안 수많은 사람들의 생명을 위협하는 사건으로서 그 참사의 결과로 전혀 예기치 못한 엄청난 불행을 가져온다. 참사 후 생존자의 즉각적인 요구를 충족시키는 것과 응급 구조사나 응급의료진처럼 비극적인 인간의 고통을 직접 대하는 사람들에게도 사고 후 적절한 지지를 제공하는 것이 필요하다.
- 자살은 시대를 막론하고 대부분의 인간 사회에서 발생하는 현상으로, 사회학적 모델과 정신 · 심리학적 모델이 자살에 대해 설명하는 대표적인 이론적 모델이다. 자살의 유형에는 도피처로서의 자살, 우울과 정신장애에 의한 자살, 반의도적이며 만성적인 자살, 구원 요청으로서의 자살이 있으며, 자살에 영향을 미치는 요인으로는 문화, 인성, 개인적 상황, 생물학적 요인이 있다.

〈과제〉

1. 영화와 죽음

   '플래툰', '쉰들러 리스트', '라이언 일병 구하기', '태극기 휘날리며'와 같은 영화를 한 편 보고, 아래의 질문에 대안 답을 생각해 보라.

   1) 당신이 본 영화는 사실적으로 표현되었으며, 말하고 싶은 것은 무엇인가?
   2) 영화에서 죽은 사람을 어떻게 다루고 있는가?
   3) 죽음에 대한 슬픔이 잘 표현되어 있으며, 장례식이나 다른 애도 의식이 있었는가?
   4) 죽은 사람에 대해 계속 언급되고 있으며, 전쟁이 남긴 상처 중 오랜 기간 영향을 미치는 것에 대해 영화는 무엇을 말하고 있나?

2. 자살에 대한 개인적 반응

   자살에 대한 당신의 반응—예를 들면 분노나 용서의 감정을 야기하는—은 부분적으로 당신의 문화적, 종교적 그리고 정신 · 심리적인 환경에 의해 결정된다. 이런 요인들이 어떻게 영향을 미치는지 구분할 수 있는가? 당신의 어떤 신념체계와 환경이 자살 발생에 대한 반응을 하는지 생각해 보라.

제12장 의학 · 윤리적 이슈들

산업화와 현대화에 따른 과학과 의학 기술의 발달은 평균수명 연장과 같이 인간에게 긍정적 변화를 가져온 동시에, 혼란스럽고 어려운 선택의 상황들을 끊임없이 제시하게 되었다. 특히 인공 장기나 인공호흡기와 같은 의료 기술과 기기의 발달은 의료 전문가들이 인간의 '자연스럽고 정상적인' 죽음의 과정에 개입하도록 유도했다.[1] 그 결과 생명을 구한 많은 사람들은 완전히 정상적 기능을 회복하기보다는 부분적인 기능의 정상화를 경험하게 되며, 인간의 신체는 심장, 뇌, 신장 등과 같은 일부 기관들의 기능이 정지하더라도 생명을 유지할 수 있게 되었다. 이러한 측면에서 객관적으로는 희망이 없으나 생명 유지만은 가능한 사람에게 어느 정도, 얼마 동안 의학적 기술과 도구가 적용되어야 하는가 하는 문제는 현대 사회가 직면하고 있는 인간의 삶과 죽음에 관련된 주요한 윤리적 쟁점이라고 할 수 있다. 특히, 자본에 의해 관리되고 통제되는 현대의 의료체계는 의료서비스가 가치 중심적인 윤리보다 상업화의 원리에 의해 지배를 받고 있는 면이 점점 더 두드러지는 상황이기에 문제가 발생하기도 한다.[2] 따라서 이 장에서는 인간 생명의 연장에 기여하는 의학 기술의 발전으로 야기된 의학적, 윤리적 이슈들을 소개하고 검토하고자 한다.

1. 의학 윤리

현대 사회의 과학과 의료 기술의 발전은 환자의 생명을 보호하며, 환자가 정상적 기능을 회복할 수 있도록 원조하는 매우 유익한 역할을 해 왔다. 그런데 그 기술이 인간의 죽음을 연장시키는 역할까지 담당하게 되면서 예전에는 생각조차 못한 새롭고 복잡한 윤리적 문제를 야기하고 있다. 이러한 상황에 대해 브로디(Brody)는 세 가지 요인을 제시하며 설명하고 있다.[3)]

첫째, 의료 기술의 발전이다. 앞서 설명한 바와 같이 의료 기술의 발전은 언제 생명은 끝나는 것이며, 또한 끝나야 하는가와 같은 죽음의 정의에 관해 새로운 문제를 제기하게 되었다.

둘째, 사회적 여건의 변화다. 산업화에 의해 사회의 구조적 변화와 더불어 사회를 구성하는 기본 단위인 가족의 기능과 구조의 변화 등은 기존의 절대적 윤리만으로 새로이 생겨난 생명과 죽음에 관련된 의문들을 해결할 수 없게 되었다.

셋째, 도덕적 가치관의 변화다. 의료 기술의 발달과 사회적 여건의 변화는 이처럼 발전된 환경에 적응하기 위해 의식적 변화를 요구하였으며, 그 결과 과거에는 비교적 간단하게 해결되던 많은 도덕적, 윤리적 논의들이 보다 복잡하고 혼란스러운 문제로 전환되게 된 것이다.

결과적으로, 앞서 말한 세 요인들에 의해 오늘날 개인의 삶과 죽음에 관한 논의는 그 경계에 대한 불확실성만이 점차 커지고, 근본적인 해결책을 찾는 데 어려움을 겪게 되었다.

1) 윤리적 사고 단계

인간의 생명을 연장시키기 위해서라면 가능한 모든 의학적 치료를 행해야 하는가, 아니면 희망이 없는 환자의 죽음을 연장시키는 의학적 치료를 멈추어야 하는가? 이러한 의문들은 사회와 개인의 윤리적 판단과 행동을 요구하며, 동시에 윤리적으로 행동하는 것이 어떤 것인가를 생각하게 만든다. 이처럼 윤리적인 결정을 해야 할 상황에 노출되었을 때, 대부분의 사람들은 나름대로 판단을 하고 그에 따른 행동을 한다. 보샹(Beauchamp)과 차일드레스(Childress)는 윤리적 판단과 행동에 이르는 과정을 다음과 같이 4단계로 제시하였다([그림 12-1] 참조).[4)]

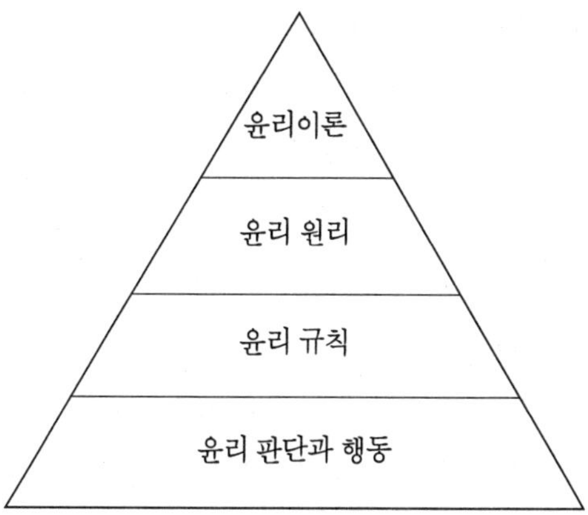

[그림 12-1] 윤리적 사고의 네 단계

출처: Beauchamp & Childress(1979).

(1) 윤리적 판단과 행동(ethical judgements & actions)

윤리적 사고의 첫째 단계에서 특정한 윤리적 상황에 노출되어 행동 결정을 해야 할 때, 그 판단은 윤리적 규칙에 근거한다. 그 규칙은 원리에 기본을 두고 있으며, 이는 결과적으로 윤리이론에서 파생되어 합리화된 것이다.[5)] 결국 윤리적 판단은 옳고 그름을 구별하게 하는 윤리적 규칙에 근거하여 결정되며, 이 결정을 기본으로 하여 어떠한 행동을 취하거나 그렇지 않게 된다.

(2) 윤리 규칙(ethical rules)

윤리 규칙은 윤리적 사고의 둘째 단계로서 윤리 원리를 근거로 구체적인 성격을 지니고 있으며, 한 가지 원리에서 여러 규칙이 나온다. 예를 들면 의료인의 환자에 대한 '비밀 보장 또는 신의'의 규칙은 환자에게 해를 입혀서는 안 된다는 무해성의 원리에 기인한 것이라 할 수 있다.

(3) 윤리 원리(ethical principles)

윤리 원리는 일반적이며 기본적인 진리로서 윤리이론에 근거한 것이다. 윤리 원리는 누구나 잘 알고 있는 보편성을 지닌 관계로 공적으로 쉽게 표현된다.

(4) 윤리이론(ethical theories)

윤리적 사고의 가장 마지막 단계인 윤리이론은 가장 이론적이며 보편적인 수준의 윤리적 판단과 사고다. 따라서 윤리 규칙과 윤리 원리의 기본적인 체계가 되며 개인, 집단, 사회의 도덕규범과 규범이론을 제시하기도 한다.

이러한 4단계의 사고체계는 구체적이며 특정한 것을 의미하는 윤리 판단과 행동에서 추상적이며 보편적인 윤리이론으로 옮겨 가는 것으로 표현되고 있다. 윤리이론은 의학을 포함한 생활의 전반적인 부분을 포괄하는 것이다. 이 장에서는 그 가운데 환자의 생명과 죽음에 관한 윤리적 판단과 행동에 근거가 되는 구체적인 의학 관련 윤리 원리와 윤리 규칙에 관해 소개하고자 한다.

2) 의학적 윤리 원리와 윤리 규칙

(1) 의학적 윤리 원리

현대적인 의료서비스가 발달되기 시작한 이래 환자의 생명과 죽음을 다루는 의료체계에 종사하는 전문가들은 자신의 업무를 수행해 나갈 때 다양한 윤리적 문제 상황에 직면한다. 이러한 상황에서 전문가들이 윤리적 의사결정을 하는 데 근거가 되는 중요한 기본 윤리 원리로는 자율성의 원리, 무해성의 원리, 선행의 원리 그리고 정의의 원리가 있다.[6)]

- 자율성(autonomy)의 원리: 이 원리는 개인의 자신에 대한 통제의 권리를 의미하는 것으로, 흔히 자기 지시, 자유 그리고 개인의 독립성과 자주성을 행사하는 것을 말한다. 이러한 개인의 자율성은 국가 및 지역 사회라는 이름하의 권리와 타인이 자신의 자율성을 행사할 권리 등에 의해 제한을 받는다.[7)] 한 예로 국외 여행자는 비자를 받기 전에 그 나라에서 요구하는 예방접종을 해야만 한다. 즉, 여행자의 자율성은 더 큰 지역 사회에 의해 부과된 공적 건강에 대한 관심에 의해 제한되는 것이다. 개인은 또한 자신의 자율성을 행사할 때 있어서 스스로 그 범위를 제한할 수도 있다. 따라서 개인의 자율성에 대한 정의와 범위는 매우 복잡하며 모호하나, 제한된 범위 내 자율성의 원리는 '인간에 대한 존경'을 증진시키면서 사람들이 의료적 체계와 타협하고 협조하는 것을 돕는다.[8)]
- 무해성(nonmaleficence)의 원리: 이 원리는 고의적으로 해를 끼치거나 해가 될 수 있는 위험을 피하는 것을 의미한다. 그러나 대부분의 경우 해가 될 위험성과 고의적으로 해를 가하는 것과의 차이는 매우 모호하다.[9)] 예를 들면 의사가 환자의 치료를 위해 검증된 어떤 치료법을 적용하였으나 예상치 못한 여러 가지 부작용으로 환자에게 해를 끼치

게 되는 경우가 있다. 이때 무해성의 원리에 따르면 그 치료는 즉시 중지되어야 하며, 의사들은 환자에게 해가 되는 어떠한 행위도 해서는 안 된다. 이러한 무해성의 원리에는 이중 효과(double effects)의 원리가 존재하며, 이는 행동의 결과가 해를 끼치는 것으로 나타났을지라도 행위의 의도가 윤리적으로 정당한 경우에 적용되는 원리다.

- 선행(beneficence)의 원리: 이 원리는 타인을 돕기 위해 적극적인 행동을 하는 이타적이고 포용적인 것으로, 선을 행하는 하나의 의무이며 윤리다.[10] 따라서 선행의 원리는 선을 지향하고, 동시에 선을 행할 것을 요구한다. 이러한 맥락에서 선행의 원리가 제시하고 있는 선행에 관한 네 가지 핵심은 해나 악을 가해서는 안 되며, 이를 방지하고, 악을 제거하며, 마지막으로 선을 행하고 이러한 행위를 강화해야 한다는 것이다.
- 정의(justice)의 원리: 이 원리는 흔히 자원의 공정한 분배에 관한 것이다. 인간의 권리, 물질, 의료 혜택 등이 공정히 분배되어야 하는데도 현실 사회에서는 각기 달리 분배되고 있다는 것을 전제로 한다. 정의의 원리에서 정의는 평등이나 공평과 같은 질의 개념과 함께 권리와 의무의 실천을 포함하고 있다. 이는 개인의 감정, 편견 그리고 갈등하는 이익에서 적절한 균형을 찾으려는 욕구의 차원을 넘어선 것을 의미한다.[11] 정의는 합법적 의무와 권리라 할 수 있으며, 정의의 원리에서 고려의 평등(equality of consideration)이나 법 앞의 평등과 같은 견해가 논의된다.

(2) 의학적 윤리 규칙

윤리 규칙은 윤리 원리에 근거한 하위 개념으로서 하나의 윤리 원리에서 다양한 윤리 규칙이 나올 수 있으며, 보다 구체화되어 있다. 의료체계에서 의료 전문가들과 환자와의 관계에서 흔히 논의되는 윤리 규칙으로는 정직, 신의, 성실의 규칙이 있다.[12]

• 정직(veracity)의 규칙: 이 규칙은 의사가 환자에게 가지는 진실성에 관한 것으로서 의료진들은 환자에게 진실을 말할 의무를 가진다. 정직이 규칙에 포함되는 것은 다른 사람을 존중하고, 선을 위해서 진실된 것만 말해야 하며, 거짓말이나 속임수는 쓰지 말아야 한다는 것을 의미한다. 이러한 규칙은 현실적으로 의료진을 포함한 사회복지사, 임상심리사, 상담가, 법률가 등 다양한 영역의 전문가들이 클라이언트에게 지켜야 할 진실성(genuiness)의 규칙과 같은 원리에 근거한 것이다. 또한 정직의 규칙은 의료진들이 환자에게 전문가로서 일관된 태도를 유지할 것을 지시하며, 그 결과 환자가 의료진에게 높은 신뢰를 가지도록 원조하게 된다. 정직하기 위해서는 선행과 무해성, 정의와 같은 독립적인 원리가 함께 적용되어야 한다. 또한 이 원리는 인간 존중의 원리와 성실의 규칙에도 부합되어야 한다.

• 신의(confidentiality)의 규칙: 이 규칙은 흔히 의료인들이 환자에 대한 정보를 누설하지 않아야 한다는 비밀 보장의 규칙으로, 환자에 대한 인격 존중과 사생활 보호에 대한 의료인의 의무라고 할 수 있다. 신의의 규칙은 히포크라테스와 의료법에도 그 내용이 명시됨으로써 그 중요성이 강조되고 있으며, 의료인을 포함한 다른 전문 영역인 법률가, 사회복지사, 상담가 등의 분야에서도 전문인이 클라이언트에게 지켜야 할 중요한 윤리 원칙으로 자리 잡고 있다. 그러나 비밀을 지키는 것이 환자나 또 다른 제삼자에게 해가 되는 경우와 같은 특정한 상황에서는 이 규칙 때문에 윤리적 결정을 내리는 데 갈등을 야기하기도 한다.

• 성실(fidelity)의 규칙: 이 규칙은 자율성의 원리와 독립성에서 나온 것으로서 규칙 중 가장 강한 특성을 지니고 있으며, 환자와 의료진과의 관계 형성을 위한 가장 기본적인 근거가 되는 규칙이다. 의료인들과 환자들의 계약관계에서 기본적인 윤리 규칙으로서 인간 사회와 인격

간의 존재방법의 한 가지인 성실은 약속 이행과 거의 동일한 의미로 사용되기도 한다.[13)]

2. 윤리적 논쟁의 유형

앞서 살펴본 바와 같이 의학 기술의 발달은 인간의 삶과 죽음에 지대한 영향력을 미치게 되었으며, 따라서 많은 윤리적 문제가 대두되고 있는 것이 현 시대적 상황이다. 여기에서는 과학 기술의 발달에 의한 인간의 삶과 죽음에 관련된 다양한 윤리적 이슈 중 대표적인 인공유산과 안락사, 장기기증 등을 중심으로 논의하고자 한다.

1) 인공유산

모체가 임신을 하여 태아를 갖게 된 후 출산에 이르지 못하게 되는 것에는 다양한 상황이 존재한다. 이것은 태아나 모체의 건강상의 이유로 자연히 발생되는 낙태를 의미하는 자연유산(spontaneous abortion)과 태아가 모체 내에서 충분히 성장하기 전에 외적인 수단으로 임신을 종결시키는 임신중절(abortion)로 나뉜다. 그리고 인위적인 임신중절은 임신 때문에 모체의 건강에 위험이 가해지거나 앞으로 태어날 아기에게 중대한 결함이 있는 것으로 의학적 판단이 되는 경우에 시행되는 치료 목적을 지닌 인공유산(therapeutic abortion)과 이러한 의학적 판단에 근거한 것이 아닌, 부모의 의사에 따라 행해지는 임의의 유산(criminal abortion)으로 나눌 수 있다.[14)]

최근 우리나라에서는 미혼 여성의 임의의 인공유산 실태가 날로 증가하고 있다. 이러한 인공유산의 만연 사태에 대해 김중호는 자녀를 적게 가지려는 고정관념, 임신과 피임에 대한 지식 부족, 제한적 인공유산만을 허락하는 법의 오용 및 악용을 들고 있다. 그 밖에도 유교적 전통에 근거한 강한 남아선호사상, 태아를 생명으로 인식하는지의 여부에 따른 윤리 · 도덕적 기준 등을 들 수 있다. 우리나라에서는 제한적인 인공유산만을 법적으로 허용하고 있다. 그러나 현실적으로는 인공유산이 쉽게 행해지고 있으며, 그에 대해 법적으로 처벌된 경우 또한 거의 없는 상황이다. 최근 심각한 문제로 부각된 저 출산율 때문에 인공유산에 관한 사회적 논의가 시작되었으나, 이는 태아의 생명 존중의 원리보다는 사회적 이익에 근거한 것이라 할 수 있다.

인공유산에 대한 논쟁은 흔히 인간의 생명이 언제부터 시작되는가 하는 의문에서 시작한다. 즉 인간 생명의 시작에 대한 정의에 따라 모체에서 생존하는 태아가 독립된 생명체로 인정될 것인가의 여부가 결정되며, 이는 궁극적으로 인공유산의 윤리성과 정당성을 결정하는 중요한 근거가 된다. 즉 태아가 독립된 생명체로 인정되면 인공유산은 살인 행위가 되지만, 태아가 모체의 일부로 생각되는 경우 인공유산은 여성들이 자신의 생식력과 신체를 자율적으로 관리할 수 있다는 근거하에 그 윤리성과 정당성을 인정받게 된다. 태아가 독립된 존재인가에 대한 여부는 학파마다 다른 관점을 제시하고 있다. 여기에서는 유전학파와 발달학파, 사회결과학파에서 제시하는 정의를 소개하고자 한다.[15)]

유전학파에서는 인간의 유전인자를 지닌 그 순간 모든 존재는 인간이라는 관점을 제시하며, 따라서 태아는 임신되는 그 순간 인간으로 규정해야 한다고 주장한다. 반면에 발달학파에서는 인간에 대한 전체적인 관점을 제시하면서, 태아가 독립된 생명체로 인정받기 위해서는 어느 정도 발달이 이루어져야 한다고 주장한다. 즉, 태아가 지닌 유전자적 잠재력과 환경의 상호작용을 통해 태아가 자신의 정체성 확립을 위한 발달이 이루어진 상황에서 독립된 개체로 인정될 수 있다는 관점을 제시하고 있다. 마지막으로 사회결과학파는 유전적, 발달적 측면에서 인간을 정의하는 것이 아니라 사회적 맥락에서 인간을 정의한다. 따라서 이 학파는 언제 인간으로 규정하는가에 대한 대답을 언제 인간적인 생명이 시작되는가에 관련된 것이라고 주장한다. 즉 태아가 독립된 인간인가에 대한 여부는 이 결정이 사회적으로 어떠한 영향을 가지는가에 대한 결과에 의해 결정되며, 따라서 태아를 인간으로 정의하는 것이 사회적 문제를 야기하지 않을 경우 태아는 인간으로 규정될 수 있다는 관점이다.

이런 학파들은 태아를 정의하는 데 각기 다른 관점을 제시하고 있다. 따라서 어느 학파의 정의를 채택할 것인가에 따라 인공유산에 대한 윤리성과 정당성은 달라질 것이다. 그러나 사회적으로 어느 관점을 채택하든지 간에 사회 구성원들의 전체적 합의가 전제되지 않는 한 인공유산에 대한 논쟁은 계속될 것으로 전망된다.

2) 안락사

안락사(euthanasia)는 '고통과 통증이 없는 편안한 죽음'을 의미하는 것[16]으로, 현대 사회에서는 극도의 고통을 없애거나 의료적 기구에 의존한 생명 연장을 멈추기 위해 의학적 개입을 통한 죽음을 의미한다.[17] 안락사는 여러 학자들에 의해 다양하게 논의되고 있는데, 일반적으로 안락사에 개입하는 시행자의 행위와 당사자의 의사 정도에 따라 분류되고 있다. 이를 구체적으로 살펴보면, 다음과 같다.[18]

(1) 적극적 안락사(active euthanasia)

개인의 죽음을 의도적으로 서두르기 위한 행위를 의미하는 것으로서 작위적 안락사라고도 하는데, 다른 개인의 생명을 끝내기 위한 고의적 행동을 내포한다.[19] 일반적으로 고칠 수 없으며 통증이 심한 병으로 고통을 받고 있는 사람을 죽이는 의도적인 행동으로 이해된다. 예를 들면 말기 자궁

암을 가진 20대 여성이 더 이상 통증을 참을 수 없는 상황에서 자신의 불행을 끝내기 위해 의사의 원조로 죽음을 앞당긴 경우를 들 수 있다.

적극적 안락사에서 개인의 죽음에 고의적 행동을 취하는 것 외에 또 다른 윤리적 이슈로는 당사자의 의사가 있다. 당사자의 의사에 따라 안락사는 자의적 안락사(voluntary euthanasia), 임의적 안락사(nonvoluntary euthanasia), 타의적 안락사(involuntary euthanasia)로 나눌 수 있다. 먼저 자의적 안락사는 환자의 요구에 의해 환자가 아닌 다른 사람들이 환자의 생명을 의도적으로 끝내는 것을 말한다. 현장에서는 주로 결정을 할 수 있는 정상적인 환자가 죽는 것에 대한 직접적 원조를 요청하거나, 환자가 자격 있는 의료진들에게 원조를 받는 것을 의미한다. 임의적 안락사는 환자가 의사 표현이 불가능하거나 의사 표현은 하지만 외부 전달이 불가능한 경우에 흔히 발생하는 것으로, 대리인이 환자의 생명을 끝내도록 의사에게 요구할 때 발생한다. 마지막으로 타의적 안락사는 환자의 동의 없이 의료진들에 의해 행해진 환자의 죽음을 일컫는다. 이것에 대한 예로서 악명 높은 나치의 의학적인 살인 프로그램을 들 수 있다.

(2) 간접적 안락사(indirective euthanasia)

고통을 줄이기 위한 의도적인 어떤 행위가 결과적으로 죽음을 가져올 것이라는 것을 예측하면서도 이를 행하여 죽음에 이르게 하는 것이다. 흔히 결과적 안락사라고 하기도 하며, 의사에 의해 원조된 자살(physician-assisted suicide: PAS)도 여기에 포함된다.[20] 원조된 자살은 누군가에게 자살을 범할 수 있는 수단을 제공하는 것을 의미하며, 동시에 수혜자가 이를 자신의 생명을 끝내기 위해 사용할 목적이라는 것을 알고 있음을 의미한다. 즉 의사는 의도적으로 환자의 외부적인 요구에 의해 치명적인 약이나 다른 개입방법을 제공함으로써 환자의 죽음을 원조하며, 환자는 자신의 생명을 끊기 위해 그것을 사용하는 상황을 말한다. 따라서 의사가 아닌 환자가 치명적인 양의 약을 섭취한다. 미국에서는 이와 같이 의료인에 의해 원조된 자살이 국가적 차원의 이슈로 대두되었으나, 공식적으로는 허용하지 않고 있다.[21)]

(3) 소극적 안락사(Passive Euthanasia)

소극적 안락사는 환자가 더 이상 고칠 수 없는 질병을 가지고 있고 생명 유지를 위해 치료는 계속되어야 하는 상황에서 치료를 하지 않거나 멈추는 것을 방관하는 것으로, 부작위적 안락사라고도 한다. 즉, 소극적 안락사는 생명을 연장시키거나 죽음을 지연시킬 수 있는 어떠한 치료도 거부하면서 개인이 자연적으로 죽는 것을 선택하도록 의료진이 방치하는 것을 의미한다.[22)]

안락사의 분류와 관계없이 이러한 안락사는 의학의 발달과 함께 계속적으로 논쟁되어 왔다. 안락사를 찬성하는 사람들과 이를 반대하는 사람들은 나름대로 윤리적 원리를 들면서 의견을 정당화하려는 노력을 하고 있다. 안락사에 찬성하는 사람들은 불치병으로 고통 받는 환자의 경우, 죽음은 결과적으로 피할 수 없는 것이므로 계속적인 치료를 통해 환자의 고통을 연장시키고 그 가족들에게 정신적, 경제적 부담을 지우기보다는 고통을 빨리 종식시키는 것이 자비로운 행위라고 주장한다. 특히 환자의 고통을 덜어 주는 것은 의료인의 의무에 해당하며, 이러한 측면에서 안락사는 비윤리적인 행위가 아니라고 주장한다. 또한 자신의 생명에 대한 권리는 개인의 기본적 권리인 자율성과 독립성에 관한 것이기 때문에 환자의 개인적 권리를 보장하여야 한다고 말한다. 그러나 안락사에 반대하는 사람들은 환자의 고통과 가족의 부담을 경감시키기 위해 안락사를 허락한다면, 수많은 생명이 죽게 되는 등의 많은 비윤리적인 일들이 발생하게 될 것이라고 주장한다. 특히 인간의 생명을 보호하고 치료하는 의료진들이 환자의 죽음을 직 · 간접적으로 원조하게 됨으로써 생명 존중의 가치가 경시되는 사회적 풍토를 조장할 수 있다고 말한다.

안락사에 찬성하거나 반대하는 견해 모두 윤리적, 사회적 문제를 유발할 가능성을 지니고 있다. 먼저 안락사에 찬성하는 견해는 인간의 생명이 지니는 고유한 내적 가치나 원천적 가치를 무시하는 경향이 있다. 이는 사회에 기여할 수 없고 질적인 삶을 영위할 수도 없는 인간의 생명을 무가치하게 여김으로써 인간 생명의 도구적 가치만을 강조한다. 그러나 인간의 생명은 무한한 가치를 가지며, 어느 상황에서도 사회적으로 생존권을 보호받을 권리를 지닌다. 반면, 안락사를 반대하는 견해는 이러한 인간 생명의 내재적, 본래적 가치를 강조함으로써 생명을 유지할 수 있는 모든 치료는 의무적으로 수행되어야 한다고 주장한다. 하지만 생명 유지를 위한 치료가 의무가 될 경우 인간의 삶은 단순히 생명 보존의 의미만을 지니게 되므로 생명 유지 이상을 의미하는 삶의 질을 논하기는 더욱 어렵게 된다.

서구의 경우 안락사에 관한 논쟁이 활발해지면서 당사자인 환자의 의견이 얼마나 반영되었는가에 초점을 둔다. 환자가 자발적으로 안락사를 원할 경우에는 허용해야 한다는 의견이 제시되는 것이다. 한 예로, 네덜란드는 안락사를 가장 많이 수용하고 있는 나라 중 하나인데, 이곳의 의사들은 합법적으로 죽음을 요구하는 환자에게 치명적인 주사를 주고 있다.[23)] 특히 말기질환의 존재, 죽는 것에 대한 환자의 자발성, 환자가 참기 어려운 고통 상태에 있다는 것에 대한 증명 및 다른 의료진의 견해를 포함한 경우에는 안락사 시행을 허가하고 있다. 그러나 이러한 상황에서도 여전히 윤리적 의문은 존재한다. 비록 동기가 선하며 도움을 주기 위한 목적하에 행위가 취해졌다고 할지라도, 다른 사람의 생명을 끝내기 위해 타인이 적극적으로 개입하는 것은 범죄라고 할 수 있기 때문이다.

3) 장기 기증

스스로 살 수 있는 희망이 거의 없는 환자를 구하는 가장 극적인 의학적 기술 중 하나가 바로 이식이다. 이식이란 신체 조직이나 장기의 한 부분 또는 전부를 절제하여 자신이나 다른 환자에게 옮겨 주는 것을 의미하며, 이러한 장기나 조직 이식의 목적은 이식된 부분을 환자가 기능적으로 통합하여 생명을 유지할 수 있도록 원조하는 데 있다.[24)]

장기 이식은 1951년 미국 보스턴에서 데이비드 흄이 사체 기증자의 신장 이식을 시행한 것으로 시작되었고, 1954년 보스턴의 Peter Bent Brigham Hospital에서 일란성 쌍생아에게 생체 제공에 의한 신장 이식 수술에 성공하였다. 그 후 장기 이식술은 일반화되기 시작하였으며, 현재 세계 여러 나라에서 시행되고 있는 보편화된 의학 기술이 되었다. 한국에서는 1969년 가톨릭의대 부속 병원에서 처음으로 신장 이식 수술을 시행한 이후 신장 이식 수술은 보편화되었으며, 1988년 서울대학교병원에서는 간장 이식 수술을 실시하기도 하였다.[25)] 그러나 뇌사자에게서의 장기 공급 여건이 충분치 않은 관계로 다른 장기 이식 수술은 보편화가 늦어지고 있는 실정이다. 이와 같이 장기 이식이 세계 각국에서 활발하게 시행됨에 따라서 예전에는 존재하지 않았던 법적, 윤리적 문제가 발생하고 있으며, 그에 따른 논란이 계속되고 있다. 이러한 맥락에서 장기 이식과 관련된 주요한 윤리적 논의를 살펴보면 다음과 같다.

첫째, 의학적으로 환자가 가진 질병을 치료하기 위해 장기 이식이 최선의 방법인가를 숙고해야 한다. 즉 장기 기증 이외의 치료 대안이 존재하는지 살펴보고, 만약 존재한다면 어느 것이 장기 기능의 회복을 위해 가장 효과적인가를 결정해야 한다. 즉, 이식을 위한 이상적인 대상자는 이식 없이는 죽을 것 같은 사람이다. 특히 장기 이식을 결정할 때 앞으로 생존 가능 기간이나 생명의 위험도를 정확히 고려할 필요가 있다.[26)]

둘째, 장기 이식의 필요성이 결정된 이후에는 기증자가 생존자인가 아니면 사체인가에 따라서 다른 윤리적 문제가 발생할 수 있다.[27)] 생존한 기증자에게서 장기를 떼어 낼 때, 기증자의 생명에 부정적 영향을 주는 어떤 처치도 해서는 안 되며, 그 윤리적 선은 다소 분명하다고 할 수 있다. 그러나 기증자가 죽은 후에 장기를 기증하고자 한다면, 죽음의 정의와 판정은 문제가 된다. 특히 장기 기증은 장기가 그 기능을 상실하기 전에 이루어져야 하는 특성을 지니게 되므로, 많은 나라에서 비가역적인 자기 호흡 정지 및 뇌 기능 정지 등을 죽음의 판단 기준으로 채택하고 있는 실정이다. 한국에서는 2000년 2월부터 '장기 등 이식에 관한 법' 이 시행되었으며, 이를 통해 뇌사를 인정하고 있다.

셋째, 장기 이식이 활발해진 이래 가장 윤리적 문제로 대두되고 있는 것 중의 하나는 장기 매매다. 장기 기증자의 사망 여부와 관계없이 자신의 신체 중 일부분을 파는 것은 불법이다. 그러나 현실적으로 많은 사람들이 기증된 조직이나 장기를 기다리며, 어떤 사람은 기다리다 죽는다. 통계에 의하면 매일 약 60여 명의 사람들이 조직 이식을 받는 반면, 약 16명의 사람들은 이식을 기다리다 죽는 것으로 확인되었다.[28] 이러한 현실 상황에서 장기의 수요와 공급의 불균형은 장기 매매로 연결되고 있으며, 아직도 보이지 않는 많은 곳에서 장기 매매를 위한 '검은 시장' 이 형성되어 있는 실정이다. 이러한 측면에서 어떤 이들은 장기 매매의 합법화를 주장하고 있으나, 이것이 합법화될 경우 인간의 신체는 상업화의 대상이 되며, 그에 따라 인간의 신체가 시장의 원리에 의해 가치를 결정받게 된다. 이는 윤리적 측면에서 공정한 분배의 문제와 인간 존엄성에 대한 문제를 야기하게 된다. 미국의 경우 1984년 국가 장기 이식 법령(National Organ Transplant Act)을 제정하였으며, 이 법령하에서 피를 제외하고 인간의 조직과 피부를 팔거나 사는 것은 불법으로 규정하고 있다. 그리고 국가 장기 분배 통합망(The United Network for Organ Sharing)은 이식을 기다리는 사람들의 명단을 보관하여 모든 기증된 조직들의 상태와 공정한 분배, 조직 이식을 행하는 의료센터의 유능성을 보장 · 감독하고 있다.[29]

장기 이식이 의학적 치료 시술로 보편화되기 시작하면서 위에 기술한 바와 같이 다양한 윤리적 문제에 직면하게 되었다. 또한 장기 이식의 시술은 죽음에 대한 새로운 정의를 제시하였으며, 이에 대한 법적 개입을 요구하게 되었다. 현실적으로 대부분의 이식될 조직의 기증자들은 법적으로 죽었으나, 이식될 조직이 제거될 때까지 인공적으로 삶이 유지된다. 이러한 경우 죽음의 결정 시기와 이식을 위해 죽은 이의 조직을 언제 제거하는 것이 가능한지를 결정하는 것은 또 다른 윤리적 이슈가 될 것이다.

이에 대해 넬슨(J. Nelson)은 장기 이식에 관한 윤리적 결정과 판단을 원조하기 위한 윤리적 기준을 아래와 같이 제시하였다.[30]

첫째, 장기 이식이 환자를 치료하는 데 최후의 수단이어야 한다.

둘째, 장기 이식의 일차적 의도는 환자의 복지여야 한다.

셋째, 수술받는 환자의 자유로운 동의가 있어야 한다.

넷째, 무고한 사람들을 보호해야 한다. 여기서 무고한 사람들이란 환자 가족과 장기 기증자를 말한다.

다섯째, 비례(proportionality)의 원칙을 지켜야 한다. 즉, 치료 비용을 능가하는 유익을 얻어야 한다.

4) 환자의 권리

환자의 치료와 관련하여 환자의 개인적 권리는 크게 치료에 대한 동의권, 치료를 거부할 권리, 죽음을 선택할 권리로 분류할 수 있다. 이 세 권리는 분리된 것이 아니라 환자의 치료와 관련하여 서로 강하게 연관되어 있으며, 이를 구체적으로 살펴보면 다음과 같다.

첫째, 환자와 의사의 관계는 각자 원하는 치료 결과를 달성하기 위해 구조화된 행동을 행하기로 동의한 계약에 기반을 둔 것이라고 할 수 있다.[31] 이러한 측면에서 환자가 자신의 질병과 치료 방향에 대한 충분한 정보를 가진 후에 이루어지는 환자 동의는 의사-환자 간의 계약에서 기본적인 것으로 간주된다. 이와 같이 이론적으로는 환자가 자신의 질병에 대해 충분한 정보를 가지고 치료 방향에 대해 동의하는 것이 매우 중요한 권리로 인식되고 있다. 그러나 현실적으로 치료 현장에서 전문가인 의사의 견해에 동의할 때 자신의 질병에 대해 충분한 정보를 가지고 있는 사람은 매우 드물다. 특히 의료 현장에서 일어나는 치료의 대부분은 전문적 지식 없이는 결정을 내리기 힘든 상황이므로, 의료진의 견해를 따르는 것이 환자의 회복에 대한 최선책이라는 믿음하에 자신의 동의권을 인식하지 못한 채 의사의 판단에 과잉 의존하는 경향이 있다. 이런 경우 물론 환자의 질병이 경미한 경우에는 문제가 되지 않는다. 그러나 병이 심각할 경우 잠재적인 위험과 이익을 지닌 다양한 치료방안이 제시될 수 있는데, 이때 치료 방향에 대한 환자의 동의권은 매우 중요한 의미를 지니게 된다. 따라서 환자의 동의권과 관련하여 다음과 같은 윤리적 문제가 제기될 수 있다.

먼저 환자가 결정할 수 있는 근거가 되는 충분한 정보는 어떻게 구성되어야 하는가에 관한 의문이다. 환자가 치료 방향에 대한 동의권을 행사하기 위해서는 진단에 대한 완전한 공개가 필수적이다. 그러나 진단에 대한 완전한 개방이 어떤 환자에게는 회복에 도움이 되지만, 다른 환자에게는 방해물이 될 수도 있다. 환자에 따른 이러한 차이는 의료진들에게 딜레마를 제공한다. 더욱이 종종 환자의 가족 구성원들도 진단의 노출에 대해 자신들의 의견을 가지고 있으며, 이는 환자의 동의권에 관한 의학적 결정을 더욱 혼란스럽고 복잡하게 만든다. 예를 들면, 흔히 암으로 죽어 가는 환자의 배우자가 의료진에게 환자에게 병에 대해 말하지 말 것을 요구하는 경우다. 배우자의 관점에서는 자기가 의사보다 환자를 더 잘 알며, 자신이 아는 환자는 병을 알게 되면 삶을 포기할 것이라고 주장한다. 이런 경우 의료진들에게 배우자의 '간섭' 은 환자의 동의권과 자율권에 대한 침해를 의미하며, 윤리적 결정을 내리는 것을 더욱 복잡하게 한다. 이와 같이 모든 관련된 대상을 만족시키는 해결책을 찾는 것은 매우 어려운 일이다.

환자의 동의권과 관련된 또 다른 윤리적 문제로는 환자의 치료 방향에 대한 선택을 전적으로 환자의 동의권에 의지하는 것에 과연 위험성이 없는가에 관한 논의다. 특히 환자가 스스로의 회복을 위해 최선의 결정을 할 수 있는 능력이 없는 상황에 노출되어 있을 때, 문제는 더욱 복잡하고 심각해진다. 이러한 측면에서 미국에서는 환자의 유능성, 자율성, 치료에 대한 충분한 이해를 법적인 근거로 제시하며, 요건이 만족되지 않을 때는 환자의 동의권을 가장 가까운 가족이나 유언자에게 의뢰하도록 되어 있다.[32)]

둘째, 치료에 대한 거부권은 자율적으로 결정을 내릴 수 있는 능력이 있는 환자가 치료를 원하지 않을 때 거절할 수 있는 권리다. 이것은 치료를 시작하지 않거나, 시작한 후 그만둘 수 있는 것을 의미한다. 자신의 생명유지를 위한 치료에 대한 사전 선택은 반대로 생명의 연장을 위한 치료의 거절도 포함된다. 현실적으로 치료를 거절할 권리는 환자가 의사소통이 가능하지 않을 때조차도 환자가 사전에 의사 표현을 함으로써 법적으로 보호될 수 있다. 미국의 경우 대부분의 주정부는 환자가 자신의 치료 거부권을 행사할 수 있게 하기 위하여 의사 표현을 할 수 없는 환자들도 미리 치료에 대한 자신의 의견을 문서화하는 것을 허가하며, 그 문서를 개인의 권리 행사로 인정한다.

마지막으로 환자가 자신의 죽음을 선택할 권리를 가지는 것에 대한 논의다. 이는 주로 환자가 치료를 거부하여 죽는 것을 인정하는 것과 환자의 죽음에 의사가 적극적으로 개입하여 죽는 것을 원조하는 것과 관련된다.[33)] 이러한 논의는 앞서 안락사의 윤리적 논의에서 설명한 바 있다. 대부분의 윤리학자와 의사들은 환자의 죽을 권리에 대한 논의에서 환자가 치료를 거부할 권리에 대해 찬성하고 있다. 특히 불치병의 상황에서 의료적 도구에 의해 생명을 유지할 수 있는 치료를 하지 않거나 그만두었을 때, 이는 안락사의 유형에 속하기보다는 차라리 자연에 그 과정을 맡기는 것으로 간주할 수 있다고 본다. 궁극적으로 죽는 것을 허락하는 것이라는 인식이다. 맡기

질환자의 계속적인 삶의 연장이 이익보다 고통이 더 클 때, 개인은 '죽을 권리'를 가진다고 주장한다. 기계와 튜브에 둘러싸여 있는 환자는 이미 인간이라기보다 의학적 기술의 대상일 뿐이다. 이때 환자는 스스로 질식하기 위해 휴지를 삼키거나 코와 혈관에서 튜브를 빼는 등 의미도 없는 삶과 죽음의 게임에서 죽음을 선택하기도 한다. 이와 같이 환자의 죽음이 자명한 상황에서도 생명 존중이라는 맥락하에 무익한 치료가 계속되어야 하는지, 또한 환자가 식물 상태로 머물고 있는 상태에서의 치료가 의미있는 것인지에 대한 의문이다. 이에 대한 명확한 해답이 나온다면 이는 여전히 사회적 이슈 중 하나로 남아 있는 환자의 죽을 권리에 대한 윤리적 의문에 대한 답을 제공하는 데 기여할 수 있을 것으로 생각된다.

의학 기술은 생명 유지에 기적적인 가능성을 제시하는 것 같다. 하지만 환자의 삶의 질에 단순히 생명을 유지하는 의료 기술들이 과연 어떠한 영향력을 가지는지, 그리고 생명을 유지하기 위해 비용에 상관없이 모든 수단과 방법을 활용하는 것이 과연 정당한지에 대해서는 의문의 여지가 있다. 물론 현대 사회의 발달된 의학 기술에 의해 삶을 위협하는 질병에서 죽음의 순간을 늦추는 것이 가능하게 됨으로써 과거 운명의 영역이었던 것이 이제는 인간 선택의 문제가 되고 있는 것은 사실이다. 그리고 그 결과 죽음에 대한 개인 선택의 권리를 고려하는 단계에까지 이르게 되었다. 이러한 변화에 대해 도허티(Dougherty)는 죽음을 선택할 개인적 권리에 대한 과다한 강조 때문에 인간 경험의 사회적 측면을 간과할 수 있다는 사실을 지적하였다.[34] 그는 개인이 언제, 어떻게, 어떠한 상황에서 죽을 것인가에 대한 선택은 더 큰 사회와 다른 사람들과의 관계 등을 포함하는 문화 속에서 형성되며, 사회의 일반적 맥락 안에서 개인의 죽음에 대한 선택권이 행사된다는 것을 강조하고 있다. 즉, 죽음에 대한 개인적 선택의 권리는 단순히 개인적 차원의 선택이 아니라 사회적 맥락에서 이해될 필요가 있다.

이것을 기억하자

- 의료 기술의 발전은 보건의료 현장에서 개인이 어떤 어려운 윤리적 결정을 해야 할 상황의 직면을 야기하였으며, 이러한 상황에서 의사 결정 시 적용될 수 있는 윤리적 사고 단계로는 윤리이론, 윤리 원리, 윤리 규칙, 윤리적 판단과 행동이 있다.
- 의학적 윤리 원리에는 자율성의 원리, 무해성의 원리, 선행의 원리, 정의의 원리가 있으며, 윤리 규칙에는 정직의 규칙, 신의의 규칙, 성실의 규칙이 있다.
- 의학 기술의 발달로 현대에는 인간의 삶과 죽음에 관한 다양한 윤리적 문제가 대두되고 있으며, 윤리적 논쟁의 대표적인 것으로 인공유산, 안락사, 장기 기증을 들 수 있다.
- 인공유산은 흔히 치료적 목적과 임의의 목적으로 구분되며, 인공유산에 대한 논쟁은 주로 임의의 인공유산과 관련된 것이다. 인공유산의 주된 논쟁은 인간의 생명이 언제부터 시작되는 것인가에 대한 답변에서 시작되며, 이러한 정의에 대해 유전학파, 발달학파, 사회결과학파에서 다양한 의견을 제시하고 있다.
- 안락사는 고통과 통증이 없는 편안한 죽음을 위해 의학적 개입을 하는 것을 의미하며, 구체적으로는 의도적으로 죽음을 야기하는 적극적 안락사, 어떤 행위가 결과적으로 죽음을 가져올 것이라 예측하면서 이를 행하는 간접적 안락사, 개인이 자연적으로 죽는 것을 선택하도록 의료진이 방치하는 소극적 안락사로 구분할 수 있다.
- 장기 기증은 환자를 구하는 가장 극적인 의학적 기술 중 하나로, 기증자의 생존 상태와 장기 매매 등의 윤리적 문제를 야기한다.
- 치료와 관련된 환자의 권리는 치료에 대한 동의권, 치료를 거부할 거부권, 그리고 죽음을 선택할 권리로 분류할 수 있으며, 이 세 권리는 분리된 것이 아니라 연관되어 있다.

〈과제〉

1. 윤리적 이슈

현재 의료 분야에서 대두되는 윤리적 이슈에 대한 당신의 생각을 적어라.

2. 생명을 유지하는 장치 사용

1) 가장 가까운 사람이 지금 병원에 누워 있는데, 생명 보조 장치를 달고 있다. 먼저 오른쪽 칸에 환자의 치료에 대해 어떤 선택을 하기 전에 당신이 고려해야 하는 요인에 대해 혹은 기계를 제거하는 것에 대한 결정을 할 때 고려할 요인을 적고, 왼쪽 칸에 그 중요성의 순위를 적어라. '전혀 중요하지 않음' 부터 10. '매우 중요함' 까지.

순위	고려할 요인
_______	1.
_______	2.
_______	3.
_______	4.
_______	5.
_______	6.
_______	7.
_______	8.
_______	9.
_______	10.

2) 위의 질문에 답변한 후 다음에 답하라.

- 의사는 환자가 회복할 가능성이 전혀 없다고 하며, 그 결정이 오로지 당신의 의사에 달려 있다면 어떻게 하겠는가?
- 당신의 결정에 대해 왜 그러한 선택을 했는지 자세히 설명하라.

제13장

영적인 이슈들

여러 가지 이유로 사람은 죽음에 대해 회피하고 덮어 둔 채 영원히 삶이 이어질 것처럼 이 세상의 것들에 몰두하여 살아간다. 반면 역시 여러 가지 계기와 이유로 인간은 이 세상에서의 삶이 유한한 것임을 깨닫고 죽음을 준비하며 이 세상을 살아가기도 한다. 이 세상에서의 삶의 유한성을 인식할 때 사람들은 보다 쉽게 영적인 이슈들과 만나게 된다. 사람들은 삶의 유한성을 인식할 때 '진정한 나는 누구인가?' '내가 이 세상을 살아가는 참된 의미는 무엇인가?' '죽음 다음에는 무엇이 있을까?' 와 같은 물음을 갖게 되는데, 이러한 질문에 대한 답을 찾는 과정에서 영적인 이슈들을 만나게 되는 것이다. 이러한 영적인 이슈들을 모두 잊고 다시 일상의 삶에 몰두하며 살아가게 된다 하더라도 죽음과 죽음 이후에 대한 생각을 하기 이전의 삶과는 질적으로 다른 삶을 살게 된다는 것은 여러 임사체험자들과 가까운 이를 잃는 과정에서 죽음에 대한 생각을 깊이 하게 된 많은 이들의 보고에 의해 밝혀진 사실이다. 이 책의 마지막 장인 이 장에서는 죽음의 마지막에 혹은 죽음 다음에 존재하면서 사람들을 영적인 이슈로 인도하는 '사후세계'에 대한 생각들을 알아보고, 죽음에 대한 사유와 깨달음이 인간에게 던지는 가장 귀한 선물인 내적 · 영적 성장에 대해 논의해 보기로 한다.

1. 죽음 너머에 있는 것

1) 사후세계에 관한 전통적 관점

(1) 그리스도교의 죽음과 사후세계 이해

먼저 사후세계에 관한 그리스도교의 관점을 살펴보자. 그리스도교를 지탱하는 가장 핵심적인 믿음은 예수의 죽음과 부활로 이어지는 '죽음 극복'에 관한 믿음이다. 바클리(W. Barclay)[1]는 "바오로가 본 바와 같이 다가올 삶에 관한 그리스도교인의 믿음은 예수 그리스도가 죽었다가 다시 살아났다는 사실에서 온다."라고 하였다. 그리스 철학에 담긴 보편적 이원론은 초기 그리스도교 사상에 계속하여 영향을 주었다. 영혼과 육체에 관한 이 이원론적 이해에서 영혼은 영원한 것, 죽음 후에 육체에서 떨어진 상태로 존재하는 인간의 한 부분으로 여겨졌다. 또한 그리스도교의 형성기 동안에 유대교 전통들과 고전적 문화의 철학적 유산들 사이에 끊임없는 상호작용이 이루어졌다. 개치(M. Gatch)는 이 시기에 대해 다음과 같이 말하였다.

> 부활 그리고 선민 사상은 계속 중요했다. 육체에서 떨어진 영혼의 내세라는 생각도 유포되어 있었으며, 이 생각은 영혼과 육체의 분리와 재결합 사이에 있는 일종의 내세라는 개념을 이끌어 냈다. 죽음을 '신에 의한 부활이 있을 때까지 계속되는 잠이 시작되는 것'으로 보기도 하고, '육체가 정지하기 시작하는 것'으로, 그리고 '영혼의 계속적인 삶이 시작되는 것'으로 보는 관점도 나타났다. 영혼의 본질은 여전히 명확히 규정되지 않은 채였다.[2]

시간이 흐르면서 개인 영혼의 운명 그리고 개인이 살아가면서 한 행위의 결과에 대한 관심이 점차 더 많아졌다. 교리는 연옥(purgatory)이라고 알려지게 된 중간 상태를 하느님과의 영원한 결합에 앞서 개인적으로 장애가 되는 것들을 모두 제거하고 정화를 할 기회를 제공하는 공간으로 수용하였다.

(2) 죽음, 사후세계에 관한 불교의 이해

불교의 창시자인 석가모니는 모든 인간이 죽는 존재라는 유한성에 대한 고민에서 출발하여 깨달음을 얻기 위한 정진을 시작하였다. 그리고 마침내 이 고민에 대한 답을 얻으면서 사람들을 가르치기 시작하였다. 이처럼 죽음은 불교의 가르침들에서 핵심적인 위치에 있다. 불교적인 정진의 궁극적인 목적은 해탈(nirvana)이며, 이것의 문자 그대로의 뜻은 연료가 떨어져서 불꽃이 사라지는 것과 같은 '소멸(extinction)' 이다. 캐플로(P. Kapleau)에 의하면 해탈은 '모든 무지와 열망이 소멸되고 재탄생의 원인인 모든 업(karma)이 해소된 후에 도달되는, 탄생과 죽음의 너머에 있는 절대적인 상태'다.[3)]

힌두교와 마찬가지로 불교는 분리된 자아의 환상(delusion)을 유지시키는 욕구와 갈망들을 끊어 버릴 필요가 있다고 가르친다. 모든 집착을 떨쳐냈을 때 탄생-쇠퇴-죽음의 끊임없는 회전인 업의 바퀴에 연료가 더 이상 주어지지 않는다. 해탈에 이르기 위해서는 탄생-죽음 그리고 죽음을 진리 각성의 수단으로 이용하는 것이 필요하다.

일본의 선불교 계통에서는 죽음을 주제로 삼아 관(koan) 명상을 할 것을 제안하기도 한다. 관 명상의 모든 가르침과 교훈들에서 죽음이라는 단어는 가장 불유쾌하고 싫은 무언가를 내포하고 있지만, 이 '죽음'이라는 관을 꿰뚫게 되면 탄생과 죽음이 초월되는 영역, 절대 파괴되지 않는 금강석인 영역, 늙지 않고 죽지 않는 영원한 신이 되는 영역으로 가는 열쇠를 찾게 된다고 본다.

불교와 힌두교는 죽음의 순간에 마지막으로 생각하는 것이 그 다음에 어떤 특징의 육체를 가진 존재로 환생할 것인지를 결정한다고 보는 점에서 유사하다. 이 점에 대해 석가는 다음과 같이 말했다. "환생은 두 가지 원인으로 일어난다: 그것의 지배적인 원리로서 전생의 마지막 생각, 그리고 그것의 기반으로서 전생의 행동들이다. 마지막 생각이 멈추는 것이 죽음으로 여겨지며 새로운 첫 번째 생각이 시작되는 것이 재탄생으로 여겨진다." 『티벳의 사의 서』(*The Tibetan Book of the Dead*)에서는 전생에서 내생으로 이어지는 상태를 의식의 매개적 상태들이라고 기술하고 있다. 임사 경험자들의 이야기가 죽음 이후의 세계로 들어가는 입구 정도를 보여 준다면, 『티벳의 사의 서』는 이생에서 죽음 이후의 세계로 전환하는 전체 과정을 보여 준다고 할 수 있다.

(3) 죽음, 사후세계에 관한 현대적 이해

내세관에 관한 연구는 주로 동양에 집중되어 있는 것으로 확인된다. 그 이유는 짐작할 수 있다시피 서양을 대표하는 그리스도교 신앙이 삶과 죽음을 이분법적으로 나누면서, 사회 · 문화적으로 내세에 대한 관심이 거의 없었으며, 그 결과 내세와 관련된 개념이 거의 발달하지 못하였다. 동양의 경우 특정 종교를 가졌든 아니든 간에 대부분의 사람들이 종교에 대한 호의적 태도를 나타내는 '향종교성(向宗教性)', 여러 종교 행사가 자신을 보호하고 복을 준다는 점에서 받아들일 만하다고 보는 '가호관념(加護觀念)', 죽어도 영혼은 살아남아서 내세로 건너간다고 믿으며 그래서 윤회가 일어난다고 생각하는 '영혼관념(靈魂觀念)'의 세 가지 종교성을 지닌다(金兒, 1997). 내세관은 내세관에 관한 연구에 따라 여섯 가지 유형이나 아홉 가지 유형으로 주로 나누어진다. 이러한 내세관의 유형은 주로 '내세신앙', '이상세계', '윤회'라는 세 가지 차원을 가진다.[4)]

탈본(Thalbourne, 1996)은 호주의 대학생을 대상으로 여섯 가지 내세관 유형을 구별하였는데 내세가 있는지 없는지 알 수 없다고 보는 '불가지론'

유형이 가장 많았으며(25%), 사후세계를 인정하지만 그것이 어떤 형태인지는 구체적으로 알지 못한다고 보는 '불특정 내세론' 유형이 그 다음을 이었다(22%). 이와 비슷한 정도로 '부활론' 유형(21%)이 나타났으며, 그 밖에 윤회론(16%), 윤회론과 부활론의 절충 유형(8%), 소멸론(7%) 등이 그 뒤를 이었다.[5] 요시유키, 최일호, 한성열(2001)은 한국 대학생들의 내세관 유형을 연구하여 '소멸형'(13.4%),[6] '현세 지향적 환생형'(6.6%), '내세 지향적 환생형'(24.8%), '저승형'(4.15), '하늘나라형'(3.4%), '천국 · 지옥형'(13.8%), '천당 · 연옥 · 지옥형'(4.5%), '다층 이동형'(3.4%), '불분명형'(25.9%)의 아홉 가지 유형으로 분류하였다.

이들 연구를 종합하여 살펴보면 동서양을 막론하고 죽음 이후의 세계에 대해서 '내세 지향적 환생형', '천국 · 지옥형', '불분명/긍정형', '소멸형'이 공통적으로 나타난다. 내세 지향적 환생형은 인과응보적인 신념이 바탕에 깔려 있어서 현생에서 자신이 한 일들이 사후세계를 결정하며, 사후세계의 존재가 영향력을 행사한다고 보는 견해가 전제되어 있다. 천국 · 지옥형은 다분히 그리스도교를 대표로 하는 신앙적인 결정론을 토대로 하고 있다.

내세관에 관한 현대의 연구는 동서양을 막론하고 그다지 활발하다고 보기 어렵다. 일찍이 융(Jung)의 사후세계에 대한 사람들의 이미지와 믿음에 대한 연구에서는 내세에 대한 이미지가 없이는 건전하게 죽음을 직면할 수 없다고 언급한 바 있다. 사후세계에 대한 신념을 정리해 두고 싶어 하는 것이 사람들의 자연스러운 바람이라는 점, 내세관이 죽음에 대한 깊은 성찰의 기회를 제공하고 죽음에 대한 심리적 준비를 가능하게 한다는 점, 즉 새로운 가치관을 정립하여 현재의 삶에 대한 태도를 보다 능동적이고 의미 있는 것으로 정립해 나가도록 도울 수 있다는 점에서 사후세계에 관한 연구는 추후 좀 더 활발하게 이루어질 필요가 있다.

(4) 사후세계에 관한 종합 논의

죽음과 사후세계에 대해 동양과 서양의 차이는 비교적 뚜렷하다. 서구적 사고에서 죽음은 삶과 이분법적으로 구분된다. 삶은 죽음과 반대되며, 죽음은 삶의 적이다. 삶은 긍정, 죽음은 부정을 나타낸다. 동양권에서 사고의 특징적인 양식은 구성 요소들 간의 차이점이 아니라 전체의 완전성을 강조한다. 동양의 전통 철학과 종교의 교리는 끊임없이 변형되고 있는 경험의 세계를 한결같이 가정하고 있으며, 이러한 맥락에서 삶과 죽음 역시 끊임없이 변화하는 실재의 표명이다. 죽음과 삶은 서로 배제하는 상반된 것이 아니라 탄생, 쇠퇴, 죽음이라는 순환으로 드러나는 기본적인 과정의 상호 보완적 측면을 드러낸다.

세월이 흐르면서 죽음에 대해 철학과 종교가 갖는 설명력과 영향력은 상당 부분 줄어들었다. 그러나 여전히 그 힘이 사라지지는 않았다. 이와 더불어 현대에 존재하는 종교적, 철학적인 색채를 입지 않은 사후세계에 대한 대안들이 존재한다. 예를 들어 자손을 남기는 생물학적 사후생이 있다. 즉 후속 세대를 통해 개인의 유전적 유산을 유지하고, 이는 일종의 개인적 불멸을 가져다 준다. 자손 대신 창조적인 예술 작업, 지적 생산 그리고 심지어 영웅적 행위나 유익한 행위들을 통해 산출되는 것들이 포함될 수도 있다. 의료 연구의 목적으로 사후 자신의 몸을 기증하기로 예약한 사람은 새로운 의사를 훈련시키거나 기타 방식으로 의학을 발전시키는 것을 통해 일종의 '의료적 사후생'을 획득한다. 개개인 모두 인류의 구성원이라는 사실은 인간이 하는 좋은 것들, 타인의 안녕에 대한 개인의 기여가 우리의 죽음 너머까지 확장되며, 그럼으로써 개인의 좋은 행위들이 인류에게 긍정적인 영향으로 계속 울려 퍼짐에 따라 일종의 '공동의 사후생'을 가져다 준다는 것을 의미한다.

2) 죽음에 근접한 경험들

죽음에 근접한 경험들(near-death experiences)이란 '초월적이고 신비주의적인 요소들을 가지고 있는 깊은 심리적 사건들로서, 죽음에 가까이 간 사람 또는 심각한 신체적, 정서적 위험의 상황에 있는 사람에게서 전형적으로 나타나는 것'으로 정의될 수 있다. 여기에서는 죽음에 가까이 간 경험들에 대해서 가장 전형적이고 대표적이라고 할 수 있는 임사체험들과 죽음에 관한 꿈, 그리고 꿈은 아니지만 몽환적인 체험 속에서 죽음의 주제를 경험한 경우를 소개한다.

(1) 임사체험

1975년에 출간된 무디(R. Moody)[7]의 『사후생』(*Life after Life*)은 다른 세계로의 여행, 더 특정하게는 죽음에 근접한 경험들에 관심을 불러일으켰다. 죽음의 언저리에서 돌아온 사람들의 이야기는 과학적으로 설명할 수 없는, 그리고 생물학적 삶의 한계를 뛰어넘은 것으로 보이는 존재의 상태를 제시해 보여 준다.

연구자마다 임사체험을 조금씩 다르게 해석하지만, 그 경험들을 합성할 수 있을 만큼 매우 유사한 그림을 보여 주고 있다. 당신이 무서운 사고나 심각한 병으로 갑자기 죽음에 직면했다고 가정해 보라. 아마도 인식의 수준을 넘어서 당신은 자신이 죽어 가고 있다는 것을 깨닫기 시작할 것이다. 그것은 꿈 같지만 그 경험은 일반적인 인식보다 더 실제적이어서 시각과 청각은 극도로 예민해지고, 그 밖의 감각들 역시 마찬가지다. 사고 과정 역시 매우 생생하고 명료해진다. 그 생생한 감각과 인식으로 당신은 더 이상 자신의 몸에 속박되어 있지 않다는 분리의 느낌을 경험하게 된다. 비록 여태까지 몸으로는 전혀 또는 거의 경험하지 못했던 고요함과 평온함을 느끼겠지만, 아마도 당신은 공간을 부유하면서 좀 외롭다고 느낄 것이다. 시간과 공간의 속박은 없는 것 같다. 이제 당신은 죽은 몸이라 한때 친숙했던 세계에서 떠나서 어두움 혹은 터널을 지나면서 사후세계를 향한 여행의 과도기적 단계로 들어선다.

이제 당신은 땅에 있을 동안 상상할 수 있었던 것보다 더 밝은 빛을 느낀다. 그것은 당신을 손짓해 불러서 앞으로 나아가게 하며, 그것의 금빛 색깔은 당신이 다른 쪽으로 접근해 가고 있다는 것을 예고한다. 당신이 살아왔던 삶 전부가 거의 순간적으로 경험된다.—당신 삶의 흔적들, 사건들, 장소들, 사람들. 인식의 투명한 스크린 위에 당신의 삶이 다시 보이고 투영된다. 당신은 빛의 세계로 들어가면서 상상할 수 없고 말로 표현할 수 없는 광명과 아름다움의 세계를 흘끗 보게 된다. 누군가가 당신을 반기고 있다. 아마도 당신이 사랑하는 사람, 또는 아마도 예수나 관세음보살, 또는 너무나 우아한 어떤 존재일 것이다. 그러나 이제 당신은 그 빛 속으로 완전히 들어갈 수 없다는 것을 느낀다. 아직은 아니며, 지금 이 순간은 아니다. 그러고 나서 당신은 여행을 거슬러 삶의 세계로 다시 돌아오게 된다.

임사체험자들은 체험이 그 후의 삶에 미치는 영향에 대해 유사한 내용을 이야기한다. 많은 사람들이 임사체험 후 삶을 더 소중히 여기고, 그들에게 주어진 순간순간을 더 잘 활용하려고 한다. 어떤 사람들은 자신의 능력을 더 확신하고, 삶의 어려움들에 더 잘 대처할 수 있다. 사람들과의 관계는 더 중요해지며, 물질적 안락함은 덜 중요해진다. 임사체험자들은 전형적으로 "삶에서 중요한 것에 대한 느낌을 얻었으며, 중요한 것에 대한 그의 이해에 맞게 살려고 노력한다." 임사체험자들은 체험 이후 삶을 변화시키는 종교적 경험들과 비슷한 특징을 보인다. 이들은 체험 이후 죽음의 공포 혹은 불안이 줄어들거나 사라졌다고 보고하고 있다. 일부의 임사체험자들은 임사 체험 후 오래 고생한 병이 치유되거나 그전에 없었던 특별한 능력을 새로 가지게 되었다고 보고한다.[8)]

임사체험자들의 보고를 종합하면 공통적으로 네 가지의 핵심 요소들을 발견할 수 있다. 즉, 그 사람들은 ① 자신이 죽었다는 이야기를 듣는다. ② 몸에서 떨어져 나간다. ③ 중요한 다른 사람을 만난다. ④ 몸으로 되돌아간다. 그렇지만 번호의 뒤로 갈수록 경험자의 비율은 낮아진다. 어느 단계에서건 자신의 의지와 무관하게 삶의 세계로 되돌아오기도 하지만, 자의에 의해 마치지 못한 어떤 일을 위해 삶으로 되돌아가겠다고 결정하였다는 보고 역시 전형적이다. 임사체험의 대부분은 기쁨, 평화, 우주적 통합의 느낌들로 묘사되지만, 일부는 고통과 공포로 묘사된다. 이 지옥 같은 임사체험에는 고통뿐만 아니라 악마의 심상과 소리들도 포함된다. 어떤 사례들에서는 초기의 공포 시기가 지나면 평화로운 해결이 있다. 또 다른 사례들에서는 호의적인 인도자가 당황스러운 경험 내내 경험자와 동행한다. 어떤 학자들은 지옥 같은 임사체험이 빛나는 임사체험에서 생략된 부분일지 모른다고 생각한다. 또 다른 설명에 의하면 지옥 같은 임사체험은 하나의 '정화 경험'으로서 명상 과정에 성인들이 겪는 혼란과 고통의 순간들과 같은 것일 수 있다고 한다.

전형적인 임사체험들은 매혹적이다. 이것을 설명하고자 하는 노력 역시 활발하고, 이론적 설명 역시 다양하다(예: 이경순, 2001[9]; Noyes & Kletti, 1976[10]; Kulbe, 2003[11] 등). 요약해 보면 임사체험에 대한 두 가지 설명으로 대별될 수 있는데, 그 첫째는 임사체험이 사후생에 대한 증거를 제공한다는 입장으로서 임사체험자들이 보여 주는 사후생은 다른 양식의 존재로 변환되는 것으로 보인다. 두 번째 설명에서는 임사체험을 죽음의 위협과 자아의 파괴에 대한 반응으로 본다. 이 반응은 대뇌 또는 신경체계와 관련이 있으며, 삶을 위협하는 상황에 대한 자아(ego)의 방어적 반응에서 온 것이다.

임사 경험에 관한 이론들

1. 신경심리적 이론들
   - 대뇌 측두엽의 발작적 활동 또는 대뇌변연계 엽의 증후군: 측두엽, 더 일반적으로는 변연계 체계에서 일어나는 발작과 같은 신경계의 객담[12)]
   - 대뇌의 산소 결핍 또는 산소 부족: 뇌의 산소 부족
   - 엔도르핀 방출: 진통 효과, 심리적 행복감과 관련되는 특정한 신경 전달물질의 방출
   - 대량의 대뇌피질 탈제지(역: 외부에서의 자극에 의해 일시적으로 억제가 중단되는 것): 중추신경계의 임의적 활동에 대한 통제 상실
   - 착시: 뇌와 신경계의 구조에서 발생하는 환각적 심상
   - 약물들: 부작용
   - 감각 상실

2. 심리적 이론들
   - 이인화: 몸에서부터의 심리적 이탈. 이 경우 죽음의 위협 인식에 따른 방어적인 반응, 과도한 각성(hyperalertness)이 수반될 수도 있다.
   - 동기화된 환상(fantasy): 죽음을 넘어 살고 싶은 욕구 때문에 경험자가 죽음을 넘었다는 인상을 기본적으로 암시하는 일종의 '방어적' 환상
   - 원형(archetypes): 죽음에 근접한 경험의 다양한 구성 요소들과 관련된 이미지들이 우리의 공통적인 인간다움의 신화적 원형으로 뇌에 '타전된다.'

3. 형이상학적 이론들
   - 영혼의 여행: 영혼(soul or spirit)이 다른 양식의 존재 또는 실재의 영역(예: '하늘나라')으로 과도기적 여행을 하는 것, 사후생의 증거
   - 정신적인 광경(psychic vision): 비록 죽음 후에 영혼이 살아남는다는 증거가 반드시 되지는 않지만, 다른 양식의 실재를 흘긋 들여다보는 것

(2) 꿈과 몽환적 경험 속의 죽음

사후세계의 가능성에 대한 매력적인 힌트들은 '죽음에 관한 꿈' 들을 통하여, 그리고 환각제의 사용에서 일어나는 몽환적 경험들을 통해서 이야기될 수 있다. 융 학파의 관점에서 행해진 죽음에 대한 꿈의 방대한 연구에 따르면 꿈에서 나타나는 죽음의 이미지는 도식적이며, 문화에 기반을 둔 경향을 띠는 임사체험과는 다르게 시각적으로 더욱 세세하고 정교하다. 나이가 많은 이들의 꿈은 육체적으로 그들에게 임박한 죽음에 대한 준비를 시키는 것처럼 보인다. 상징적으로 육신의 삶이 끝나고 사후에 정신적인 삶이 명백하게 계속된다는 것을 암시하면서 말이다. 꿈이라는 매개체를 사용하여 무의식은 '사후세계가 존재한다.' 는 메시지를 매우 편안하게 보낸다. 융 학파에서는 죽음에 직면한 사람들이 꾸는 꿈들은 무의식이 한정적인 끝을 위해서가 아니라 더욱 심오한 변형을 위해서, 그러나 일상의 의식으로는 상상할 수 없는 삶의 연속을 위한 의식을 준비시키는 기능을 하는 것으로 본다.

죽음에 관한 꿈들은 다양한 연금술과 신학적인 모티프를 통합한다. 그리고 식물, 꽃, 나무의 성장과 연관된 주제들을 포함하며, 우주와 영혼의 성스러운 결합, 어둡고 좁은 통로를 통한 여행, 혹은 불이나 물을 통한 새로운 삶을 향한 여행, 이전의 육신의 변형과 희생, 자아 정체성에서 부활로의 이동 등을 의미한다.

'터널 끝의 불빛' 을 향한 어두운 통로를 통한 여행은 꿈과 임사체험에서의 모티프일 뿐만 아니라 수많은 신화적인 전통들에서도 그렇다. 이집트 사람들 중에서 예를 들면, 태양은 죽은 이의 길을 따르는 영혼의 여행에서 목표점으로 여겨진다. 참으로 많은 신화들이 삶과 죽음의 미스터리에서 태양의 길의 비유를 내포하고 있다. 심리학적으로 해석될 때 태양은 인지의 원천, 의식을 차리는 것의 원천을 상징한다. 이러한 의미는 영안실 그리고 무덤에서 초를 밝히는 널리 퍼진 관습의 배경이 된다. 그리고 이것은 새로운 삶과 의식의 인지가 죽은 이들에게 주어진다는 것을 통한 유추의 한 형태다.

환각약물의 사용 역시 죽음의 이미지와 관련된다. LSD(Lysergic Acid Diethylamide)[13]라는 환각 약물은 처음 합성된 이후 약 70년이라는 오랜 세월이 지났지만, 그것이 뇌에 대해 미치는 생화학적인 효과는 아직 완전하게 밝혀지지 않았다. LSD에 대한 초기 연구들에 의하면, LSD는 '다양한 개인 성격의 깊은 단계에서의 무의식적인 것을 활성화시키는 것'으로 보인다. LSD의 복용은 복용자에게 태어남, 늙어 감 그리고 죽음 같은 흩어진 요소들을 특정한 인간 실존의 양상으로 통합하게 하는 것처럼 보인다. LSD는 육체적인 고통과 불편함의 증상을 줄일 뿐만 아니라 감정적인 증상—우울, 근심, 긴장, 불면증 그리고 그 밖의 심리적인 퇴행들도 감소시켰다. 고통의 경감보다 더욱 중요한 것은 죽어 가는 환자들의 죽음에 대한 태도의 변화다. LSD 치료 과정 후에 환자들은 전형적으로 죽음에 대한 두려움이 줄었음을 시사했고, 질병을 가진 삶을 덜 위협적으로 지각하게 되는 초월적인 경험을 한 환자들은 모든 창조물의 궁극적인 통합에 대한 깊은 신념을 기른다. 그들은 자신의 질병과 그들이 직면하는 고통스러운 상황까지 포함하여 궁극적인 통합체의 중요한 일부로서 자신을 경험한다.[14]

3) 죽음에 대한 정리의 완결: 끝? 전환점?

사후생에 대한 탐구와 의문에 대한 답을 찾는 과정은 죽음에 대한 생각과 철학을 정리하는 작업의 완결판에 해당된다. 그 완결은 대부분의 경우 두 가지 결말 중 하나일 것이다. 첫 번째, 삶이란 실타래가 끝이 나서 더 이상 이어지지 않는 것으로서 삶이 끝나면서 모든 것이 소멸되고 사후세계란 더 이상 존재하지 않는 것으로 보는 결말이다. 두 번째, 죽음을 이 세상에서의 삶과는 이별하고 또 다른 세계로 건너가는 전환점, 문으로 보아서 사후세계란 이 세상과는 다른 또 다른 세상에서 또 다른 방식으로 존재하는 것으로 보는 결말이다. 사후생에 대한 결말을 어떻게 가지든 죽음에 대한 사유의 종합 세트 속에서 그것은 삶의 의미에 대한 질문과 관련되며, 또한 당연히 그에 따른 질문인 '그렇다면 사람은 어떻게 살아야 하는가?'와 같은 차원의 것이다. 이 질문들에 대한 행동적인 답은 인간 경험과 실제의 본성에 대한 개인의 가치와 신념들을 반영한다. 삶에 대한 철학은 죽음에 대한 철학에 영향을 준다. 역으로, 죽음과 그것의 의미에 대한 개인의 이해는 개인의 삶의 방식에 영향을 준다. 소크라테스에 따르면, "검토되지 않는 삶은 살 가치가 없다." 그러한 자기 탐색에는 자신이 죽음의 결과에 대해 믿고 있는 것을 발견해 내는 것이 포함된다.

사후생에 대한 믿음에 얽힌 양가감정은 러셀(B. Russell)이 소개한 일화에서 적절히 묘사된다.

> 최근에 딸을 잃은 어떤 여성은 딸의 영혼이 어떻게 되었을것 같냐는 질문에 다음과 같이 답변하였다. "아, 네. 나는 그 애가 영원한 천국을 즐기고 있을 거라고 생각합니다. 그렇지만 나는 당신이 그런 기분 좋지 않은 주제에 대해 그만 이야기했으면 좋겠네요."

사후세계에 관한 개인적 믿음을 탐색하는 작업을 한다고 해서 죽음을 더 쉽게 수용하게 되지는 않을지도 모른다. 또한 반드시 그래야 하는 것도 아니다. 어쨌든 사후세계에 대한 탐색 결과가 반드시 기분 좋은 것이라는 보장도 없다. 그렇지만 그러한 탐색은 개인을 삶과 죽음에 더 가깝게 밀착시키는 철학으로 이끌 수 있으며, 자신의 지각과 소망이 더 가까워지게 할 수 있다. 동서고금의 문화들이 '죽음 후에 무슨 일이 일어나는가?'라는 질문에 대답해 왔던 전통적인 내용들을 좀 더 깊이 고찰함으로써 죽음을 피할 수 없는 운명의 의미를 탐색하는 데 도움을 받을 수 있다. 또한 대표적인 종교들이 무엇이라고 대답하는지를 탐구하면서 같은 도움을 받을 수 있다. 이들의 대답은 각 개인이 가지는 이 궁극적인 관심사에 대해 좀 더 깊이 그리고 좀 더 넓게 생각할 수 있도록 좋은 자료가 되어 줄 것이다.

2. 죽음이 주는 빛

1) 사랑과 진실

사람에게 가장 기본적이면서 인생의 처음부터 끝까지를 통틀어 가장 중요한 것은 소속감이다. 사람의 소속감은 태어날 때부터 시작된다. 부모와 아이가 친밀한 정도는 그 감각을 통해 경험된다. 그 아기가 안기고 어루만져지는 방식, 목소리 톤, 눈 접촉, 이 모든 것은 아기의 부모가 아기의 신체적, 정서적 욕구를 얼마나 잘 충족시키는지를 반영한다. 이것은 아기를 먹이고, 목욕시키고, 옷을 갈아입히고, 단순히 끌어안는 매일의 일상을 통해 일어난다. 부모의 자식에 대한 진정한 메시지를 전하는 것은 감정(emotion)으로서 이것에 의해 돌보아지고 있다는 느낌, 돌보고 있다는 느낌이 전달된다. 심지어 아이가 자라서 언어를 이해하기 시작할 때에도 언어적 메시지의 내용 자체는 어떻게 그 메시지가 이야기되느냐 만큼 중요하지 않다.

'무조건적인 사랑' 은 어떤 보답을 바라지 않고 타인에게 주는 사랑이다. 부모-자식 관계의 상황에서 부모는 아이의 행동에 관하여 기대를 가질 수는 있지만, 아이가 부모의 요구를 충족시킬 것을 기대하지 않는다. 무조건적 사랑은 상황과 무관하게 아이에게 주어지는 것이 이상적이다. 아이는 단순히 태어나 가족이 되었다는 것으로서 그것을 받을 자격이 있다. 아이는 이와 같은 방식으로 부모에 대한 강한 애착감을 발전시킨다. 부모는 아이의 요구를 충족시켜 주어야 하지만, 아이는 부모에게 그럴 필요가 없다. 아기의 존재 자체가 주는 기쁨이 부모에게 충분한 갚음을 하기 때문이다.

그런데 부모가 아이에게 부모의 사랑이 '무조건적'이지 않다는 느낌을 갖게 하거나 아이의 요구를 반복적으로 충족시켜 주지 못할 때, 아이의 기본적인 욕구인 소속감은 충족되지 못한다. 그래서 자라면서 다른 것에 사용되어야 할 모든 에너지를 끌어 모아 소속감을 충족시키는 데 비정상적으로 쏟아 붓게 된다. 혹은 다른 사람의 호의적인 감정과 접근을 원천적으로 차단하거나 신뢰하지 못하고 시험하면서 결국 자신이 예상하는 관계의 실패로 몰고 간다.

죽음이 가까이 찾아올 때 인생 전체를 통해 미해결된 간절한 욕구나 과제를 죽기 전에 반드시 해결하고 싶다는 강렬한 바람이 솟구친다. 하고 싶었지만 할 수 없었던 이야기를 하고 싶어 하며, 이러한 미해결 과제의 중심에는 '사랑'의 욕구가 있다. 즉, 사랑하고 사랑받음을 충분히 확신하고 싶어 한다. 떠나는 이와 남겨진 이들이 이러한 핵심 욕구의 충족과 미해결 과업을 완결 지을 수 있기 위해 가장 중요한 행동 원칙은 바로 진실이다. 진실하게 말하고 행동할 때 사랑을 나누고 실천하며, 그 과정에서 떠나는 이도, 남겨진 이들도 더욱 성숙한 내면적 성장을 이루고 아름다운 이별을 할 수 있게 되는 것이다.

다음의 이야기는 죽어 가는 사람과 남겨질 사람들 혹은 남겨진 사람들이 죽음을 겪으면서 진실함과 사랑을 공유함이 얼마나 소중한지를 보여 주는 사례다. 이 사례를 통해 죽음에 당면할 때 미루어 두었던 진실과 사랑의 표현과 실천에 용감해질 수 있으며, 이를 통해 큰 성장을 이룰 수 있음을 짐작해 볼 수 있을 것이다.

A씨의 친한 친구 한 사람이 최근 회복될 수 없는 말기암 진단을 받았다. 친구들, 가족들과 부모 형제들은 환자 앞에서는 물론 자기들끼리만 있을 때조차

도 치료방법에 대해서만 이야기했다. 그들은 다른 가능성에 대해 이야기하면 죽음에 굴복하는 것이 될까 봐, 그것이 환자를 더욱 죽음으로 몰고 가게 될까 봐 두려워했다. 이런 방식으로 침묵의 음모가 시작되며, 이것은 죽어 가는 사람이 진짜로 혼자가 된다는 것을 의미한다.

친구는 50대 초반의 남성으로서 컴퓨터 관련 사업을 하고 있다. 그와 아내는 25년 동안 함께 살았으며, 고 1의 아들과 초등학생인 늦둥이 딸이 있다. 그의 아버지는 오래전 다른 암으로 죽었지만, 어머니는 그와 같은 아파트 단지 안에서 산다. 그에게는 같은 도시에 살고 자주 만나곤 하는 남동생 하나와 멀리 떨어진 도시에 사는 여동생 하나가 있다. 모두 사이가 좋은 편이다. 명절이면 모여서 즐거운 시간을 보내고, 대부분의 여름휴가를 함께 보내곤 하였다. 남동생은 일주일에 두세 번씩 병실을 찾았고, 여동생 역시 한 달에 두 번은 오빠를 보러 왔지만, 이들은 자신들이 알고 있는 병의 진행 상태에 대해 환자 앞에서 이야기하지 않았다.

A씨는 그의 형제들도 모두 알고 있는 어린 시절부터의 절친한 친구다. A씨는 그의 여동생과 결혼하게 해 달라고 농담처럼 그의 어머니에게 조른 적도 있었다. A씨는 출장에서 돌아와 좀 이른 퇴근을 해도 되었던 어느 날 오후에 친구에게 전화를 해서 병원에 들러도 되겠느냐고 물었다. 그의 아내는 아직 퇴근 전이었고, 아이들 모두 학교에 있을 시간이었다. 둘이 일상적인 인사를 나누고 나서 A씨는 의자를 당겨 친구와 얼굴을 마주 보고 앉았다.

"있지, 너한테 할 말이 있어. 이건 네가 입원하고 나서 죽 하고 싶어 하던 이야기인데……."

이야기를 시작하기는 어려웠지만 그는 계속하였다.

"나는 네가 어떤 놈인지 잘 알아. 네 마음과 뜻이 제일 중요하다고 생각해. 그런데 아무도 너한테 중요한 이야기를 하지 않는 것 같아. 오늘 내가 여기 온 것은 아무도 못하는 것, 그래서 더욱 내가 해야 할 이야기들을 하기 위해서야. 괜찮아? 내가 계속 이야기해도? 우리들은 모두 네가 점점 회복될 것이라고 믿는 척을 하고 있어. 나도 정말로 그렇게 믿고 싶어. 그리고 나도 네 가족들과 마찬가지로 나을 거라는 희망을 너한테서 뺏고 싶지 않아. 그렇지만 나는 우리가 이야기할 기회를 갖지도 못했는데 네가 더 나빠질까 봐 걱정을 많이 했어. 이런 이야기, 괜찮니?

우린 참 좋은 친구였지, 항상. 서로 말다툼도 하고 주먹질도 했지만……. 그렇지만 나는 네 가족이 되고 싶을 만큼 너를 좋아했어. 중학생 때였나? 우리의 서로 다른 점을 이해해 주고 서로에게 정직하기로 한 거 기억하지?

내가 보기에 너는 점점 더 병이 심해지는 것 같아. 점점 더 피곤해 보여. 체중도 주는 것 같아. 너 혼자만의 것은 아니지. 그건 너와 네 아내, 아이들, 네 가족들과 친한 친구들에게도 해당되는 거야. 속상하지만 네 병은 진행이 되고 있어.

굉장히 하기 힘든 이야기지만, 오늘 한 번만 할게. 네가 나아지지 않는다면, 그래서 네가 너무 지쳐서 우리에게 더 이상 이야기할 수가 없게 되면 그 때는 어쩌겠어? 네 아내와 아이들은 너한테서 그전에 이야기를 들을 필요가 있어. 다른 사람들도 너한테서 이야기를 듣고 싶어 해. 그리고 그 사람들도 너한테 하고 싶은 말이 있을 거야. 분명해. 쉽지 않겠지만 누군가 이야기해 주기를 기다릴수록 너는 더 힘들어지기만 할 거야.

너와 마찬가지로 나도 네가 낫기를 바라고 있어. 네가 안 아팠으면 좋겠어. 나는 네가 네 아이들을 사랑한다는 것을 그들이 알기를 바라고, 네가 그들을 사랑한다고 하는 말을 그들이 듣기를 바라고, 네가 아내를 무척 사랑하며 지난 세월 함께했던 모든 것에 감사해하고 있다는 것을 네 아내가 알았으면 좋겠어. 너 한 번도 그런 이야기 못했다고 그랬잖아. 네 아내도 또 너한테 하고 싶은 말이 있고, 그 말을 하기가 너보다 쉽지 않을 것 같아. 어머니도 그렇지. 네 아버지 돌아가시고 다음 순서는 어머니라고 생각하고 계셨을 텐데 너한테 하고 싶은 말들이 있을 거야. 다 늙어 가지만 그분한테는 아직 아이인데.

휴……, 잘은 못했지만 이런 이야기를 하려고 했어. 네 마음 상하게 한 거 아니었으면 좋겠다. 상했더라도 우리 사이라면 뭐 다시 풀어질 수 있을 거야. 아닌 척 속이고 있는 것도 싫었지만, 이걸 정면으로 보는 것도 겁났어. 그렇지만 나중에 이야기할걸 하고 후회하게 될까 봐 그게 제일 겁났어."

친구는 침묵의 음모가 깨진 것에 안도하였고, 이 두 남자는 마침내 그의 죽음과 그들의 우정에 대해 이야기하였다. 그들은 우정에 대한 그들의 서약으로써 힘들었던 폭풍우를 뚫고 진실의 바다로 나아갔으며, 그들의 서로에 대한 신뢰는 진실로 강해졌다. 친구는 그 후 A씨의 도움을 받아 사랑하는 사람들과 충분한 사랑과 이별의 인사를 나누고 정리할 것들을 정리한 다음 편안히 떠나갈 수 있었다.

2) 죽음 경험의 학습 효과

죽음 경험의 학습 효과에 대해서는 이 책의 지은이들이 수행한 연구를 소개하기로 한다.[15] 이 연구에서는 죽음에 대한 불안과 공포가 가장 클 수 있는 성인 초기의 발달 단계에 해당되는 대학생들의 죽음에 노출된 경험이 그들에게 어떠한 영향을 주고, 그들은 그 경험을 어떤 방식으로 정리하고 있는지를 알아보았다. 이를 위해 대인조력 전공 분야에 속하는 간호학과, 교육학과, 사회복지학과 학생들 17명을 대상으로 '합의에 의한 질적 분석(CQR)' 방법으로서 이들의 죽음 경험의 교육적 의미와 죽음 교육이 향후 그들이 직업 현장에 진출하였을 때 어떤 도움이 될 것인지에 대한 생각을 분석하였다. 대인조력 전공 분야 대학생들은 주변에서 죽음을 목격한 직후 충격(5명), 슬픔(7명), 허무감(3명) 등 부정적인 정서를 경험하게 된 것으로 나타났다.

주변 사람의 죽음을 경험함으로써 얻은 학습 경험으로 연구 대상자들이 진술한 것을 정리한 결과로는 '현재 삶의 중요함을 인식했다.' 는 학생이 전체 17명 중 13명으로서 가장 많았으며, 다음으로 '죽음에 대해 준비하는 삶의 필요성을 인식했다.' 고 진술한 학생이 6명, '사람은 누구나 죽는다는 사실을 중립적으로 인식 혹은 수용' 했거나 '죽음에 대해 긍정적인 시각을 갖게 되었다.' 고 진술한 학생이 6명으로 나타났다. 이들 반응은 죽음 사실에 대한 인식 혹은 수용 반응을 제외하면 2개의 반응 유목이 모두 삶에 대한 초점을 가진 것으로, 주변 사람의 죽음 경험이 학생들에게 주는 대부분의 의미는 자신의 삶으로의 집중이라는 공통점을 갖는 것으로 보인다. 그 외 소수 반응으로는 '이렇게 아등바등 살아갈 필요가 있나 회의가 든다.' 거나 '스스로 마음이 더 넓어지고 좀 더 크게, 여유롭게 생활하게 된 것 같다.' 는 등 가치관의 변화에 대한 보고도 나타났다. 이 역시 삶에 대한 초점과 관련되는 진술로 볼 수 있겠다.

이러한 결과는 죽음에 대한 경험이 삶을 더 생생하게 각인시키고 삶을 더 잘 살아가려는 노력으로 이어진다는 점을 보여 준다. 이는 가까운 이를 죽음으로 잃은 사람들이 마음의 고통을 극복하고 적응적으로 살아가는 데 필요한 단계인 의미 만들기와도 그 맥이 닿아 있다고 볼 수 있다. 많은 연구자들은 가까운 이를 사별한 충격과 슬픔, 그리고 이러한 정서적, 실제적 손상에 따른 여러 가지 부적응을 극복하는 데 가장 도움이 되는 전략이자 필수적인 과정으로서 사랑하는 이의 죽음과 그 이후의 남은 자신의 삶에 의미를 부여하는 '의미 만들기(혹은 의미 구성)' 를 지적하였다(예: Armour, 2003[16]; Davis et al., 2000[17]; Gamino & Sewell, 2004[18]).

삶에 보다 충실해지고 삶의 의미를 새롭게 인식하게 된 학습 경험이라는 이 연구의 결과는 임사 경험자들이 다시 살아나서 주로 경험하게 되는 것이 '새로운 삶' 이라는 선행 연구 결과와도 유사하다. 이경순(2001)이 연구한 3명의 연구 대상자들은 죽음에서 다시 살아난 다음 '세상이 모두 소중한 것으로 가득 찬 것을 깨달' 아서 '삶이 이전보다 훨씬 더 진지해지고 의미가 깊어졌' 으며, '삶을 보다 더 가치 있게 살고 싶어졌다.' 고 보고하였다. 이러한 내용들은 모두 이 연구의 대상자들인 학생들이 진술한 내용들과 크게 다르지 않음을 알 수 있다. 또한 이 연구에서 나타난 또 다른 학습 경험인 '사람은 누구나 죽는다는 사실을 중립적으로 인식 혹은 수용했거나 죽음에 대해 긍정적인 시각을 갖게 되었다.' 는 점은 죽음에 대해 보다 진지하게 생각해 보고, 죽음에 대해 보다 긍정적인 태도를 가지게 된 것이라고 해석할 수 있을 것이다. 이러한 학습의 내용을 앞에서 기술한 삶에 대한 태도의 변화와 함께 종합적으로 생각해 본다면, 대인조력 전공 분야 대학생들의 죽음 경험에서 얻어진 교육의 의미를 '성숙과 통합' 에 둘 수 있을 것이다. 이렇게 볼 때 이 연구에서의 죽음 경험의 교육적 의미는 죽었다 살아난 이들의 학습 경험인 '성숙' (이경순, 2001)과 일치된 맥락이라고 할 수 있다. 이러한 학습의 경험은 서구의 경우 '그때의 일 때문에 나는 삶을 더 값지게 생각하게 되었다(Moody, 1992).' 는 진술과도 일맥상통하였다.

이러한 학습 경험을 통해 자연스럽게 연결되는 생각으로서 '좋은 죽음을 얻기 위해, 즉 잘 죽기 위해 지금부터 어떻게 살아야겠다.' 는 생각의 변화에 대해 질문한 결과, '보다 충실한 삶을 살아야겠다고 생각이 변화하였다.' 고 진술한 학생이 7명으로서 가장 많았으며, '보람 있는 삶을 살아야겠다.' 고 진술한 학생이 6명, '죽음을 준비하는 삶을 살아야겠다.' 고 진술한 경우가 4명, '자아 실현 혹은 인격을 완성하는 방향의 삶을 살아야겠다.' 고 진술한 학생 3명, '신앙에 보다 충실할 것이다.' 라고 응답한 학생이 2명이었다.

좋은 죽음을 위한 노력에 대한 모든 진술들은 죽음 경험을 통한 학습 경험과 다르지 않은 맥락을 보여 주었다. 즉 이러한 진술들은 죽음 경험과 죽음 교육 모두가 보다 새로운 삶을 살도록 영향을 준다는 내용으로서, 이 역시 삶에서 보다 '성숙되고 통합' 된 모습이라는 변화의 방향을 나타내는 것이라 할 수 있다. 죽음 경험에서 얻어진 이러한 학습 결과들은 죽음에 대해 깊이 사유하고 탐구한 이들의 한결같은 결론인 '죽음은 삶과 뗄 수 없는 하나(예: 정진홍, 2003[19])' 라는 명제가 이들 대학생들에게서도 발견된다는 점에서 시사하는 바가 있다.

〈과제〉

1. 사후 세계에 대한 자신의 생각을 검토해 보라. 자신이 실제 생각하고 있는 것과, 그랬으면 하는 것을 구분해서 아래 질문에 답하라.

   A. 자신의 죽음 직후에 어떤 일이 일어날지 자신이 생각하고 있던 것을 적으라.

   B. 왜 그렇게 생각하는지 그 이유를 쓰고, 그런 생각이 죽음에 대한 불안을 감소시키고 편안함을 제공해 주는지 생각해 보라.

2. 인터넷에 접속해서 영적인 돌봄이나 사후세계에 관계된 사이트를 검색하라. 그 중에서 유용하고 흥미를 끄는 3~5개의 웹사이트 주소를 적고, 그 사이트의 특징과 보완할 점 등을 간단하게 쓰기.

   A. URL
   사이트 정보

   B. URL
   사이트 정보

   C. URL
   사이트 정보

주석

제1장

1) 김중호, 의학이란 무엇인가? 서울: 바오로딸, 2003
2) Veatch, *The Theory of Medical Ethics*, Basic Books Inc, 1981
3) 이부영, 의학개론 2—인간과 의학, 서울대학교출판부, 1995
4) 김중호, 의학윤리란 무엇인가?, 서울: 바오로딸, 1995
5) 김정우, 죽음의 이해, 대구효성가톨릭대학교 영성신학연구소, 1995
6) 정동호 외 3인, 죽음의 철학–현대 철학의 논의를 중심으로, 서울: 청람문화사, 1987
7) K. Rahner, *Trinity*, Seabury Press, 1970
8) 통계청, 2004년 사망원인통계결과. 2004, www.nso.go.kr.
9) 국내 연구로는 김미혜, 권금주, 임연옥, 노인이 인지하는 '좋은 죽음' 의미연구, 한국사회복지학회지, 56(2), 2004, pp. 195-213; 김신미, 이윤정, 김순이, 노인과 성인이 인식하는 '좋은 죽음' 에 대한 연구, 한국노년학회지, 23(3), 2003, pp. 95-110를, 국외 연구의 예로는 S. O. Long (2004). Cultural Scripts for a Good Death in Japan and the United States: Similarities and Differences, *Social Science & Medicine, 58,* 913-928; E. Tong, S. A. McGraw, E., Dobihal, R., Baggish, E., Cherlin, & E. H. Bradley, (2003). What is a Good Death? Minority and Non-minority Perspectives, *Journal of Palliative Care, 19*(3), 168-175를 들 수 있다.
10) 조계화, 이현지, 이윤주, 휴먼서비스 전공 분야 대학생의 죽음 태도유형, 대한간호학회지, 35(5), 2005, pp. 829-841.
11) L. A. DeSpelder, & A. L. Strickland, *The Last Dance: Encountering Death*

and *Dying* (6th ed). McGraw Hill. 2002.

12) G. Pascal Zachary, Junk History: It' s Bigger Than News: It' s a Defining Moment, *Wall Street Journal, 19,* 1997, A1-A6.

13) Carolyn Marvin, On Violence in Media, *Journal of Communication, 50*(1), 2000, 142-149.

14) Joseph Moreno, Orpheus in Hell: Nusic and Therapy in the Holocaust, *Arts in Psychotherapy, 26*(1), 1999, 3-14.

15) John Corigliano, Program Notes, John F. Kennedy Center for the Performing Arts, Washington, D.C. 1995.

16) Michael Herzfeld, In Defiance of Destiny: The Management of Time and Gender at a Cretan Funeral, *American Ethnologist, 20*(2), 1993, 241-255.

17) This theme is explored by Lawrence Langer in The Age of Atrocity. *Death in Modern Literature,* Boston: Beacon Press, 1978.

18) Fritz Eichenberg, *Dance of Death: A Graphic Commentary on the Danse Macabre Through the Centuries,* New York: Abbeville, 1983.

제2장

1) Hans Abrahamson, *The Origin of Death: Studies in African Mythology,* New York: Arno Press, 1977.

2) Jacques Choron, *Death and Western Thought,* New York: Macmillan, 1963.

3) Joseph Campbell, *The Masks of God: Primitive Mythology.* New York: Viking Press, 1959.

4) Lynne A. DeSpelder & Albert L. Strickland, *The Last Dance: Encountering Death and Dying,* Boston: McGraw-Hill, 2002.

5) 김상우, **죽음의 사회학** 부산대학교 출판부, 2005.

6) Moody, R. A. Jr. *Life after Life*, Bantam Books, 1975, 김경선 옮김, **이 세상 후의 세상**, 여운사, 1990.

7) 김열규, 현대적 상황의 죽음 및 그 전통과의 연계, 김열규 외, **한국인의 죽음과 삶**, 철학과 현실사, 2001.

8) 황필호, 죽음에 대한 현대 서양 철학의 네 가지 접근과 한국인의 접근, 한국종교학

회 편, 여러 종교에서 본 죽음의 문제, 죽음이란 무엇인가, 도서출판 창, 1992.

9) 이상목 외, 한국인의 죽음관과 생명윤리, 동아대학교 석당전통문화연구원, 2005.

10) 석당전통문화연구원, 한국인의 죽음관, 석당논총, 제19집, 동아대학교 석당전통문화연구원, 2000, p. 63.

11) 국사편찬위원회, 상장례, 삶과 죽음의 방정식, 두산동아, 2005.

12) 증보문헌비고, 사상례, 신라; 북사, 동이전, 신라.

13) 삼국사기, 신라본기, 문무왕 21년.

14) 고려사 권 85, 지 39, 형법 2.

15) 석당전통문화연구원, 한국인의 죽음관, pp. 91-97.

16) 이상목 외, 한국인의 죽음관과 생명윤리, 동아대학교 석당전통문화연구원, 2005, p. 17.

17) 석당전통문화연구원, 한국인의 죽음관 석당논총, 제19집, 동아대학교 석당전통문화연구원, 2000, p. 27.

18) Philippe Aries, *Western Attitudes toward Death: From the Middle Ages to the Present*, Baltimore: Johns Hopkins University Press, 1974.

19) Philippe Aries, *Images of Man and Death*, Cambridge, Mass.: Harvard University Press, 1985.

20) Lynne A. DeSpelder & Albert L. Strickland, *The Last Dance: Encountering death and Dying*, Boston: McGraw-Hill, 2002.

21) Ian Gentles, Funeral Customs in Historical Context, *Journal of Palliative Care, 4*(3), 1988, 16-20.

22) Claire LaMont, *The Romantic Period, in The Oxford Illustrated History of English Literature,* Pat Rogers, (Ed.) New York: Oxford University Press, 1994, 274-325.

23) Philip A. Mellor & Chris Schilling, Modernity, Self-identity, and the Sequestration of Death, *Sociology, 27*(3), 1993, 411-431.

24) Elias, N., *Uber die einsamkeit der stervenden,* (Suhrkamp Verlag, 1982), 김수정 옮김, 죽어 가는 자의 고독, 문학동네.

25) Aries, P., *Western Attitudes toward Death: From the Middle Ages to the Present,* Baltimore: Johns Hopkins University Press, 이종민 옮김, 죽음의 역

사. 동문선, 1998.

26) Elizabeth A. Hallam, Turning the Hourglass: Gender Relations at the Deathbed in Early Modern Canterbury, *Mortality, 2*(2), 1996, 103-121.

27) Lynne A. DeSpelder & Albert L. Strickland *The Last Dance: Encountering Death and Dying*, Boston: McGraw-Hill, 2002.

28) Patrick J. Geary, *Living with the Dead in the Middle Ages*, Ithaca, NY: Cornell University Press, 1994.

29) Diana W. Combs, *Early Gravestone Art in Georgia and South Carolina,* Athens: University of Georgia Press, 1986.

30) Inge R. Hierarchical Opposition and the Concept of um-yang: A Reevaluation of Values in the Light of the Symbolism of Korean Rituals for the Dead, *Anthropos, 89,* 471-491.

31) H. Byron Earhart, *Religious Traditions of the World*, San Francisco: Harper Collins, 1992.

32) Dennis Klass, Ancestor Worship in Japan: Dependence and the Resolution of Grief, *Omega: Journal of Death and Dying, 33*(4), 1996, 279-302.

33) Roberta Halporn, *Gods, Ghosts, and Ancestors: The Ching Ming Festival in America* Brooklyn, NY: Center for Thanatological Research and Education, 1994.

34) Kofi A. Opoku, African Perspectives on Death and Dying in *Perspectives on Death and Dying: Cross-Cultural and Multidisciplinary Views*, Arthur Berger and others, (Ed.) Philadelphia: The Charles Press, 1989, 14-23.

35) John S. Mbiti, *African Religions and Philosophy*, Garden City, NY: Anchor/Doubleday, 1970.

36) Noel Q. King, *Christian and Muslim in Africa*, New York: Harper and Row, 1971, 95.

37) Gillian Feeley-Harnik, The Political Economy of Death: Communi-cation and Change in Malagasy Colonial History, *American Ethnologist, 11*(1), 1984, 1-19.

38) Lynne A. DeSpelder & Albert L. Strickland, *The Last Dance: Encountering Death and Dying*, Boston: McGraw-Hill, 2002.

제3장

1) 김태곤, 한국무속연구, 한국무속총서 Ⅳ, 서울: 집문당, 1985.
2) 유동식, 한국종교와 기독교, 서울: 대한기독교서회, 1988.
3) 정진홍, 기독교와 타종교와의 대화, 서울: 전망사, 1985.
4) 최길성, 한국인의 한, 서울: 예전사, 1991.
5) 김태곤, 한국무속연구. 한국무속총서 Ⅳ, 서울: 집문당, 1985.
6) 최길성, 한국인의 한, 서울: 예전사, 1991.
7) 유동식, 한국종교와 기독교, 서울: 대한기독교서회, 1988.
8) 김승혜 외 1인, 죽음이란 무엇인가, 서울: 창, 1990.
9) 김승혜 외 1인, 같은 책, 서울: 창, 1990.
10) 김승혜 외 1인, 같은 책, 서울: 창, 1990.
11) 김정우, 죽음의 이해, 대구효성가톨릭대학교 영성신학연구소, 1995.
12) 김승혜 외 1인, 죽음이란 무엇인가, 서울: 창, 1990.
13) 김승혜 외 1인, 죽음이란 무엇인가, 서울: 창, 1990.
14) 이은봉, 여러 종교에서 보는 죽음관, 서울: 창, 1990.
15) 한동윤, 임종환자를 위한 목회적 돌봄–호스피스, 서울: 도서출판 말씀과 만남, 1999.
16) 김정우, 죽음과 삶—그리스도교적 죽음이해에 대한 연구, 미간행 석사학위 논문, 가톨릭 대학교 대학원, 1982.
17) 호세 꼼블린, 김수복 역, 그리스도교 인간학, 서울: 분도출판사, 1988.
18) 심상태, 인간: 신학적 인간학 입문, 서울: 서광사, 1995.

제4장

1) Michaelene Mundy, *Sad Isn't Dad*, Abbey Press, 슬플 때도 있는 거야: 사랑하는 사람의 죽음을 겪은 아동들을 위한 책, 서울: 비룡소, 1998.
2) Vernon Reynolds & Ralph Tanner, *The Social Ecology of Religion*, New

York: Oxford University Press, 1995, 211.

3) Norman Goodman, *Introductionn to Sociology*, New York: HarperCollins, 1992, 205-206.

4) 김정철, 문화수업을 위한 문화사적 동화해석—그림형제의 동화 속에 반영된 죽음의 문화에 대한 연구, 독어교육, 28, 2000, 107-132에서 발췌, 정리하였다.

5) T. Parsons, *The Struktur of Social Action* I, II, Free Press, 1968.

6) Robert Kastenbaum, *Death, Society, and Human Experience*, 5th ed., Boston: Allyn and Bacon, 1995, p. 53.

7) Sandor B. Brent & Mark W. Speece, Adult' Conceptualization of Irreversibility: Implications for the Development of the Concept of Death, *Death Studies, 17*(3), 1993, 203-224.

제5장

1) Betsy L. Fife, The Conceptualization of Meaning in Illness, *Social Science & Medicine 38*(2), 1994, 309-316.

2) Peter Conrad, Wellness As Virtue: Morality and the Pursuit of Health, *Culture, Medicine, and Psychiatry, 18,* 1994, 385-401.

3) Marjorie Kagawa-Singer, Redefining Health: Living with Cancer, *Social Science & Medicine 37*(3), 1993, 295-304.

4) Arthur Kleinman, *The Illness Narratives: Suffering, Healing, and the Human Condition*. New York: Basic Books, 1988.

5) Ana Wong-McDonald & L. Richard, Surrencer to God: An Additional Coping Style? *Journal of Psychology and Theology, 28*(2), 2000, 149-161.

6) Barney G. Glaser & Anselm L. Strauss, *Awareness of Dying*, Chicago: Aldine, 1965.

7) Elizabeth Kubler-Ross, *On Death and Dying*, New York: Macmillan, 1969.

8) Herman Feifel, *Psychology and Death: Meaningful Rediscovery*, DeSpelder & Strickland(Ed.) Mauntin View, Calif: Matfield, 2000.

9) Tone Rustone & Ingela Wiklund, Hope in Newly Diagnosed Patients with Cancer, *Cancer Nursing, 23*(3), 2000, 214-219.

10) Charles A. Corr, A Task-Based Approach to Coping with Dying, *Omega: Journal of Death and Dying, 24*(2), 1992, 81-94.

11) Avery D. Weisman, The Coping Capacity: On the Nature of Being Mortal, New York: Human Science Press, 1986.

12) Therese A. Rando, *Grief, Dying, and Death: Clinical Interventions for Caregivers*, Lexington, Mass: Lexington Books, 1993.

13) Kenneth J. Doka, Coping with Life-Treatening Illness: A Task Model, *Omega: Journal of Death and Dying, 32*(2), 1996, 111-122.

14) Robert Kastenbaum & Sharon Thuell, Cookies Baking, Coffee Brewing: Toward a Contextual Theory of Dying, *Omega: Journal of Death and Dying, 31*(3), 1995, 175-187.

15) Robert Kastenbaum & Sharon Thuell, How Far Can an Intellectual Effort Diminish Pain?, *Omega: Journal of Death and Dying, 32*(2), 1996, 123-164.

16) Phoebe Cramer, Coping and Defense Mechanisms: What's the Difference?, *Journal of Personality, 66*(6), 1998, 919-946.

17) Russell Noyes, Jr. et al., Illness Fears in the General Population, *Psychosomatic Medicine, 62*(3), 2000, 318-325.

18) 홍근표, 이원희, 이영희 편역, **암환자 간호: 원리와 실제**, 서울: 수문사, 1997.

19) R. A. Hope et al., *Oxford Handbook of Clinical Medicine*, 3rd ed., New York: Oxford University Press, 1994.

20) 홍근표, 이원희, 이영희 편역, **암환자 간호: 원리와 실제**, 서울: 수문사, 1997.

21) 한윤복, 노유자, 김문실, **암환자: 병태생리와 생활주기에 따른 간호접근**, 서울: 수문사, 1990.

22) Arthur Kleinman, *Payients and Healers in the Context of Culture*, Berkeley: University of California Press, 1980.

23) Michael H. Levy, Pain Control Research in the Terminally Ill, *Omega: Journal of Death and Dying, 18*(4), 1988, 265-279.

24) 홍근표, 이원희, 이영희 편역, **암환자 간호: 원리와 실제**, 서울: 수문사, 1997.

25) Ada Jacox et al., Management of Cancer *Pain, Clinical Practice Guideline No. 9.* Rockville, MD: Agency for Health Care Policy and Research, 1994.

26) Joy Ufema, Pain Control Survey Results: Not Good, *American Journal of Hospice and Palliative Care, 9*(1), 1992, 11-12.

27) Judith A. Paice & Michelle M. Buck, Intraspinal Devices for Pain Management, *Nursing Clinics of North America, 28*(4), 1993, 921-935.

28) Barney G. Glaser & Anselm L. Strauss, *Time for Dying*, Chicago: Aldine, 1968.

29) 허대식, 조현, **죽음을 맞이하는 마지막 1주일**, 서울: 군자출판사, 2003.

30) Talcott Parsons, *The Social System*, New York: Free Press, 1951.

제6장

1) Granger E. Westberg, *Good Grief: A constructive Approach to the Problem of Loss*, Philadelphia: Fortress Press, 1962.

2) E. Kübler-Ross, *On Death and Dying*, New York: Collier books, 1969.

3) T. A. Rando, The Increasing Prevalence of Complicated Mourning: The Onslaught is Just Beginning, *Omega: Journal of Death and Dying, 26*(1), 1993, 43-59.

4) W. D. Rees, & S.G. Lutkins, The Mortality of Bereavement, *British Medical journal, 4*, 1967, 13-16.

5) C.M. Parkers, Research: Bereavement, *Omega: Journal of Death and Dying, 18*(4), 1988, 365-377.

6) 애착이론에 대해 좀 더 깊이 있는 공부를 원한다면 Mario Marrone (2005). **애착이론과 심리치료**, 서울: 시그마프레스; Jeremy Holmes (2005). **존 볼비와 애착이론**, 서울: 학지사; Karl Heinz Brisch (2003) **애착장애의 치료: 이론에서 실제까지**, 서울: 시그마프레스 등을 참고할 수 있다.

7) J. W. Worden, *Grief Counseling and Grief Therapy: A Handbook for the Mental Health Professional*. New York: Springer Publishing Co., 2001.

8) 이것은 저자들 중 한 사람의 개인적인 경험담이다.

9) A. L. Turner, Group Treatment of Trauma Survivors Following a Fatal Bus Accident: Integrating Theory and Practice. *Group Dynamics: Theory, Research, and Practice, 4*(2), 2000, 139-149.

10) K. Stubenbort, G. R. Donnelly & J. A. Cohen, Cognitive-Behavioral Group Therapy for Bereaved Adults and Children Following an Air Disaster, *Group Dynamics: Theory, Research, and Practice, 5*(4), 2001, 261-276.

11) L. G. Calhoun & R.G. Tedeschi, Positive Aspects of Critical Life Problems: Recollections of Grief. *Omega: Journal of Death and Dying, 20*(4), 1990, 265-272.

제7장

1) James C. Robinson, The Changing Boundaries of the American Hospital, *The Milbank Quarterly, 72*(2), 1994, 259-275.

2) 신유선 외, **지역사회간호학**, 서울: 수문사, 2004.

3) Magaretta K. Bowers et al., *Counseling the Dying*. New York: Thomas Nelson & Sons, 1964.

4) Charles E. Rosenberg, *The Care of Strangers: The Rise of America's Hospital System*, New York: Basic Books, 1987.

5) 이광옥 외, **지역사회간호학**, 서울: 현문사, 2002.

6) Larry R. Churchill, The United States Health Care System Under Managed Care: How the Commodification of Health Care Distorts Ethics and Threatens Equity, *Health Care Analysis, 7*(4), 1999, 393-411.

7) Samuel W. Levitt, Quality of Care and Investment in Property, Plant and Equipment in Hospitals, *Health Services Research, 28*(6), 1994, 713-727.

8) P.A. Ubel & Goold S., Recognizing Bedside Rationing: Clear Cases and Tough Calls, *Annals of Internal Medicine, 126*(1), 1997, 74-80.

9) Daniel P. Sulmasy, Physicians, Cost Control, and Ethics, *Annals of Internal Medicine, 116*(11), 1992, 920-926.

10) C. D. Bessinger, Doctoring: The Philosophic Milieu, *Southen Medical Journal, 81*(12), 1988, 1558-1562.

11) J. Balint & W. Shelton, Regaining the Initiative: Forging a New Model of the Patient-Physician Relationship, *Journal of the American Medical Association, 257*(11), 1996, 887-891.

12) Robert Berkow ed., *The Merck Manual of Medical Information: Home Edition*, Whitehouse Station, NJ: Merck Research Laboratories, 1997.

13) Salim M. Adib & Ghassan N. Hamadeh, Attitude of the Lebanse Public Regarding Disclosure of Serious Illness. *Journal of Medical Ethics, 25*(5), 1999, 399-403.

14) Mei-che Samantha Pang, Protective Truthfulness: The Chinese Way of Safe-guarding Patients in Informed Treatment Decisions, *Journal of Medical Ethics, 25*(3), 1999, 247-253.

15) Ernest Rosenbaum, *Oncology/Hematology and Psychosocial Support of the Cancer Patient*, New York: McGraw-Hill, 1978.

16) M. E. Carlsson & P. M. Strang, How Patients with Gynecological Cancer Experience the Information Process, *Journal of Psychosomatic Obstetrics and Gynecology, 19*(4), 1998, 192-201.

17) Virginia Teas Gill, Doing Attributions in Medical Interaction: Patient's Explanations for Illness and Doctor's Responses, *Social Psychology Quarterly, 61*(4), 1998, 342-360.

18) Candace West, *Routine Complications: Troubles with Talk Between Doctors and Patients*, Bloomington: Indiana University Press, 1984.

19) Sandra L. Bertman, Michael D. Wertheimer, & H. Brownell Wheeler, Humanities in Surgery, a Life-Threatening Situation: Communicating the Diagnosis. *Death Studies, 10*(5), 1986, 431-439.

20) Jeanne Quint Benoliel, Health Care Providers and Dying Patients: Critical Issues in Terminal Care, *Omega: Journal of Death and Dying, 18*(4), 1988, 341-363.

21) Tapping Human Potential: An Interview with Norman Cousins, *Second Opinion, 14*, 1990, 57-71.

22) Balfour Mount, Whole Person Care: Beyond Psychosocial and Physical Needs, *American Journal of Hospice and Paliative Care, 10*(1), 1993, 28-37.

23) Marilee Ivars Donovan & Sandra Girton Pierce, *Cancer Care Nursing*, New York: Appleton-Century-Crofts, 1976.

24) Betty Davies et al., *Fading Away: The Experience of Transition in Families with Terminal Illness*, Amityvill, NY: Baywood, 1996.

25) 조계화, 한희자, 말기 환자를 간호하는 간호사의 고통경험, 대한간호학회지, 31(6), 2001, 1055-1066.

26) Egilde P. Seravalli, The Dying Patient, the Physician and the Fear of Death, *New England Journal of Medicine, 319*(29), 1988, 1728-1730.

27) Lesley Spencer, How Do Nurses Deal with Their Own Grief When a Patient Dies on an Intensive Care Unit, and What Help Can Be Given to Enable Them to Overcome Their Grief Effectively?, *Journal of Advanced Nursing, 19*, 1994, 1141-1150.

28) Balfour M. Mount, *Keeping the Mission*, in The Path Ahead: Readings in Death and Dying-Lynne Ann Despelder, Albert Lee Strickland, 1995.

29) Quoted in Sanchia Aranda, Global Perspectives on Palliative Care, *Cancer Nursing, 22*(1), 1999. 33-39.

30) Inge B. Corless, *Dying Well: Symptom Control Within Hospice Care*, in Annual Review of Nursing Research 12 eds., J. J. Fitzpatrick & J. S. Stevenson, New York: Springer, 1994.

31) Inge B. Corless, Settings for Terminal Care, *Omega: Journal of Death and Dying, 18*(4), 1988, 319-340.

32) William E. Phipps, The Origin of Hospices/Hospitals, *Death Studies, 12*(2), 1988, 91-99.

33) James Luther Adams, Palliative Care in the Light of Early Christian Concepts, *Journal of Palliative Care, 5*(3), 1989, 5-8.

34) Cicely Saunders, personal communication.

35) Robert Berkow ed., *The Merck Manual of Diagnosis and Therapy*, 16th ed., Rah-way, NJ: Merck Research Laborotories, 1992.

36) Katherine Froggatt, *Rites of Passage and the Hospice Culture Mortality, 2*(2), 1997, 123-136.

37) V. David Schwantes & margaret Ann Smith, *Resource Allocation: The Key to Better Hospital Cost Management*, Minneapolis: Health Initiatives Press,

1994.

38) Claudette Varricchio, Human and Indirect Costs of Home Care, *Nursing Outlook, 42*(4), 1994, 151-157.

39) Patricia Anstett, *State Plans to Boost Care for the Dying*, Detroit Free Press, 2000.

40) William M. Lamers, Jr., *Hospice Care and Its Effect on the Grieving Process*, Washington, DC: Hospice Foundation of America, 1997.

41) Stephanie M. Schim et al., Knowledge and Attitudes of Home Care Nurses Toward Hospice Referral, *Journal of Nursing Administration, 30*(5), 2000, 273-277.

42) Randy H. Magen & Myra Glajchen, Cancer Support Groups: Client Outcome and the Context of Group Process. *Research on Social Work Practice, 9*(5), 1999, 541-554.

43) Quoted by Marilyn Chase, Tending t Patients with AIDS Teaches Valuable Lessons, *Wall Street Journal, 22*, B1, 1996.

44) Jeanette Pickrel, Tell Me Your Story: Using Life Review in Counseling the Terminally Ill, *Death Studies, 13*(2), 1989, 127-135.

45) Tenshin Reb Anderson, from a talk to volunteers at the San Francisco Zen Hospice Project, quoted by Ostaseski, "Stories of Lived and Now Ending."

제8장

1) L. A. DeSpelder & A. L. Strickland, *The Last Dance: Encountering Death and Dying*, Boston: McGraw Hill, 2002, 265-303.

2) V. R. Pine, Funerals: Life's Final Ceremony, in *A Challenge for Living: Dying, Death, and Bereavement*, I. B. Corless, B. Germino, & M. Pettman(Ed.), Boston: Jones and Barlett, 1995, 159-171.

3) J. Mitford, *The American Way of Death*, New York: Simon & Schuster, 1963, 16-19.

4) L. A. DeSpelder & A. L. Strickland, *The Last Dance: Encountering Death and Dying*, Boston: McGraw Hill, 2002, 268.

5) D. Sudnow, *Passing On: The Social Organization of Dying*, Englewood Cliffs, NJ: Prentice-Hall, 1967, 153-168.

6) R. K. Barrett, Contemporary African-American Funeral Rites and Traditions, in *The Path Ahead: Readings in Death and Dying*, L. A. DeSpelder & A. L. Strickland(Ed.), Mountain View, Calif.: Mayfield, 1995, 80-92.

7) L. A. DeSpelder & A. L. Strickland, *The Last Dance: Encountering Death and Dying*, Boston: McGraw Hill, 2002, 279-282.

8) J. Mitford, *The American Way of Death*, New York: Simon & Schuster, 1963, 27-39.

9) V. Reynolds & R. Tanner, *The Social Ecology of Religion*, New York: Oxford University Press, 1995, 221-225.

10) H. J. Weiss, In the Long Run: Staying Relevant Amidst Cultural Change, *Cemetery Management, Jan*, 1995, 14-16.

11) J. Goody & C. Poppi, Flowers and Bones: Approaches to the Dead in Anglo-American Cemetery, *Comparative Studies in Society and History, 36*(1), 1994, 146-175.

12) National Funeral Directors Association, U.S. Cremation Statistics on Line. http://www.nfda.org/resources/cremationstats.html.

13) B. A. Iverson, Bodies for Science, *Death Studies, 14*(6), 1990, 577-587.

14) 남민이, **상장의례학**, 시그마프레스, 2002, pp.87-160.

15) L. A. DeSpelder & A. L. Strickland, *The Last Dance: Encountering Death and Dying*, Boston: McGraw Hill, 2002, 305-339.

16) E. S. Shneidman, *Deaths of Man*, New York: Quadrangle, 1973, 121-130.

17) 이준현, **친족 상속법**, 서울: 서울법학원, 2003.

18) K. J. Doka, The Monkey' s Paw: The Role of Inheritance in the Resolution of Grief, *Death Studies, 16*(1), 1992, 45-58.

19) 이우각, **미리 쓰는 유서**, 서울: 장원, 1995.

20) L. A. DeSpelder & A. L. Strickland, *The Last Dance: Encountering Death and Dying*, Boston: McGraw Hill, 2002, 326-332.

21) 이준현, **친족 상속법**, 서울: 서울법학원, 2003.

22) L. A. DeSpelder & A. L. Strickland, *The Last Dance: Encountering Death and Dying*, Boston: McGraw Hill, 2002, 332-339.

제9장

1) L. Beresford, *The Hospice Handbook*, Boston: Little Brown and Company, 1993.

2) 홍근표, 이원희, 이영희 편역, **암간호: 원리와 실제**, 서울: 수문사, 1997.

3) 김분한 외, **호스피스 간호**, 서울: 정담미디어, 2004.

4) C. Kemp, *Terminal Illness: A Guide to Nursing Care*, New York: Lippincott, 1999.

5) K. L. Mauk & N. K. Schmidt, *Spiritual Care in Nursing Practice*, Philadelphia: Lippincott Williams & Wilkins, 2004.

6) 김분한 외, **호스피스 간호**, 서울: 정담미디어, 2004.

7) 사별 상담에 대한 도움을 줄 자료로는 K. J. Doka와 J. D. Davidson이 엮은 *Caregiving and Loss: Family Needs, Professional Response*, Hospice Foundation of America, 2000과 도카가 엮은 *Living with Grief after Sudden Loss*, Hospice Foundation of America, 2000을 추천한다.

8) J. W. Worden, *Grief Counseling and Grief Therapy*(2nd Ed.), New York: Springer, 1991.

9) R. Scurfield, Post-trauma Stress Assessment and Treatment: Overview and Formulations, in C. Figley(Ed.), *Trauma and Its Wake: The Study and Treatment of Post-traumatic Stress Disorder*, New York: Brunner Mazel, 1985.

10) C. M. Sanders, *Grief: The Mourning after*, New York: John Wiley & Sons, 1989.

11) T. A. Rando, *Treatment of Complicated mourning*, Champaign, IL: Research Press, 1993.

12) Z. Foster, How Social Work Can Influence Hospital Management of Fatal Illness. *Social Work, 10*(4), 1965, 30-35.

13) K. Davidson & Z. Foster, The Role of the Social Worker, in *Dying, Death, and Bereavement: A Challenge for Living*, I. Corless, B. Germino, & M.

Pittman(2nd ed.), New York: Springer Publishing Company, 2003, 313-328.

14) J. Hallenbeck, Best Practices in the Care of the Dying, *Annals of Long-term Care, 8*(7), 2001, 39-44.

15) M. Glajchen, Chronic Pain: Barriers and Strategies for Clinical Practice, *Journal of the American Board of Family Practice, 14*(3), 2001, 211-218.

C. Saunders & M. Baines, *Living with Dying: The Management of Terminal Disease* (2nd ed.), New York: Oxford University Press, 1989.

16) T. Altilio, Building a Pain Management Program: Background and Basics, *Oncology Issues, 14*(5), Special Pain Management Supplement, 1999, 7-8.

M. Loscalzo & J. Bucher, The COPE Model: Its Clinical Usefulness in Solving Pain-related Problems, *Journal of Psychosocial Oncololgy, 15*(3/4), 1999, 93-117.

17) 이 부분은 제석봉, 이윤주, 박충선, 이수용 역의 **사회복지상담심리학**. 학지사, 2006(원저는 B. Shebib(2003), *Choice: Counseling Skills for Social Workers and Other Professionals,*)를 발췌, 요약하였다.

제10장

1) Gerald P. Kooche, Childhood, Death, and Cognitive Development, *Developmental Psychology,* 9(3), 1973, 369-375.

2) Helen Swain, Childhood Views of Death, *Death Education 2*(4), 1979, 341-358.

3) Mark W. Speece, Very Young Children's Experiences with and Reactions to Death, *Master's Thesis*, Wayne State University, 1983.

4) Myra Bluebond-Langner, *In the Shadow of Illness: Parents and Siblings of the Chronically Ill Child*, Princeton, NJ: Princeton University Press, 1996.

5) A. Kellehear & J. Fook, Lassi Come Home: A Study of Lost Pet Notices, *Omega: Journal of Death and Dying, 34*(3), 1997, 191-202.

6) John DeFrain et al., The Psychological Effects of a Stillbirth on Surviving Family Members, *Omega: Journal of Death and Dying, 22*(2), 1990-1991, 81-108.

7) 영아 돌연사 증후군이란 부검이나 사망 당시의 상황이나 병력 검토 등 사후 검사에서도 사망 원인을 찾을 수 없는 신생아나 영아(0~12개월)의 갑작스러운 죽음을 말한다. 'Crib Death' by Warren G. Guntheroth.

8) 현실이 아니라 당사자의 지각이라는 점에 주목할 필요가 있다. 대부분의 인간들 사이의 삶과 관계에서 더 중요한 것은 객관적 현실이 아니라 심리적 현실일 것이다.

제11장

1) F. P. Perera, Uncovering New Clue to Cancer Risk, *Scientific American, 274*(5), 1996, 54-62.

2) K. J. Doka, E. C. Schwartz & C. Schwarz, Risky Business: Observations on the Nature of Death in Hazardous Sports, *Omega: Journal of Death and Dying, 21*(3), 1990, 215-223.

3) I. Dreyfuss, *How Boys and Girls See Risk*, Associated Press Online, 1997.

4) M. C. Roberts, Prevention/promotion in America: Still Spitting on the Sidewalk, *Journal of Pediatric Psychology, 19*(3), 1994, 267-281.

5) K. D. Pijawaka, B. A. Cuthbertson & R. S. Olson, Coping with extreme hazard events: Emerging Themes in Natural and Technological Disaster Research, *Omega: Journal of Death and Dying, 18*(4), 1987-1988, 281-297.

6) R. K. Barrett, Urban Adolescent Homicidal Violence: An Emerging Public Health Concern, *Urban League Review, 16*(2), 1993, 67-75.

7) S. Burman & P. Allen-Meares, Neglected Victims of Murder: Children' s Witness to Parental Homicide, *Social Work, 39*(1), 1994, 28-34.

8) L. Cohen & S. Swift, A Public Jealth Approach to the Violence Epidemic in the United States, *Environment and Urbanization, 5*(2), 1993, 50-66.

9) L. M. Redmond, *Surviving When Someone You Love Was Murdered: A Professional' s Guide to Group Grief Therapy for Families and Friends of Murder Victims*, Clearwater, Fla.: Psychological Consultation and Education Services, 1989, 37-45.

10) R. Kastenbaum & R. Aisenberg, *The Psychology of Death: Concise*

Edition, New York: Springer, 1976, 296-299.

11) P. Piot, AIDS: A Global Response, *Science, 272*(28), 1996, 1855-1856.

12) L. A. DeSpelder & A. L. Strickland, *The Last Dance: Encountering Death and Dying*, Boston: McGraw Hill, 2002, 495-497.

13) P. Recer, Origin of 1918 Flu Pandemic Found, *Associated Press Online* 20, 1997.

14) K. A. Bonuck, AIDS and Families: Cultural, Psychosocial and Functional Impacts, *Social Work in Health Care, 18*(2), 1993, 75-89.

15) Y. M. Scherbak, Ten Years of the Chernobyl Era, *Scientific American, 274*(4), 1996, 44-49.

16) P. Sarre, Natural Hazards, in *Key Ideas in Human Thought*, Kenneth McLeish(Ed.), New York: Facts on File, 1993, 502-504.

17) N. Thompson, The Ontology of Disaster, *Death Studies, 19*(5), 1995, 501-510.

18) G. Walker, Crisis-care in Critical Incidents Debriefing, *Death Studies, 14*(2), 1990, 121-133.

19) E. Durkheim, *Le Suicide*, 1897, 김충선 옮김, 에밀 뒤르켐의 자살론, 청아출판사, 1993.

20) L. A. DeSpelder & A. L. Strickland, *The Last Dance: Encountering Death and Dying*, Boston: McGraw Hill, 2002, 423-426.

21) L. A. DeSpelder & A. L. Strickland, *The Last Dance: Encountering Death and Dying*, Boston: McGraw Hill, 2002, 426-431.

22) P. M. Marxuk, Suicide and Terminal Illness, *Death Studies, 18*(5), 1994, 497-512.

23) L. A. DeSpelder & A. L. Strickland, *The Last Dance: Encountering Death and Dying*, Boston: McGraw Hill, 2002, 426-431.

24) 제영묘, 자살과 정신장애, 생물치료정신의학, 10(1), 2004, 3-10.

25) L. A. DeSpelder & A. L. Strickland, *The Last Dance: Encountering Death and Dying*, Boston: McGraw Hill, 2002, 431-435.

26) G. D. Tollefson, Recognition and Treatment of Major Depression, *American Family Physician, 41*, 1990, 59-66.

27) E. S. Shneidman, *Deaths of Man*, New York: Quadrangle Books, 1979, 81-90.

28) M. A. Fine & R. A. Sansone, Dilemmas in the Management of Suicidal Behavior in Individuals with Borderline Personality Disorder, *American Journal of Psychotherapy, 44*, 1990, 160-171.

29) L. A. DeSpelder & A. L. Strickland, *The Last Dance: Encountering Death and Dying*, Boston: McGraw Hill, 2002, 431-453.

30) K. E. Early & R. L. Akers, It's a White thing-Am Exploration of Beliefs about Suicide in the African-American Community, in *The Path Ahead*, DeSpelder, & Strickland(Ed.), 1996, 198-210.

31) G. Sonneck, E. Etzersdorfer & S. Nagel-Kuess, Imitative Suicide on the Viennese Subway, *Social Science & Medicine, 38*(3), 1994, 453-457.

32) J. D. Douglas, Suicide, *Academic American Encyclopedia,* on-line, 1991.

33) D. A. Nielsen et al., Suicidality and 5-hydroxyindoleacetic Acid Concentration Associated with a Tryptophan Hydrosylase Polymorphism, *Archives of General Psychiatry, 51*, 1994, 34-38.

34) Glen Evans & Norman L. Farberow, *The Encyclopedia of Suicide*, New York: facts on File, 1988, 187.

35) D. Lester, Challenges in Preventing Suicide, *Death Studies, 18*(6), 1994, 623-639.

36) S. Beardy & M. Beardy, Healing Native Communities through 'Helping Hands', *Death Education and Counseling, 4*, 1991.

37) A. A. Leenaars, Crisis Intervention with Highly Lethal Suicidal People, *Death Studies, 18*(4), 1994, 341-360.

제12장

1) Lynne A. DeSpelder & Albert L. Strickland, *The Last Dance: Encountering Death and Dying*, Boston: McGraw Hill, 2002.

2) Edmund D. Pellegrino & David C. Thomasma, *The Virtues in Medical Practice*, New York: Oxford University Press, 1993.

3) Brody, B., Ethics and Its Application, 황경식 옮김, 응용윤리학, 서울: 종로서적, 1988.

4) T. L. Beauchamp & J. F. Childress, *Principle of Biomedical Ethics*, New York: Oxford University Press, 1983.

5) 한성숙, 생의 윤리와 도덕원리, 의학윤리, 한국 가톨릭의사협회 편, 수문사. 1984, pp. 101-118.

6) 김중호, 의학윤리란 무엇인가?, 서울: 바오로딸, 1995.

7) T. Shannon, *An Introduction to Bioethics*, Paulist Press, 1987, p. 22.

8) L. J. Blackhall et al., Ethnicity and Attitudes Toward Patient Autonomy, *Journal of the American Medical Association, 274*(10), 1995, 820-825.

9) 김중호, 의학윤리란 무엇인가?, 서울: 바오로딸. 1995, pp.15-16.

10) T. E. Quill & C. K. Cassel, Nonabandonment: A Central Obligation for Physicians, *Annals of Internal Medicine, 122*(5), 1995, 368-374.

11) Lynne A. DeSpelder & Albert L. Strickland, *The Last Dance: Encountering Death and Dying*, Boston: McGraw Hill, 2002, 188-190.

12) 김중호, 의학윤리란 무엇인가?, 서울: 바오로딸, 1995, 17-21.

13) T. L. Beauchamp, *Ethical Issues in Social Science Research*, Baltimore and London: The Johns Hopkins University Press, 1982.

14) 김중호, 의학윤리란 무엇인가?, 서울: 바오로딸, 1995.

15) D. Callahan, *Abortion, Law, Choice and Mortality*, MacMillan, 1970, 378.

16) 김중호, 의학윤리란 무엇인가?, 서울: 바오로딸, 1995.

17) D. Orentlicher, The Alleged Distinction between Euthanasia and the Withdrawal of Life-sustaining Treatment: Conceptually Incoherent and Impossible to Maintain, *University of Illinois Law Review*, 1998, 837-859.

18) S. Oosthuizen, *Euthanasia*, Oxford University Press, 1978, 156-160.

19) 김학중, 안락사, 의학윤리, 한국 가톨릭의사협회 편, 수문사, 1984, pp. 197-208.

20) H. Brody, Assisted Death: A Compassionate Response to a Medical Failure, *New England Journal of Medicine, 327*(5), 1992, 1384-1388.

21) D. Orentlicher, The Alleged Distinction between Euthanasia and the Withdrawal of Life-sustaining Treatment: Conceptually Incoherent and

Impossible to Maintain, *University of Illinois Law Review*, 1998, 837-859.

22) Lynne A. DeSpelder & Albert L. Strickland, *The Last Dance: Encountering Death and Dying*, Boston: McGraw Hill, 2002, 188-190.

23) M. P. Battin, Euthanasia: The Way We Do It, the Way They Do It, *Journal of Pain and Symptom Management, 6*(5), 1991, 298-305.

24) R. Berkow(Ed.), *The Merck Manual of Diagnosis and Therapy*, 16th ed., NJ: Merck Research Laboratories, 1992, 346-348.

25) 김인철, 장기이식, 의학윤리, 한국 가톨릭의사협회 편, 서울: 수문사, 1992, pp. 299-312.

26) 김중호, 의학윤리란 무엇인가?, 서울: 바오로딸, 1995.

27) R. Berkow(Ed.), *The Merck Manual of Diagnosis and Therapy*, 16th ed., NJ: Merck Research Laboratories, 1992, 346-348.

28) United Network for Organ Sharing, *The Critical Organ Shortage On-line Sep. 9.*, 2000, http://www.unos.org/about/numone_main.htm.

29) Lynne A. DeSpelder & Albert L. Strickland, *The Last Dance: Encountering Death and Dying.* Boston: McGraw Hill, 2002, 205-209.

30) J. Nelson, *Human Medicine, Augsburg Publishing House*, 1973, 152-164.

31) 한성숙, 생의 윤리와 도덕원리, 의학윤리, 한국 가톨릭의사협회 편, 서울: 수문사, 1984, pp. 101-118.

32) R. B. Deber et al., What Role Do Patients Wish to Play in Treatment Decision Making? *Archives of Internal Medicine, 156*(13), 1996, 1414-1420.

33) P. A. Singer et al., Public Opinion Regarding End-of-life Decisions: Influence of Prognosis, Practice, and Process, *Social Science and Medicine, 41*(11), 1995, 1517-1521.

34) C. J. Dougherty, The Common Good, Terminal Illness, and Euthanasia, in *The Path Ahead*, DeSpelder & Strickland(Ed.), 1996, 154-164.

제13장

1) William Barclay, *Introducing the Bible*, Nashville: Abingdon Press, 1972, 123.

2) Milton McC. Gatch, *Death: Meaning and Mortality in Christian Thought and*

Contemporary Culture, New York: Seabury Press, 1969, 78.

3) 불교의 관점에서 카르마(karma)는 인과관계의 범우주적 원리로 여겨지며, '정신 · 물리적' 사건들의 흐름에 기초가 된다. 도겐(Dogen)은 "우리가 원하든 원하지 않든, 삶은 순간순간 각 단계에서 끊임없이 변화한다. 심지어 잠깐의 멈춤도 없이 우리의 카르마는 우리가 계속해서 윤회하게 한다."고 이야기하였다.

4) 이 문단은 이누미야 요시유키, 사생관 척도 개발 및 그 하위 요인간의 관계에 대한 연구. 박사학위청구논문, 고려대학교 대학원; 한성열, 최일호, 이누미야 요시유키, 한국인의 내세관에 관한 탐색적 연구, **한국심리학회지: 사회 및 성격, 15**(1), 2001, 77-96에서 발췌 · 요약하여 구성하였다.

5) M. A. Thalbourne, Belief in Life after Death: Psychological Origins and Influences, *Personality and Individual Differences, 21*(6), 1996, 1043-1045.

6) '소멸형'은 사람이 죽으면 그것으로 끝이고, 사후세계는 존재하지 않는다고 생각하는 유형을 의미한다.

7) R. A. Moody, Jr., *Life after Life*, Bantam Books, 1975, 김경선 옮김, 이 세상 후의 저 세상, 여운사, 1990.

8) 스즈키 히데코 수녀 역시 그런 사람들 중 한 사람이다. 그는 임사체험 후 병이 나았으며, 다른 사람의 몸과 마음을 치유하는 특별한 능력을 갖게 되었다고 한다. 스즈키 히데코, 심교준 옮김, **떠나는 사람이 가르쳐 주는 삶의 진실**, 서울: 바오로딸, 2004.

9) 이경순, 죽음경험 연구, **정신간호학회지, 10**(3), 2001, 368-375.

10) 스위스의 지질학자이자 등반가인 하임(A. Heim)은 최초로 죽음에 근접한 경험에 관한 자료들을 체계적으로 모은 것으로 여겨진다. 20세기의 초기에 하임은 사고를 당해 파노라마식의 경험들을 하였던 스키어와 등반가들 30여 명을 인터뷰하였다. 이 사람들은 그 현상을 몸에서의 분리와 파노라마식 기억, 또는 삶의 개관으로 경험하였다.

심리분석의 개척자인 피스터(O. Pfister)는 하임이 수집 · 정리한 자료를 재검토하였는데, 그는 임사체험(NDEs)이 당장 있을 죽음에 직면하여 충격과 이인화에 의해 발생한다고 설명하였다. 다시 말해서 사람의 생명이 위협받을 때, 심리적 방어기제가 작동하여 임사체험과 연관된 현상을 불러일으킨다는 것이다. 피스터의 해석은 현대의 연구자들에 의해 계속 정교화되었다. 그들은 임사체험이 죽음

후의 삶을 증명한다는 가설에 의지하지 않고도 임사체험을 만족스럽게 설명할 수 있다고 생각한다.

노예스(R. Noyes)와 클레티(R. Kletti)에 의하면, 자아가 피할 수 없는 위험에 직면하면 방어적 반응이 이인화의 느낌을 낳는다. 그들의 모형은 임사체험에 관해 여태까지 제시된 심리적 설명 중에서 가장 포괄적이라고 할 수 있는데, 이 모형에서는 전형적인 죽음에 근접한 경험을 세 단계로 구분한다. (1) 저항, (2) 삶의 개관, (3) 초월. 첫 번째 단계인 저항은 위험을 인식하고, 그것에 대항해서 싸우며, 결국은 죽음이 임박했다는 것을 수용하는 과정이다. 이 수용 또는 항복은 두 번째 단계의 시작점이며, 삶의 개관으로 특징지어진다. 삶의 개관의 경험은 종종 자기 존재의 의미를 확신하고, 그것을 보편적 질서에 통합시키는 것을 수반한다. 세 번째 단계인 초월은 자신의 개인적 존재에서 더욱 분리될 때 발생한다. 그것은 한정적인 자아 정체성(ego- or self-identity)을 대체하는 초월적 또는 보편적(cosmic) 의식이 점점 증가하는 특징을 가진다.

오시스(K. Osis)와 해럴드슨(E. Haraldsson)은 죽음에 근접한 경험들에 관한 비교문화적 연구를 수행한 후, 그 증거가 죽음 후의 삶을 강력하게 암시한다고 결론 내렸다. 그들은 "의료적, 심리적, 문화적 조절은 모두 임종 시에 보는 것을 설명할 수 없다."고 보고하였다. 임종 시에 보는 것 중에는 죽어 가는 아이들이 "날개 없는 '천사'를 보고 놀라는" 것과 같이 문화적 전형을 따르지 않는 환영들뿐만 아니라 "아직 살아 있다고 생각하지만 실제로는 죽은 사람의 환영"을 보는 것과 같이 경험자의 기대와는 맞지 않는 환영들을 보는 사례들이 있는데, 이 사례들은 그들의 결론을 지지하는 것이다.

11) S. E. Kulbe, Jr, Care of Patients Near Death: Another View, *Journal of the American Geriatrics Society, 51*(2), 2003, 281-295.

12) 네이버 사전에 따르면 객담은 흔히 가래라 부르며, 영어로는 sputum이라 한다. 담(痰) 또는 객담(喀痰)은 상기도(上氣道)에서 폐에 이르는 호흡기 계통의 여러 곳에서 나온 분비물로서 외부로 뱉어 낸 것을 말한다. 원래는 기도 점막(粘膜)의 보호물질이지만, 외부 환경 또는 질병으로 말미암아 분비량이 많아지거나 천식의 경우 등 농도가 짙어져서 고통을 받는 한 원인이 되는 수가 있다. 외관상 물 같은 것, 점액성(粘液性)인 것, 고름 모양인 것, 혈액이 섞인 것[血痰] 등으로 나눌 수 있다. 폐수종(肺水腫)과 같이 폐에 울혈(鬱血)이 생긴 경우에는 묽은 장액성(漿液

性) 가래가 많이 나오고, 기관지염 · 폐결핵 · 폐렴의 초기에는 점액성, 기관지 확장증 · 폐농양 · 폐괴저 등에서는 고름 모양의 가래가 나온다.

13) http://www.drugfree.or.kr/drug_tb/read.cgi?board=2-drug1&nnew=2&y_number=10에 제시된 LSD에 관한 설명을 발췌 · 정리하여 소개하면 다음과 같다. LSD는 1943년 앨버트 호프만 박사가 맥각균에서 우연히 합성한 물질로서 무색, 무미, 무취한 백색 분말이다. LSD의 효과를 살펴보면, 첫째 뇌세포와 뇌조직의 일상적 활동을 방해한다. LSD는 하나의 감각 신경세포의 말단에서 다른 신경세포의 말단으로 연결되는 연접부에서 정보가 통과되게 하는 물질인 세로토닌(serotonin)의 위치를 빼앗아 적절한 기호 전달이 이루어질 수 없게 하여 왜곡된 정보가 다른 뇌 조직에 전달되게 한다. 둘째, LSD는 심장박동, 호흡, 평활근의 수축과 같은 불수의 행위와 반응을 통제하는 연수를 과도하게 자극하여, 남용자는 피부에 소름이 끼치고 눈이 붉어지며 동공이 커지고 호흡이 매우 가빠진다. 셋째, LSD는 대뇌피질로 가는 감각기호를 분류하는 뇌의 망상체 기능을 혼란시켜, 대뇌피질에 전달된 기호들이 혼돈에 빠지게 만든다(그 결과 음악을 '보고' 색을 '듣게' 되는 기이한 환각에 빠지게 된다). 넷째, LSD의 사용으로 인식된 물체의 의미와 인식의 깊이가 변화되고 착각과 환각이 나타날 수 있다. 즉 초월적이고 신비적인 상태를 일으킨다.

LSD에 의한 신체의 변화는 크지 않지만 남용자에게서 뇌와 염색체에 손상을 일으키며, 눈동자가 풀리고 창백해지며, 심박동과 혈압이 빨라지며, 수전증, 오한 등의 현상이 나타난다. LSD도 내성이나 심리적 의존 현상은 있지만, 신체적 금단증상은 일으키지 않는다고 알려져 있다. 그러나 놀라운 것은 일부 남용자들의 경우 LSD를 사용하지 않는데도 환각을 반복 경험할 수 있다. 이것을 '플래시백(flashback) 효과'라 한다. 그러나 이 현상은 드물게 나타나며, 모든 남용자가 경험하는 것은 아니다. LSD를 관리하는 법규는 '마약류관리에관한법률' 제2조 제4호다.

14) Grof & Halifax, *The Human Encounter with Death*, 120-121. 1980.

15) 이윤주, 조계화, 이현지, 주변 사람의 죽음이 대인조력 전공분야 대학생에게 미치는 영향, **청소년상담연구**, 13(1), 2005, pp. 113-124.

16) M. Armour, Meaning Making in the Aftermath of Homicide, *Death Studies, 27*, 2003, 519-540.

17) C. G. Davis, C. B. Wortman, D. R. Lehman & R. C. Silver, Searching for Meaning in Loss: Are Clinical Assumptions Correct? *Death Studies, 24*, 2000, 497-540.

18) L. A. Gamino & K. W. Sewell, Meaning Constructs as Predictors of Bereavement Adjustment: A Report from the Scott & White Grief Study, *Death Studies, 28*, 2004, 397-421.

19) 정진홍, 만남, 죽음과의 만남, 서울: 궁리, 2003.

찾아보기

인명

내용

저자 소개

■ **조계화**

대구가톨릭대학교 의과대학 간호학과 부교수, 성인간호학 전공

최종학력: 가톨릭대학교 간호학박사(1999)

연구실적으로는

* 말기 암환자를 간호하는 간호사의 고통경험 척도개발(논문)
* 휴먼서비스 전공분야 대학생의 죽음태도유형(논문)
* 간호학생이 예술작품을 통해 본 죽음의 의미분석(논문) 외 다수가 있다.

■ **이윤주**

대구가톨릭대학교 사범대학 교육학과 조교수, 상담 및 생활지도 전공

최종학력: 서울대학교 교육학박사(2001)

연구실적으로는

* 주변 사람의 죽음이 대인조력 전공분야 대학생에게 미치는 영향(논문)
* 재난피해의 심리적 영향과 재난극복을 위한 심리적 조력의 방법(논문)
* 초심상담자를 위한 집단상담기법(저서) 외 다수가 있다.

■ **이현지**

대구가톨릭대학교 사회과학대학 사회복지학과 조교수, 사회복지실천 전공

최종학력: 미국 University of Georgia, 사회사업 전공, 철학박사(2002)

연구실적으로는

* 휴먼서비스 학문 분야의 죽음교육에 관한 교과내용 분석과 욕구조사(논문)
* 죽음 교육을 위한 교과내용 평가 도구 개발(논문)
* 장애인복지론(저서) 외 다수가 있다.

죽음학 서설

2006년 9월 6일 1판 1쇄 발행
2014년 3월 10일 1판 3쇄 발행

지은이 • 조계화 · 이윤주 · 이현지
펴낸이 • 김진환
펴낸곳 • 학지사
121-837 서울특별시 마포구 양화로 15길 20 마인드윌드빌딩 5층
대표전화 • 02-326-1500 팩스 • 02-324-2345
등록 • 1992년 2월 19일 제2-1329호
홈페이지 www.hakjisa.co.kr

ISBN 89-5891-366-5 93370
가격 14,000원

역자와의 협약으로 인지는 생략합니다.
파본은 구입처에서 교환해 드립니다.